Reiseführer Natur Türkei

BLV

Aygün und
Max Kasparek

Reiseführer Natur Türkei

CIP-Titelaufnahme der Deutschen Bibliothek

Reiseführer Natur Türkei / Aygün u. Max Kasparek. -
München; Wien; Zürich: BLV, 1990
ISBN 3-405-14030-7
NE: Kasparek, Aygün [Mitverf.]; Kasparek,
Max [Mitverf.]; Türkei

Umschlagfotos: W. Layer (hinten: Bienenfresser);
D. Möhn (großes Foto, hinten: Zistrose);
P. Schäfer (vorn: Kappadokien)
Foto S. 1: Kappadokien; S. 2/3: Ararat

BLV Verlagsgesellschaft mbH
München Wien Zürich
8000 München 40

Umschlaggestaltung: Patscheider Design, Augsburg
Karten: Kartographie Huber, München
Redaktionelle Mitarbeit: Dr. Einhard Bezzel,
Prof. Dr. Josef H. Reichholf
Layout: Volker Fehrenbach, München
Satz: Filmsatz Schröter GmbH, München
Reproduktionen: FotoLitho Longo, Frangart
Druck: Appl, Wemding
Bindung: Bückers GmbH, Anzing

Printed in Germany · ISBN 405-14030-7

Inhalt

Einführung

Zur Benutzung des Buches 8
Kleine Landeskunde 10
Lage und Größe 10
Entstehung 10
Naturräumliche Gliederung 11
Klima 13
Tier- und Pflanzenwelt 14
Pflanzen 14
Tiere 15
Mensch und Geschichte 16
Nomadentum 17
Kulturpflanzen 18
Schutzgebiete 19

Reiseplanung

Vor der Reise 219
Reisen im Land 222
Sonstiges 225

Anhang

Landkarten, Wanderkarten 227
Literatur 227
Wörterbuch 228
Register 233

Hauptreiseziele

1 Bosporus 20
2 Kızılcahamam-Nationalpark 26
3 Kızılırmak-Delta 31
4 Uludağ-Nationalpark 36
5 Apolyont Gölü 41
6 Kocaçay-Delta 45
7 Manyas Gölü 50
8 Pamukkale 56
9 Samsundağı-Nationalpark 62
10 Delta des Großen Mäander 69
11 Bafa-See 74
12 Köyceğiz-Dalyan 81
13 Eğirdir Gölü 87
14 Tuz Gölü 92
15 Ereğli-Sümpfe 99
16 Sultanssümpfe 104
17 Kappadokien 111
18 Termessos-Nationalpark 118
19 Meketuzlası-Ringkrater 123
20 Patara 128
21 Köprülü-Kanyon-Nationalpark 133
22 Göksu-Delta 139
23 Cennet Cehennem 145
24 Tarsus-Delta 150
25 Mittlere Çukurova 154
26 Aladağlar 161
27 Euphrat um Birecik 166
28 Nemrut-Vulkan 173
29 Bendimahi-Fluß 179
30 Kaçkar-Gebirge 184
31 Borçka 189

Nebenreiseziele

N 1 Terkoz Gölü 194
N 2 Büyük Çekmece 195
N 3 Abant Gölü 196
N 4 Yeniçağa Gölü 196
N 5 Yedigöller-Nationalpark 196
N 6 Çamaltı-Saline 197
N 7 Delta des Kleinen Mäander 198
N 8 Bucht von Göllük 199
N 9 Datça-Halbinsel 200
N 10 Ölü Deniz 200
N 11 Burdur Gölü 201
N 12 Salda Gölü 202
N 13 Karamık-Sümpfe 202
N 14 Eber und Akşehir Gölü 203
N 15 Beyşehir Gölü 204
N 16 Beynamer Forst 204
N 17 İvriz (Aydınkent) 205
N 18 Erciyas-Vulkan 205
N 19 Lagunen von Yumurtalık 207
N 20 Schlangenburg 208
N 21 Amanus-Graben 209
N 22 Belen-Paß 210
N 23 Munzur-Nationalpark 211
N 24 Nemrut-Dağı 211
N 25 Ceylanpınar 214
N 26 Ahtamar-Insel 215
N 27 Van-Sümpfe 215
N 28 Hoşap-Başkale 215
N 29 Erçek-See 215
N 30 Ararat 216
N 31 Tortum-See 218

Zum Geleit

Reiseführer Natur – eine Chance für den sanften Tourismus?

Dem Massentourismus ist sehr viel Natur zum Opfer gefallen. Der Versuch, der Unwirtlichkeit der Städte und der Industriegesellschaft in eine »intakte Natur« für die kostbarsten Wochen des Jahres zu entfliehen, mißlang gründlich. Denn der Ruhe, Entspannung und Naturgenuß suchende Mensch wurde im Touristikboom schnell wieder in die Massen einbezogen und beinahe zu einer »Ware« degradiert. Der zähe Brei des Massentourismus wälzte sich, da er fortlaufend seine eigenen Existenzgrundlagen zerstört, immer weiter hinaus bis in die letzten Winkel der Erde. Mit größter Sorge betrachteten Naturschützer in aller Welt diese Entwicklung und versuchten – vergeblich – sich dagegen zu stemmen. Sie waren und sind machtlos gegen die Flut, die über sie und die wenigen geschützten Gebiete hereinbrach. Die Naturschützer hatten so gut wie keine Chancen, die Natur vor dem Massenansturm zu bewahren.

So wurde denn der Tourismus in Bausch und Bogen als nicht natur- und umweltverträglich verdammt und gebrandmarkt. Nicht ganz zu Recht, wie man bei objektiver Betrachtung der Sachlage zugeben muß. Denn nicht wenige der wichtigen, ja unersetzlichen Naturreservate der Welt konnten gerade wegen des Tourismus gesichert werden, der Staaten wie Tansania mit der weltberühmten Serengeti oder Ecuador mit seinen Galapagos-Inseln mehr harte Währung einbrachte, als eine Umwidmung der geschützten Flächen zu anderen Formen der Nutzung. Durch geschickte und gezielte Lenkung des Besuchersstromes ist es möglich, die Schäden gering zu halten, aber großen Nutzen einzubringen. Viele Beispiele gibt es hierfür. In Amerika, in Afrika und in Südostasien gelingt es offenbar weitaus besser, Naturreservate zu erhalten als hierzulande in Mitteleuropa, wo Naturschutzgebiete fast automatisch zu Sperrgebieten für Naturfreunde gemacht werden (während andere Nutzungsformen, insbesondere Jagd und Fischerei, in der Regel uneingeschränkt weiterlaufen dürfen).

Es fehlt an Information und an Personal, das die Schutzgebiete überwacht, Besucher betreut und für die Erhaltung der Natur wie für die Einhaltung der Schutzbestimmungen sorgt. Vielfach können gerade da, wo die Schutzgebiete mit strengem »Betreten verboten« ausgewiesen sind, die Schutzziele nicht eingehalten werden. Es fehlen die »Verbündeten«; sie sind als Naturfreunde ausgeschlossen und damit keine starken Partner. Eine grundsätzliche Änderung, eine Wende zum Besseren ist derzeit nicht in Sicht. So bleibt der Naturfreund auf sich allein gestellt, Natur zu erleben, ohne sie zu stören oder gar zu zerstören.

Die neue Serie »Reiseführer Natur« folgt diesen Leitgedanken. Sie will den engagierten Naturfreunden die Möglichkeiten aufzeigen, sich schöne Landschaften mit einem reichhaltigen oder einzigartigen Tier- und Pflanzenleben auf eine »umweltverträgliche« Art und Weise zu erschließen. Ein Tourismus dieser Art, der auf Information aufbaut und dessen Ziel die Sicherung der Naturschönheiten ist, wird vielleicht die überfällige Wende bringen. Unberührte Natur, naturnahe Landschaften und freilebende Tiere und Pflanzen haben ihren besonderen Wert. Aber er wird nicht zum Nulltarif auf Dauer zu erhalten sein.

Einhard Bezzel
Josef H. Reichholf

Vorwort

Die Türkei stieg Ende der 80er Jahre kometenhaft zu einem beliebten Reiseland auf. Der größte Teil der ausländischen Besucher konzentriert sich an den Badestränden und antiken Stätten an der Mittelmeerküste und in der Ägäis. Nicht wenige aber besuchen die Türkei auch, um ihren Urlaub in einer schönen und andersartigen Landschaft mit einer reichhaltigen Tier- und Pflanzenwelt zu verbringen.

Die Zahl derer, die ihren Urlaub in einer intakten Umwelt bzw. in der Natur verbringen wollen, steigt. Bei der Diskussion Tourismus kontra Naturschutz haben wir die Frage, ob friedliche Koexistenz oder gar eine Symbiose zum gegenseitigen Nutzen möglich ist, längst hinter uns gelassen. Die gegenwärtige Entwicklung des Tourismus schuf Tatsachen, die nur noch das »wie« einer Koexistenz diskutieren lassen.

Die Frage lautet also heute, wie die Urlauber zu lenken sind (und dies gilt gleichermaßen für Gruppen wie für Individualtouristen), und hier will der Naturreiseführer Hilfestellung bieten. Einerseits soll den Besuchern der Türkei die volle Breite der landschaftlichen und naturkundlichen Schönheiten des Landes vorgestellt werden, andererseits soll diese Präsentation nicht zu einer Schädigung der Natur führen.

Wir haben großen Wert auf die sorgfältige, vorsichtige Auswahl der Gebiete und Routen und der Vorstellung von einzelnen Pflanzen- und Tierarten gelegt. In vielen Einzelfällen haben wir geprüft, ob Besucher nicht zu einer zu großen Belastung werden können. In diesem Sinne darf man in dem Naturreiseführer keinen Führer zu den Standorten vom Aussterben bedrohter Pflanzenarten oder zu den Nistplätzen bedrohter Vogelarten vermuten. Wo man aber andererseits seltene Pflanzen- und Tierarten beobachten kann, ohne sie zu stören, wurde dies sogar ganz besonders herausgestellt. Den vom Aussterben bedrohten Bartgeier kann man in der Gipfelregion des Uludağ u. U. sogar vom Hotelfenster aus sehen; die seltenen Bezoarziegen lassen sich im Termessos-Nationalpark von einer gegenüberliegenden Talseite beobachten, ohne daß man sie stört; der Braunliest läßt sich im Tarsus-Delta von Waldwegen aus beobachten, ohne daß man ihn beunruhigt. Solch günstige Beobachtungsmöglichkeiten aufzuzeigen ist Aufgabe dieses Führers.

Bei aller Sorgfalt bei der Vorbereitung dieses Führers ist dennoch die Eigenverantwortung nicht zu unterschätzen. Besucher müssen sich bewußt sein, daß sie sich in oft empfindlichen Ökosystemen bewegen, wo mangelnde Umsicht zu tiefen Störungen führen kann.

Aygün und Max Kasparek

Einführung

Zur Benutzung des Buches

Dieser Reiseführer versucht, Ihnen die wichtigsten Naturschönheiten der Türkei nahezubringen – durch Beschreibung und fachliche Erklärung, aber auch durch praktische Hinweise für die Reise und Tips für den Touristen im jeweiligen Gebiet. Um all diese Informationen optimal und rasch nutzen zu können, sollten Sie sich zuerst mit diesem Buch etwas vertraut machen. Diese Einführung soll Ihnen dabei helfen.

Die »Kleine Landeskunde« gibt allgemeine Informationen über den Naturraum Türkei. Man findet hier Angaben zur Entstehung des Landes, seine Lage und Größe, über das Klima und die natürliche Vegetation, natürlich auch über Naturschutz und Schutzgebiete, Besiedlung, Bevölkerung und Kulturpflanzen. Viele dieser Informationen sind zum Verständnis der einzelnen Gebiete wichtig, die man bereisen möchte.

Den Hauptteil des Führers nehmen die Beschreibungen von 31 Reisezielen ein, die so interessant sind, daß sie als Hauptreiseziele vorgestellt werden. 31 Nebenreiseziele bieten weitere Möglichkeiten, sich in das Land und seine Schönheiten zu vertiefen. Man findet sie alle auf der Karte hinten im Umschlagdeckel.

Die Hauptreiseziele sind gewissermaßen die naturkundlichen Höhepunkte der Türkei: Sehenswerte Landschaften, interessante geologische Formationen oder Gebiete, die Besonderheiten der Pflanzen- und Tierwelt beherbergen. Ein längerer Aufenthalt ist also fast immer lohnend. Charakteristik und Entstehung des Gebietes stehen am Anfang der Beschreibung. Die Vorstellung der Tier- und Pflanzenwelt konzentriert sich vor allem auf Arten, die für die Türkei typisch sind, aber in Mitteleuropa fehlen oder nur ausnahmsweise vorkommen. Möglichst viele Arten werden auch im Foto vorgestellt; der Text verweist auf solche Abbildungen dann, wenn sie nicht im gleichen Kapitel (Hauptreiseziel) stehen, durch »S. . . . «.

Fotos helfen beim Erkennen von Tieren und Pflanzen, können aber natürlich ein vollständiges Bestimmungsbuch (vgl. Literaturverzeichnis) nicht ersetzen.

Wo immer möglich werden deutsche Artnamen verwendet. Für die Vögel diente dabei »Wolters, Die Vogelarten der Erde« (1975–1982) als Vorlage. Für Wirbellose und vor allem für Pflanzen war es oft nicht möglich, eindeutige Namen zu finden. Daher wurde dann der wissenschaftliche Name verwendet. Soweit möglich, wurde aber wenigstens eine deutsche Gattungsbezeichnung angegeben, z. B. »die Flußkrabbe *Potamon ibericum*« (es gibt in der Türkei 6 Arten von Flußkrabben aus der Gattung *Potamon*, die einzelnen Arten haben aber keinen deutschen Namen).

Für jedes Hauptreiseziel gibt es einen Abschnitt »Im Gebiet unterwegs« sowie eine Übersichtskarte. Querverweise zwischen Karte und Text (Zahlen im Kreis) sollen eine rasche Orientierung ermöglichen, zumal die türkischen Ortsnamen für den Mitteleuropäer oft fremd und schwer auszusprechen sind. In diesem Kapitel wird nicht versucht, eine vollständige Übersicht aller möglichen Aktivitäten zu geben. Ziel ist es vielmehr, Wege zu zeigen, wie man das Typische und auch das Besondere eines Gebietes erleben kann, ohne selber auf die Tier- und Pflanzenwelt störend zu wirken. Exakte Ortsbeschreibungen von Vogelnistplätzen fehlen daher; dafür sind solche Stellen beschrieben, an denen man die Vögel beobachten kann, ohne sie zu stören.

Die »Praktischen Tips« enthalten technische Details über Anreise, Unterkunft, Verpflegung usw. Oft sind auch Adressen von Unterkunftsmöglichkeiten und Informationsstellen angegeben, wenngleich gerade diese In-

formationen (Telefonnummern!) sich oft rasch ändern.
»Blick in die Umgebung« enthält Ziele, die nahe einem Hauptreiseziel liegen bzw. auf dem Weg dorthin passiert werden und einen Abstecher lohnen.
Als Nebenreiseziele sind Gebiete erwähnt, in denen man schon in kurzer Zeit einen umfassenden Einblick gewinnen kann. Es handelt sich oft um kleinere, gut überschaubare Gebiete (wie z. B. eine interessante Felsformation). Daneben wurden aber auch Gebiete aufgenommen, deren Struktur ähnlich Hauptreisegebieten ist. Eine anderen Hauptreisegebieten sehr ähnliche Landschaftsstruktur, Tier- oder Pflanzenwelt und/oder schlechte Zugänglichkeit haben, uns aber dazu bewogen, solche Gebiete als Nebenreisegebiete vorzustellen.
Zur Reisevorbereitung enthält das Kapitel »Reiseplanung« im Anhang Details, die man vor Antritt einer Türkeireise (aber auch während der Reise!) unbedingt wissen und beachten sollte.

Das Register wurde unterteilt in einen geographischen Teil mit den Namen der erwähnten Orte, Landschaften, Nationalparks usw. sowie in ein Artenregister, in dem alle im Text erwähnten Tier- und Pflanzennamen nachgeschlagen werden können.
Zusätzlich wurde ein »Wörterbuch der Tier- und Pflanzennamen« aufgenommen. Dort sind die wissenschaftlichen Namen aller Tier- und Pflanzenarten zu finden, so daß eventuelle Unklarheiten ausgeräumt werden können.

Zeichenerklärung für die im Text verwendeten Karten
Um die Übersichtlichkeit der Karten zu gewährleisten, wurden vor allem die für den Besucher interessanten Informationen aufgenommen. Die verwendeten Symbole und Abkürzungen werden im folgenden erklärt; weitere Sonderzeichen sind in der jeweiligen Karte erläutert, wenn sie nur in diesem Gebiet verwendet wurden.

Verwendete Kartensymbole :

Asphaltstraße (jeglicher Breite und Ausbaustufe)	Stadt
Piste	Ortschaft, Farmhaus, markanter Punkt
Wanderweg	Berg
Eisenbahn	Aussichtspunkt
Steilkante, Felsabbruch	Paß
Fluß, Kanal	Höhle
Graben, Entwässerungskanal	unterirdische Stadt
See, Meer	Besuchspunkte, Wanderwege usw. (mit Querverweisen im Text)
Sumpf	Informationszentrum
Sandstrand, Dünen	Unterkunft (Hotel, Pension usw.)
Schilf	Campingplatz
Wald	Restaurant
Nationalpark	

Kleine Landeskunde

Lage und Größe

Die Türkei liegt auf zwei Kontinenten; der größte Teil, der auch als »Anatolien« bezeichnet wird, gehört zu Asien. Der europäische Teil der Türkei, der weniger als 3% der Landesfläche ausmacht, wird als »Thrakien« bezeichnet. Das Marmarameer und die Meeresenge des Bosporus und der Dardanellen markieren die Grenze zwischen Europa und Asien.
Die Fläche der Türkei ist mit 779 452 km^2 über 3mal so groß wie die der Bundesrepublik Deutschland. Die Ost-West-Erstreckung ist mit 1600 km etwas länger als zum Beispiel die Entfernung München–Istanbul. In Nord-Süd-Richtung erstreckt sich das Land zwischen 35° 51′ Nord und 42° 06′ Nord. Damit liegt die Türkei mit Zentralspanien, New York und Nordjapan auf dem gleichen Breitengrad.
Die Türkei hat gemeinsame Grenzen mit der UdSSR, dem Iran und Irak, Syrien, Griechenland und Bulgarien. Sie ist an drei Seiten von Meeren umgeben: Im Norden das Schwarze Meer, im Westen das Marmarameer, im Südwesten die Ägäis und im Süden das Mittelmeer. Insgesamt verfügt die Türkei über eine Küstenlänge von 8333 km. Zum Staat zählen nur kleine, wenig bedeutende Inseln. Die Inseln des ägäischen Festlandsockels gehören zu Griechenland.

Entstehung

Die geologisch ältesten Einheiten sind in der Türkei die kristallinen Grundgebirge: das Istranca-Massiv in Thrakien, das Menderes-Massiv in Südwestanatolien, das Kırşehir-Massiv in Inneranatolien sowie das Bitlis-Massiv in Ostanatolien. Diese Formationen stammen aus dem Präkambrium, also der Erdfrühzeit, und sind über 1 Milliarde Jahre alt. Ihre Kennzeichen sind kristalline Schiefer, Phyllite, Gneise und Marmorarten.
Die Erdgeschichte im Paläozoikum, dem Erdaltertum, wird weitgehend von der Tethys bestimmt, einer breiten Meereszone, die vom Mittelmeer über den Iran und das Himalaja-Gebiet bis nach Hinterindien reichte. Dieses Meer mit ozeanischen Ausmaßen verband damit letztlich Amerika mit China. Ablagerungen auf dem Grund der Tethys bauen den Großteil der anatolischen Landmasse auf; aus den Sedimenten bildeten sich die Faltengebirge.
Im Erdaltertum und im Erdmittelalter veränderten zahlreiche Hebungen und Senkungen die Land-Wasser-Verteilung. So war im Perm, also gegen Ende des Paläozoikums, die Land-Wasser-Verteilung z. B. genau umgekehrt wie heute: Aanatolien lag fast ganz unter Wasser. Erst zu Beginn des Tertiärs begannen sich die Grundlinien der heutigen Landkarte zu entwickeln.
Der Druck der mächtigen Sedimentschichten des Tethys-Meeres auf den Untergrund war die Ursache für mehrere Phasen der Auffaltung. Die kaledonische Gebirgsbildung hinterließ in der Türkei keine größeren Spuren, die variszische läßt sich in den Gebirgen Nordanatoliens nachweisen. Die alpidische Gebirgsbildung in der Oberkreide und im Tertiär dagegen war in ganz Anatolien wirksam: Von einem Festlandrücken in Zentralanatolien ausgehend bildeten sich die in Ost-West-Richtung streichenden Gebirge.
Von großer Bedeutung für die heutige Oberflächengestalt waren die eiszeitlichen Vergletscherungen. Anatolien war mindestens 2mal vergletschert: parallel zur Würm- und Rißeiszeit in Mitteleuropa. Für eine weitere, noch ältere Vereisungsperiode gibt es nur schwache Hinweise. Am Uludağ in Westanatolien lag die pleistozäne Schneegrenze bei etwa 2300 m, am Ararat in Ostanatolien bei etwa 3300 m. Noch heute finden sich in zahlreichen Hochgebirgen des Landes Gletscherreste und Firnflecken. Sie garantieren die Wasserführung zahlreicher Bäche und Flüsse auch in der sommerlichen Trockenperiode und ermöglichen die Yayla-Wirtschaft der halbnomadisierenden Bevölkerung.

Typisch für die Türkei ist der Landschaftstyp »Becken«, auf Türkisch »ova« genannt. Anatolien, besonders Inneranatolien, kann als »intramontane Beckenlandschaft« charakterisiert werden. Es handelt sich also um kein Hochplateau, wie oft fälschlich behauptet wird, sondern um eine Berg- und Hügellandschaft, in die Becken ganz unterschiedlicher Größe eingebettet sind. Die drei größten sind das Van-See-Becken, das Tuz-Gölü-Becken und das Konya-Ereğli-Becken. Durch die hohe Verdunstung und den fehlenden Abfluß finden sich in den meisten geschlossenen Becken Salzsümpfe oder Sodaseen.

Naturräumliche Gliederung

Die Türkei, die sich über 20 Längengrade erstreckt, wird in verschiedene biogeographische Regionen unterteilt. Damit wird der Unterschiedlichkeit der Regionen, die sich im Landschaftsbild, im Klima und in der Tier- und Pflanzenwelt ausdrückt, Rechnung getragen. Bei der Festlegung und Definition der Grenzen gibt es im Detail stark unterschiedliche Vorstellungen. Hier wird der Einteilung von Erol gefolgt.

Marmararegion

Die Marmararegion ist ein Übergangsgebiet von der Mittelmeer- zur Schwarzmeerregion. Andererseits vereinigt sie aber auch Elemente der Balkanländer und Inneranatoliens, so daß sich hier eine eigenständige Region etablierte. In ihrem Zentrum liegt das Marmarameer, ein Binnenmeer, das über den Bosporus Anschluß an das Schwarze Meer und über die Dardanellen Anschluß an die Ägäis bekommt. Während der Eiszeiten, als der Meeresspiegel tiefer lag, war hier ein Binnensee. Als wichtigste Gebirgszüge finden sich die Istranca-Berge (»Istrandschagebirge«) in Thrakien und der Uludağ südlich des Marmarameeres bei Bursa. Die Seen von Sapanca, Iznik, Apolyont und Manyas liegen in einer Kette nahe dem Marmarameer.
In der Marmararegion ist es im Sommer etwas kühler und feuchter als in der Ägäis, die Temperaturen sind jedoch im Vergleich zur Schwarzmeerregion höher, und die Wolkenbedeckung ist geringer. Im Winter liegt die Region im Bereich von Tiefdruckgebieten, die von der Ägäis zum Schwarzen Meer ziehen. Ursprünglich war die Region ein Waldgebiet. Lediglich in Zentralthrankien findet sich ein Gebiet ursprünglicher Steppe.

Die naturräumliche Gliederung der Türkei. Die Karte zeigt die sieben biogeographischen Regionen, die im Text erläutert werden (nach Erol).

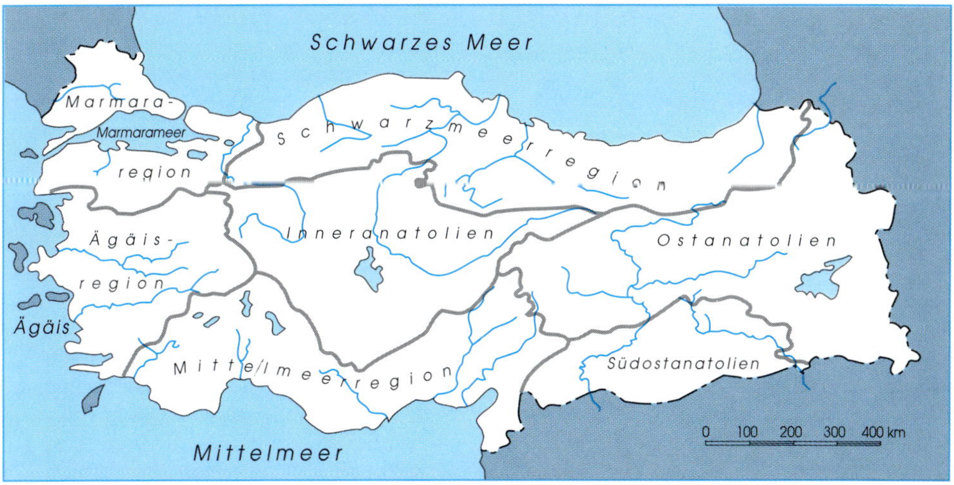

Ägäisregion

Im geographischen Sinne wie auch im türkischen Sprachgebrauch wird »Ägäis« nicht nur für das Meer, sondern für die ganze Region benutzt. In der Ägäis stoßen die Gebirgszüge und Täler nahezu senkrecht auf die Küste. Im Gegensatz zur Mittelmeerregion, wo das Taurusgebirge parallel zur Küste verläuft und daher ein tieferes Eindringen der Meereswinde ins Landesinnere verhindert, reichen die ozeanischen Klimaeinflüsse also hier weit ins Binnenland. Da die Sommer zudem etwas kühler und feuchter als in der Mittelmeerregion sind, ist die Abgrenzung einer selbständigen Region gerechtfertigt. Man unterscheidet eine »innere« und eine »äußere« Ägäis. Neben den typischen Kulturpflanzen im Einflußbereich des Mittelmeeres, der Olive und der Baumwolle, sind speziell für die Ägäis-Region die Sultaninen des Gediz- und die Feigen des Büyük-Menderes-Grabens charakteristisch.

Vegetationsgeographisch liegt die gesamte Region im Verbreitungsbereich von Waldformationen. Die Feuchtwälder der Marmararegion treten hier stark zurück zugunsten einer mediterranen Vegetation mit winterharten Trockenwäldern. Die Steppe spielt flächenmäßig keine Rolle, tritt aber an den Ufern einiger Seen in der inneren Ägäis bereits auf.

Mittelmeerregion

Kennzeichen der Mittelmeerregion ist das Taurusgebirge, das parallel zur Küste verläuft. Es erreicht Höhen von 2000–3000 m. Im westlichen Teil der Region liegt das sog. »Seengebiet« (»Göller Bölgesi«), mit Beyşehir-, Eğirdir- und Burdur-See als größte Einheiten. Das alpidisch gefaltete Taurusgebirge unterliegt einer starken Verkarstung mit Karstformen, die oft lehrbuchhaften Charakter haben. Während die äußere Gebirgskette an die Mittelmeerküste grenzt, stößt die innere an das zentralanatolische Hochland mit Höhen von etwa 1000 m. Das Gebirge ist somit eine Klimabarriere zum inneranatolischen Kontinentalklima.

Trockenwälder stellen in dem maritim geprägten Mittelmeerklima die ursprüngliche Vegetation dar. Phrygana (Garigue), Macchie und mediterraner Kieferntrockenwald sind verschiedene Sukzessionsstadien ein und desselben Vegetationstyps. Westlicher und Östlicher Erdbeerbaum, Baumheide, Judasbaum, Johannisbrotbaum, Lorbeerliguster, Lorbeer, Granatapfelbaum, Blasenstrauch und Myrte sind einige typische Vertreter mediterraner Vegetation.

Schwarzmeerregion

Ähnlich dem Taurusgebirge am Mittelmeer trennt das Pontische Gebirge das inneranatolische Hochland vom Schwarzen Meer. Das Pontische Gebirge fungiert also hier als Barriere zwischen dem feucht-warmen Schwarzmeerklima und dem Kontinentalklima Inneranatoliens. Die Nordwestwinde, die sich über dem Schwarzen Meer mit Feuchtigkeit aufladen, regnen sich beim Aufprall und Aufstieg auf das Gebirge ab. Daher gibt es am Schwarzen Meer (türk.: Kara Deniz) ganzjährig relativ hohe Niederschläge. Für die Schwarzmeerregion sind Laubmischwälder charakteristisch. Da Laubbäume in tieferen Lagen konkurrenzkräftiger sind, fehlen dort Nadelbäume so gut wie ganz. In Hochlagen hingegen setzen sich die Wälder aus Buche, Tanne, Fichte und Waldkiefer zusammen. Rhododendrongebüsch trifft man vielerorts an. Mediterrane Vegetationseinheiten finden sich manchmal als Relikte früherer Wärmeperioden. Der Klimagradient von Nord nach Süd ist beachtlich und drückt sich in einem oft abrupten Übergang der Feuchtwälder in Trockenwälder aus.

Inneranatolische Region

Inneranatolien kann durch zwei Landschaftstypen charakterisiert werden: die tafelartigen neogenen Becken, die durch flache Schwellen oder Stufen voneinander getrennt sind, und die Berg- und Hügelketten. Diese liegen meist im Randbereich und orientieren sich in ihrem Verlauf an der Streichrichtung des Taurus oder des Pontischen Gebirges. Dazu tritt aber eine nicht unerhebliche Anzahl

meist isoliert stehender Berge vulkanischen Ursprungs. Die Hochebenen liegen auf meist 800–1000 m Meereshöhe. Durch die sommerliche Dürre herrscht Wassermangel von Juli bis Oktober.
Nach den klimatischen Bedingungen kann Natursteppe nicht ursprünglich im ganzen Gebiet großflächig verbreitet gewesen sein. Durch die anthropogene Umwandlung der gesamten natürlichen Vegetation und vor allem die Beseitigung fast aller natürlichen Wälder bzw. Waldreste ist es heute nur noch schwer möglich, die Grenze vom ursprünglichen Flaumeichen-Steppenwald zur eigentlichen Steppe zu rekonstruieren.

Ostanatolische Region

Ostanatolien ist charakterisiert durch sehr hohe Gebirgsketten mit tief eingeschnittenen Tälern. Dazwischen liegen Becken (»ova»), die oft von Seen angefüllt sind. Am größten und bekanntesten ist das geschlossene Becken des Van-Sees. Das Zusammentreffen der beiden großen Faltengebirge Anatoliens, des Taurusgebirges und des Pontischen Gebirges, mit kristallinen Grundgebirgen (Bitlis-Massiv) und mächtigen Lavaplateaus bringt eine kleinräumige Kammerung des Raumes mit sich. Dadurch ist der Naturraum mosaikartig gegliedert und es lassen sich kaum größere zusammenhängende Einheiten zusammenfassen. Insgesamt ist Ostanatolien vom kontinentalen Klima geprägt, wenngleich auch mancherorts Mittelmeerklima oder Schwarzmeerklima stärkeren Einfluß gewinnt.

Südostanatolische Region

Bei Südostanatolien handelt es sich um eine tiefgelegene Plateaulandschaft an der syrischen Grenze. Sie erstreckt sich südlich des Osttaurus und geht in die tafelartigen Plateaus des Irak und Syriens über. Durch die Abschirmung von Norden her und die Offenheit zur syrischen Wüste hin ist die Plateaulandschaft von einem heißen, trockenen Klima geprägt. Die Winter sind zwar ebenfalls trocken, doch relativ kalt.

Im randlichen Hügelland herrschen winterharte Trockenwälder vor, wobei im Westen (Amanus-Gebirge) noch mediterrane Elemente zu finden sind. Der größte Teil der Region wird jedoch ursprünglich von Steppen eingenommen, die sich südlich der Landesgrenze in Halbwüste fortsetzt. Die Flüsse Euphrat (türk.: Fırat) und Tigris (türk.: Dicle) sind die einzigen größeren Gewässer der Region und damit deren Lebensader.

Klima

In der Türkei treffen verschiedene Klimatypen zusammen. Im wesentlichen sind es Mittelmeerklima, Kontinentalklima und Schwarzmeerklima (»pontisches Klima«), die in verschiedener Ausprägung und Abstufung vorherrschend sind.
Der mediterrane Klimagürtel, der durch heiße, trockene Sommer und ausgeprägte Winterregen charakterisiert ist, erstreckt sich von der Mittelmeerküste bis zum Taurus-Hauptkamm. In der Ägäis mit Gebirgszügen, die senkrecht auf die Küste zulaufen, reicht der mediterrane Klimaeinfluß etwa 150 km landeinwärts. Das Maximum der Niederschläge liegt im Dezember und Januar. Die Monate Juli bis September sind praktisch völlig niederschlagslos.
Im Gegensatz zur Mittelmeerregion fällt in der Schwarzmeerregion zu allen Jahreszeiten Niederschlag, es fehlt also eine Trockenperiode. Dennoch sind die Winter niederschlagsreicher als die Sommer. Die regenbringenden Winde sind Nordwestwinde, die sich über dem Schwarzen Meer aufladen. Daher bringen auch die Winde, die am längsten über das Meer gestrichen sind, die ergiebigsten Regenfälle. Mit mittleren jährlichen Niederschlägen von durchwegs über 2000 mm ist die Nordostküste das niederschlagsreichste Gebiet der ganzen Türkei, und es bilden sich ausgesprochene Regenwälder (s. Hauptreiseziel, S. 189).
Das inneranatolische Hochland hat ein ausgeprägtes Kontinentalklima mit heißen Sommern und kalten Wintern. Die Niederschläge

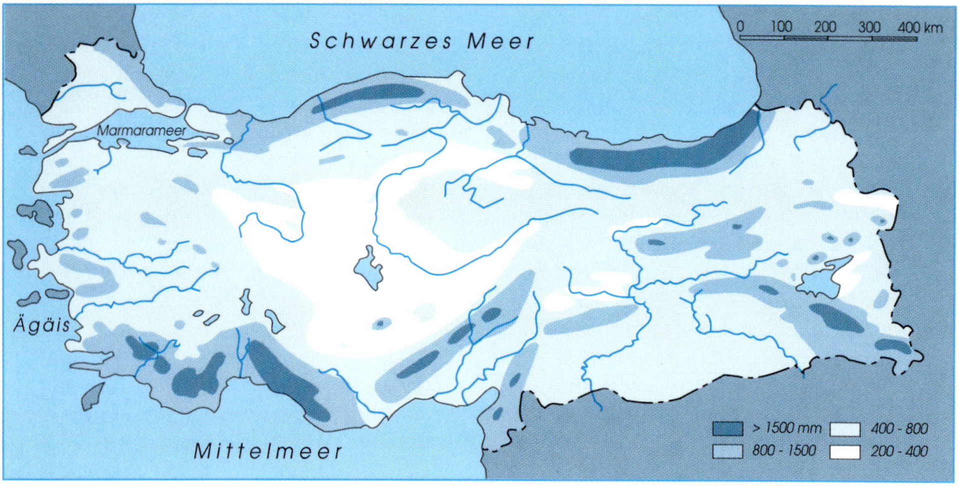

Niederschläge in der Türkei. Die Karte zeigt die mittleren jährlichen Niederschläge (verändert nach Erinç).

sind durchwegs gering und fallen ganz überwiegend im Winterhalbjahr (ab Dezember). Es tritt jedoch regelmäßig ein Frühjahrsmaximum der Niederschläge auf, das von West nach Ost mit zunehmender Meereshöhe an Bedeutung gewinnt. Als Charakteristikum des Kontinentalklimas gelten neben extremen Unterschieden zwischen Sommer und Winter auch große Temperaturunterschiede zwischen Tag und Nacht. Im Sommer sind diese Differenzen zwischen Tag und Nacht viel größer als im Winter.

Die Anzahl der Tage mit Frost nimmt von der Küste ins Binnenland und von West nach Ost zu. An der Mittelmeer- und Ägäisküste fällt die Temperatur nur ganz ausnahmsweise unter 0 °C. Das Auftreten bzw. der Anbau zahlreicher frostempfindlicher Pflanzenarten ist ein guter Anzeiger hierfür. In Zentral- und Ostanatolien hingegen können die Winter sehr hart sein. Temperaturen von − 20 °C sind keine Seltenheit. Eine geschlossene Schneedecke hat man an den Küsten nur äußerst selten, in Inneranatolien an etwa 30 Tagen pro Jahr. Im ostanatolischen Bergland muß man während mindestens 2 Monaten mit einer geschlossenen Schneedecke rechnen.

Tier- und Pflanzenwelt

Faunistisch und floristisch ist die Türkei eine Übergangsregion zwischen dem Nahen Osten und Europa. Hier treffen also Elemente aus Asien, Afrika und Europa zusammen. Das bedeutet nicht einfach nur eine Durchmischung, sondern auch eine Entstehung neuer Formen. Die Türkei hat daher eine vergleichsweise sehr reiche Tier- und Pflanzenwelt.

Pflanzen

Es gibt in der Türkei etwa 9000 Samenpflanzenarten. Davon ist etwa ein Drittel, also etwa 3000, endemisch, d. h. sie kommen ausschließlich in der Türkei vor. Der Reichtum und die Originalität der Flora kann mit diesen Zahlen eindrucksvoll demonstriert werden.

Die Blütenpflanzen der Türkei gehören 145 Familien an. Die meisten Arten sind iranoturanischen Ursprungs; in der Häufigkeit folgen mediterrane Arten und dann erst die Arten, die der euro-sibirischen Florenregion entstammen. Köpfchenblütler (Compositae), Schmetterlingsblütler (Fabaceae) und Süß-

gräser (Gramineae) sind die artenreichsten Familien. Die artenreichste Gattung ist der zu den Schmetterlingsblütlern gehörende Tragant *(Astragalus)*. Allein von dieser einen Gattung wurden in der Türkei fast 400 Arten gefunden, von denen nicht weniger als 230 endemisch sind. Ähnlich artenreich sind die Gattungen Königskerze *(Verbascum)* mit 228 Arten, von denen etwa 180 endemisch sind, und Flockenblume *(Centaurea)* mit 175 Arten, von denen 110 endemisch sind.
Der Anteil der endemischen Arten schwankt von Pflanzenfamilie zu Pflanzenfamilie sehr stark. So beträgt er bei den Köpfchenblütlern 40%, bei den Lippenblütlern (Labiatae) 57% oder bei den Rauhblattgewächsen (Boraginaceae) 61%. Bei einzelnen Gattungen steigt die Endemismusrate wie bei *Alkanna* auf 81%.
So faszinierend diese Vielfalt an Pflanzenarten, darunter viele, die nur in der Türkei vorkommen, auch sein mag, so schwierig wird für den Botaniker und Naturfreund die Bestimmung der Pflanzen. So ist es oft nötig, um eine Art sicher zu bestimmen, ein umfangreiches Studium von meist fremdsprachiger Spezialliteratur zu betreiben.

Tiere

Säugetiere

In der Türkei wurden bislang mindestens 125 Säugerarten nachgewiesen. Bei keiner Tiergruppe macht sich die Verarmung der Fauna so deutlich bemerkbar wie hier. Echtgazelle und Löwe sind bereits im letzten Jahrhundert in der Türkei ausgestorben, Biber, Tiger, Leopard und Kropfgazelle verschwanden erst in den letzten Jahren aus der türkischen Fauna bzw. stehen kurz vor der Ausrottung. Über Luchs, Steppenluchs und Streifenhyäne liegen keine neuen Angaben mehr vor, so daß man davon ausgehen muß, daß sie dasselbe Schicksal vielleicht schon ereilt hat.
Bei der Erforschung der Kleinsäugerfauna der Türkei stößt man immer wieder auf Überraschungen. So wurde erst 1968 eine neue Schläferart beschrieben und 1971 fand man eine Fledermausart, die für die Wissenschaft neu war. Die zoologische Durchforschung Anatoliens ist also auch in dieser Hinsicht noch keineswegs abgeschlossen. Arten wie Stachelschwein, Manguste oder Ägyptischer Flughund zeigen, daß die Säugerfauna der Türkei eine gewisse Exotik besitzt.

Die natürliche Vegetation der Türkei. Es wurde hier nach Feucht- und Trockenwäldern sowie den ursprünglich waldfreien Steppengebieten unterschieden (verändert nach Louis).

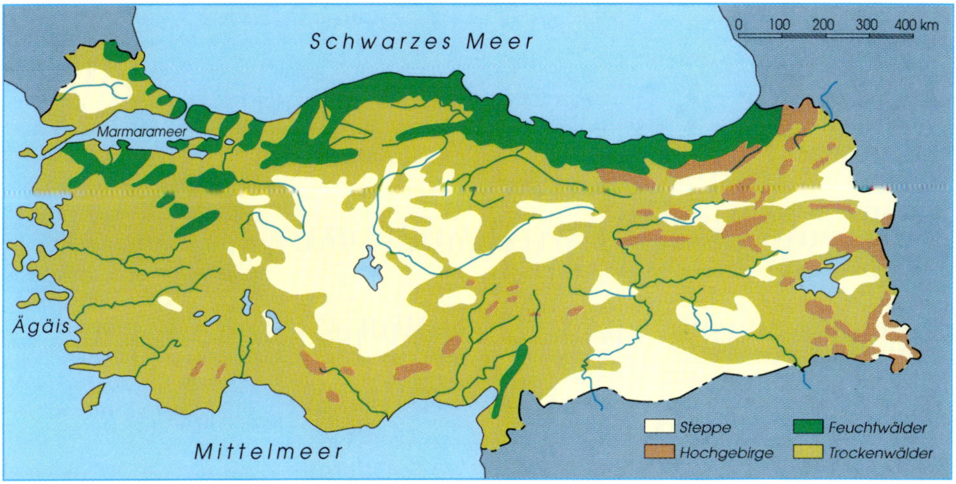

Vögel

Bisher wurden mindestens 426 Vogelarten in der Türkei festgestellt. Davon brüten rund 240 mehr oder weniger regelmäßig im Land. Die Erforschung der Vogelwelt ist im Vergleich zu anderen Tiergruppen sehr gut, doch wurde in den letzten 10–15 Jahren noch eine Reihe von Vogelarten entdeckt, deren Vorkommen in der Türkei vorher nicht bekannt war. Dazu zählen z. B. Streifenohreule, Zitronenstelze, Feldrohrsänger, Wüstengimpel oder Gelbkehlsperling.
Es gibt aus der Türkei von keiner Vogelart Bestandserfassungen oder -schätzungen. So sind wir auch über die Häufigkeit von seltenen und bedrohten Arten nur sehr unzureichend unterrichtet, und es ist daher kaum möglich, Bestandsrückgänge zu verfolgen.

Reptilien

Die Zahl der türkischen Reptilienarten beträgt 91. Nur 7 dieser Arten sind auch aus der mitteleuropäischen Fauna bekannt, so daß der Anteil der für einen Mitteleuropäer hier »neuen« Arten besonders groß ist.
An die türkischen Küsten des Mittelmeeres und der Ägäis kommen 2 Arten von Meeresschildkröten zur Eiablage. Auch 2 Weichschildkrötenarten leben in Anatolien, die Afrikanische Weichschildkröte in den Zuflüssen ins Mittelmeer und die Euphrat-Weichschildkröte (S. 172) im Flußsystem des Euphrat und Tigris.
In der Türkei kommen 6 Geckoarten vor, die man oft nachts im Schein von Laternen an Gebäuden finden kann. Agamen, eine vorwiegend asaiatische Gruppe, sind mit 4 Arten, Eidechsen mit über 20 Arten vertreten. Eine große Zahl von Unterarten und ungenügende Bestimmungsliteratur machen es dem Laien fast unmöglich, die Arten sicher zu bestimmen. Von den 37 Schlangenarten ist die Mehrzahl ungiftig. Allein 8 Arten stellt die Gattung der Zwergnattern.

Amphibien

In der Türkei leben 20 Amphibienarten, 8 Lurche und 12 Frösche. Besonders interessant ist der Laubfrosch: Hier verläuft die Verbreitungsgrenze zwischen dem Europäischen Laubfrosch und dem Kleinasiatischen Laubfrosch durch das Land. Die häufigste Froschart der Türkei ist der Seefrosch (S. 157). Aus der Gattung *Rana* gibt es sonst nur die Bergfrösche, die an Quellen und eiskalten Forellenbächen im Gipfelbereich der Gebirge leben.

Fische

Die Zahl der Fischarten in den türkischen Süßgewässern liegt bei etwa 191. Viele werden wirtschaftlich genutzt und durch das Einsetzen von Nutzfischarten ist die natürliche Fischfauna stark verfälscht. Ein gutes Beispiel ist der Zander, ein Raubfisch, der in den Eğirdir-See eingesetzt wurde und die Ursache für eine völlige Veränderung der dortigen Artenzusammensetzung wurde. Für die salzigen Steppenseen Zentralanatoliens sind die kleinen Zahnkärpflinge charakteristisch.

Mensch und Geschichte

Die anatolische Landmasse ist eine der Wiegen der Menschheit. Hier entwickelte sich der Mensch und hier entstand eine seiner ältesten Hochkulturen.
Bei Bursa und Muğla fanden sich fossile Reste von *Ramapithecus* und *Sivapithecus*, miozänen Menschenaffen mit stark menschlichen Merkmalen. Es gibt Hinweise dafür, daß sich diese beiden Gattungen hier (und nicht in Afrika) aus einem gemeinsamen Vorfahren entwickelten.
Während über diese frühe Periode nur wenige fragmentarische Zeugnisse vorliegen, sind wir über die Steinzeit in Anatolien bereits weit besser unterrichtet. Besonders die Ausgrabungen der jungsteinzeitlichen Siedlungen Çatal Hüyük und Hacılar (6800–5600 v. Chr.) geben einen tiefen Einblick in die Menschheitsgeschichte. Es handelt sich um eine der ältesten erforschten Städte der Welt.
Im 2. Jahrtausend v. Chr. beginnt in Anato-

Nomadenlager sieht man in der Türkei heute nur noch selten.

lien die Geschichte der Hethiter und damit die »geschichtliche Epoche«. Sie hatten die erste Hochkultur in Kleinasien, mit großen Stadtanlagen, die z. B. auch aus Tontäfelchen aufgebaute Bibliotheken besaßen. Die Besiedlung Anatoliens seit Beginn der Menschheitsgeschichte und 4000 Jahre Hochkultur sind nicht ohne Einfluß auf die Natur des Landes geblieben. Tiefgreifende Änderungen der Umweltsituation und der Verlust der »Ursprünglichkeit« sind die Folge, und zwar nicht erst seit wenigen Jahrzehnten.

Sortieren und Trocknen von Tabakblättern.

Nomadentum

Die Türken waren ein Nomadenvolk, das Anatolien von Zentralasien aus besiedelte. Die Schlacht von Malazgirt im Jahre 1071, in der die türkischen Seldschuken über die Byzantiner siegten, öffnete den Weg zur Kolonisierung des Landes, die bis zum 14. Jh. dauerte. Trotz der Durchmischung des türkischen Volkes mit der bereits ansässigen Bevölkerung und trotz der eigenständigen kulturellen Weiterentwicklung hat sich das Nomadentum bis heute erhalten.
Es ist gekennzeichnet durch ein Pendeln zwischen einer Sommerweide (türk.: »yayla«) und einer Winterweide (türk.: »kışla«). Die Sommerweidegebiete liegen, den Nahrungsbedürfnissen der Herden entsprechend, in

Traditionelle Käsezubereitung einiger Nomadenstämme in Ziegenhäuten.

den Hochlagen der Gebirge, während die Winterweidegebiete in den Ebenen (»ova«) liegen, oft in den Küstentiefebenen. An den Winterplätzen ging man allmählich zur Anlage fester, der Witterung besser widerstehender Behausungen über. Mit der Zeit hielt auch der Ackerbau in den Wintergebieten Einzug.
Heute ist diese Bevölkerungsgruppe fast vollständig in Dörfern angesiedelt. Sie betreiben Ackerbau, und im Sommer zieht ein Teil der Bevölkerung mit ihren Herden auf die Hochalmen, wo sie in den schwarzen Ziegenhaarzelten leben. Man spricht also heute besser von Halbnomaden. Will man die solchen Begriffen anhaftende romantische Verklärtheit vermeiden, so kann man auch sagen, daß es sich um eine Almwirtschaft ähnlich wie in den Alpen handelt.
Die klassischen Weidegebiete der Halbnomaden liegen in Süd-, Ost- und Inneranatolien. In Nordanatolien gibt es, von ganz wenigen Ausnahmen abgesehen, keine Nomadenstämme.
Die jährliche Reproduktionsrate einer Herde liegt bei 70%, wodurch eine erhebliche Menge Lebendvieh anfällt. Dazu kommt der Verkauf von Milch- und Wollprodukten.
Trotz dieser günstigen Rahmenbedingungen bringen es die Abhängigkeit von Witterungsverhältnissen, die mangelnde Infrastruktur in den Weidegebieten und die Möglichkeit von Totalverlusten durch Raub mit sich, daß die selbständige Existenz einer Großfamilie erst ab 150–300 Stück Vieh möglich wird. Selbst dann können für den Eigengebrauch nicht mehr als 10–15 Tiere/Jahr reserviert werden.

Kulturpflanzen

Die Türkei ist ein Agrarstaat. Auch wenn in den letzten Jahren durch Aufhebung von Zollschranken zahlreiche ausländische Agrarprodukte auf den Markt kommen, ist die Türkei dennoch so gut wie autark. Weizen ist das wichtigste Anbauprodukt, seine Produktionszahlen entscheiden über die Ernährungssicherheit des Landes. Die Ebene von Konya wird auch als die »Kornkammer der Türkei« bezeichnet. Wegen der langen sommerlichen Trockenheit wird fast ausschließlich Wintergetreide (Ernte: Mai/Juni) angebaut.
Entlang dem Mittelmeer und in der Ägäis (und selbst an manchen Stellen der Schwarzmeerregion, s. S. 189) ist auf nicht beackerbaren Hangflächen der Ölbaum eine Charakterpflanze. Mangelnde Widerstandsfähigkeit gegen Frost macht ihn zu einer wichtigen Zeigerpflanze für die klimatische Situation.
In Südostanatolien, zwischen Gaziantep und Urfa, liegt das Hauptanbaugebiet der Pistazie. Als Spezialkultur können hohe Erträge erzielt werden. Zitrusfrüchte (Zitronen, Orangen, Grapefruit) werden an der Südküste angebaut. Fehlende Qualitätstandards und geringe Produktionszahlen sind schuld, daß sie kaum exportiert werden.
Die Produktion von Opium hat ihr Zentrum in Westanatolien um die Stadt Afyon (was übersetzt »Opium« bedeutet!). Der Anbau der Mohnpflanzen und die Ernte wird vom Staat streng überwacht.
Der Traubenanbau ist in der Ägäis, im Marmarameergebiet und an manchen Stellen Inneranatoliens von Bedeutung. Die kernlosen Trauben der Ägäis werden getrocknet als Sultaninen exportiert. Die Türkei hat hier eine führende Rolle auf dem Weltmarkt. Das Keltern der Trauben zu Wein spielt mengenmäßig keine große Rolle, doch sind gute trokkene Rotweine von einigen Marmarameerinseln und aus Kappadokien bekannt. Die Eindickung von Traubensirup zu sog. »Pekmez«, der früher eine Winternahrung und eine Art Zuckerersatz war, ist stark zurückgegangen.
Tabak ist ein klassisches Produkt der Türkei. Die Hauptanbaugebiete liegen in den Schwemmländern der Schwarzmeerregion, der Marmararegion und der Ägäis. Von den jährlich knapp 200000 t werden 40–50% exportiert. Türkische Tabake werden in internationalen Zigarettenmarken rein oder als Mischung verwendet.
Baumwolle (S. 157) ist **die** Kulturpflanze der Flußdelten der Ägäis und der Mittelmeerre-

Nationalparks der Türkei

Name	Provinz	Größe (ha)	Reiseziel
Yozgat Çamlığı	Yozgat	264	
Karatepe-Aslantaş	Adana	7715	
Soğuksu (Kızılcahamam)	Ankara	1050	Hauptreiseziel 2
Kuşcenneti (Manyas Gölü)	Balıkesir	64	Hauptreiseziel 7
Uludağ	Bursa	11338	Hauptreiseziel 4
Yedigöller	Zonguldak	2019	Nebenreiseziel 5
Dilekyarımadası (Samsun Dağı)	Aydın	10985	Hauptreiseziel 9
Spil Dağı	Manisa	5505	
Kızıldağ	Isparta	550	
Termessos	Antalya	6702	Hauptreiseziel 18
Kovada Gölü	Isparta	6534	
Munzur Vadisi	Tunceli	42000	Nebenreiseziel 23
Olimpos-Beydağları	Antalya	69800	
Gelibolu Yarımadası	Çanakkale	33000	
Köprülü Kanyon	Antalya	36614	Hauptreiseziel 21
Ilgaz Dağı	Kastamonu	1088	
Başkomutan	Afyon-Kütahya	35500	
Göreme (Kappadokien)	Nevşehir	9572	Hauptreiseziel 17
Maçka-Altındere (Sumela-Kloster)	Trabzon	4800	

gion. In Monokultur ist sie jedoch erheblich anfällig für Schädlinge, was einen intensiven Einsatz von Pestiziden nach sich zieht. Inzwischen sind einige Schädlinge gegen Pestizide resistent, so daß die Anzahl der Anbauflächen notgedrungen verringert wird. Es ist jedoch wohl nur eine Frage der Zeit, bis Bekämpfungsstoffe gegen die pestizidresistenten Schädlinge gefunden werden.
In der Türkei werden etwa 60% der Welternte der Haselnuß produziert. Das Anbaugebiet erstreckt sich entlang der Schwarzmeerküste. Hauptabnehmer sind die Schokoladenfabriken in Europa. Etwa deckungsgleich mit dem Anbaugebiet der Haselnuß ist jenes des Tees (s. S. 193).

Schutzgebiete

Der erste Nationalpark (»Milli Park«) wurde in der Türkei bereits 1958 ausgewiesen. Inzwischen hat sich die Zahl der Parks auf 19 erhöht (s. Tabelle). Neben dem Schutzgedanken steht in der Türkei der Erholungsgedanke sehr im Mittelpunkt. So sind manche Parks mit Naherholungsgebieten vergleichbar und oft werden Parks zur Förderung des Tourismus eingerichtet. Andere Gebiete wiederum sind zum Schutz eines historisch wichtigen Gebietes als Nationalpark ausgewiesen. Für keinen der Parks gibt es ein klares Zonierungskonzept, also der strikten Trennung von strengen Schutzzonen und Gebieten, die für Besucher zugänglich sind. Etliche der türkischen Nationalparks erfüllen daher die strengen internationalen Maßstäbe nicht.
Erst seit 1987 gibt es einen Schutzstatus, der dem deutschen Naturschutzgebiet entspricht (»Tabiati Koruma Alani«). Damit sollen Gebiete ausschließlich für den Schutz bedrohter Tier- und Pflanzenarten reserviert und jeglicher anderen Nutzung entzogen werden. 18 Gebiete mit insgesamt über 25000 ha sind inzwischen so geschützt.
In den Sonderschutzgebieten (»Çevre Özel Koruma Bölgesi«) werden in der Türkei in erster Linie Küstengebiete geschützt, in denen Tourismus und Naturschutz Konfliktpartner sind. Derzeit gibt es 10 solcher Gebiete; weitere sind in Planung.

1 Bosporus

Ertrunkenes Flußtal, das zwei Kontinente trennt; Prinzeninseln; Parklandschaft; imposanter Greifvogel- und Storchenzug im Frühjahr und Herbst; Palmtauben und Alpensegler in den alten Stadtvierteln; ständig wiederkehrende Ketten von Schwarzschnabelsturmtauchern über dem Wasser.

Wohl kein Gebiet ist für die Beobachtung des Zuges von Großvögeln so bekannt wie der Bosporus. Greifvögel und Störche, die dem Mittelmeer und dem Schwarzen Meer ausweichen, strömen an der Meeresenge des Bosporus trichterförmig zusammen und lassen sich dann gut beobachten. Der französische Naturforscher Pierre Belon notierte hier im Jahre 1555 in sein Tagebuch: »Da bemerkte ich, daß die Schwarzen Milane in so großen Schwärmen dicht hintereinander herbeikamen, daß ich mich verwunderte. Wenn während 15 Tagen ebenso viele vorübergezogen wären wie an jenem Tage, dann wage ich zu behaupten, daß ihre Zahl größer wäre als die aller Menschen, die auf der Erde leben. Auch ist es großartig, sie gleich Ameisen in dichten Haufen vorbeiziehen zu sehen.«

Zwar sind durch die großräumige Lebensraumzerstörung in Europa die Zahlen der durchziehenden Großvögel seit dem Mittelalter beträchtlich zurückgegangen, doch ist der Vogelzug am Bosporus immer noch ein Ereignis, das alljährlich viele Ornithologen aus aller Welt anzieht.

Der Bosporus, der das Schwarze Meer mit dem Marmarameer verbindet, ist ein »ertrunkenes« Flußtal. Er ist etwa 30 km lang, 750 m bis 1000 m breit und bis über 100 m tief.

Seine Entstehung ist eng mit den Meeresspiegelschwankungen im Rahmen der Eiszeiten verbunden. Während des Pleistozäns waren riesige Mengen des irdischen Wassers in den Gletschern und Inlandeismassen gebunden und damit den Weltmeeren entzogen. Einer eiszeitlichen Vergletscherung entspricht daher ein Absinken des Meeresspiegels (eustatische Meeresspiegelschwankung).

Für die letzte Eiszeit, die Würm, wurde ein Absinken um etwa 90 m bis 100 m errechnet. Während dieser Zeit wurde aus dem Marmarameer ein Binnensee. Nordwestlich des jetzigen Istanbul nahm ein Flußlauf seinen Anfang: Sein Lauf entspricht dem des heutigen Ali Dere ④, der in das Goldene Horn mündet. Da sich aber südlich des Goldenen Horns ein Höhenrücken befand, knickte er hier in einem 90-Grad-Winkel nach Norden ab. Im Laufe der Jahrtausende grub er sich

Die Meerenge des Bosporus trennt Europa von Asien.

Der Bosporus stellt eine Verbindung vom Schwarzen Meer zum Marmarameer her.

durch Erosion immer tiefer in die Landschaft ein. Sein Cañon stellt den heutigen Bosporus dar, mit dem Goldenen Horn als Oberlauf. Erst nach der letzten Eiszeit, als sich der Meeresspiegel wieder zu heben begann, wurde der Cañon überflutet und bildete eine Verbindung zwischen dem Schwarzen Meer und dem Marmarameer. Die Schwelle, die den alten Fluß nach Norden abknicken ließ, ist heute als flachste Stelle des Bosporus mit 37 m Tiefe zwischen der Sarai-Spitze und dem Stadtteil Haydar Paşa zu bemerken.
Als ehemaliger Flußlauf nimmt die Tiefe des Bosporus von Süd nach Nord zu. Das Fehlen jeglicher mariner Fossilien in tieferen Schichten des Bosporus spricht auch für die Richtigkeit der Theorie, daß er ein ertrunkenes Flußtal ist und nicht etwa durch tektonische Bewegungen der Erdkruste entstand.
Mit der postglazialen Überflutung setzte eine Strömung im Bosporus ein, die heute die Meeresenge kennzeichnet. Durch den Wasserüberschuß des Schwarzen Meeres, der durch seine mächtigen Zuflüsse zustande kommt, ist eine ständige Strömung zum Marmarameer hin zu beobachten, die an Engstellen fast 10 km/Stunde erreicht. Das Schwarzmeerwasser hat einen Salzgehalt von 1,5% bis 1,9%, während er in der Ägäis bei 3,5% bis 3,9% liegt. Das spezifisch leichtere Schwarzmeerwasser schiebt sich daher gewissermaßen über das schwerere Mittelmeerwasser. Eine Gegenströmung in tieferen Schichten bringt salzhaltiges Mittelmeer- bzw. Marmarameerwasser in Richtung Schwarzes Meer. Am Südausgang des Bosporus ist die Durchmischung des Wassers aus beiden Meeren am stärksten. Dies hat großen Fischreichtum zur Folge.
Das Marmarameer stellt größtenteils eine Einbruchszone dar, die meist unter 1000 m (maximal 1350 m) taucht. In ihr blieben die aus Quarziten aufgebauten **Prinzeninseln** stehen. Diese nur 5–10 km vom Istanbuler Hafen entfernte Inselgruppe besteht im wesentlichen aus 4 Inseln (Büyük Ada, Heybeli

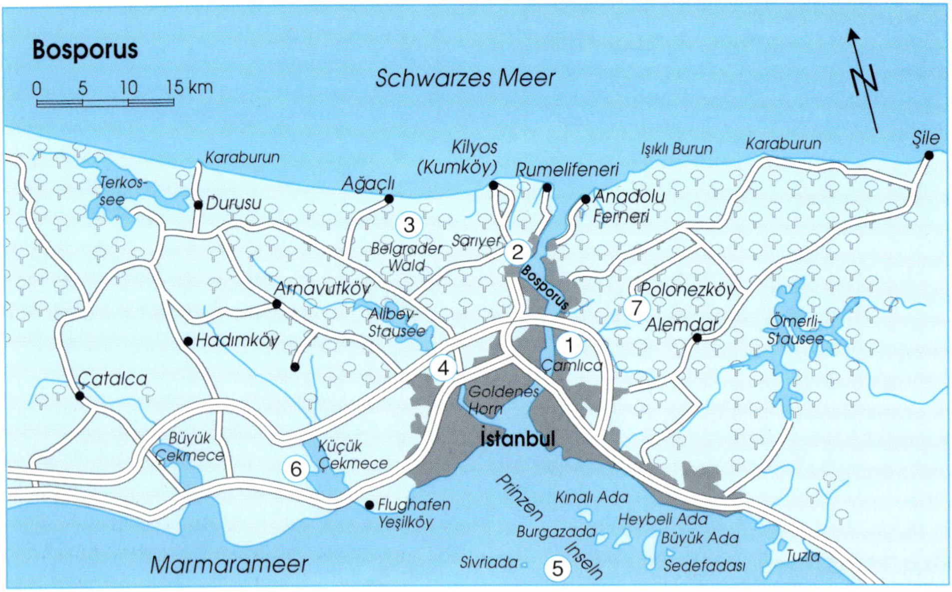

Ada, Burgazada, Kınalı Ada). Viele reiche Istanbuler haben dort ihre Sommerresidenz. Es gibt keine Autos, der ganze Verkehr wird mit Pferdekutschen abgewickelt.
Der nordwestlich Istanbul gelegene **Belgrader Forst** ist die grüne Lunge der Millionenstadt. Den Namen hat der Wald von serbischen Brunnenbauern bekommen, die hier nach der Eroberung Belgrads 1521 durch Suleyman den Großen angesiedelt wurden. Zur Versorgung Istanbuls mit Trinkwassers war und ist der Belgrader Forst von größter Bedeutung. Aus byzantinischer Zeit zeugt davon ein Aquädukt. Nicht zuletzt als Wasserschutzgebiet hat der Wald unbeschadet über Jahrhunderte überleben können. Heute ist er Lehrwald der Forstwissenschaftlichen Fakultät Istanbul.

Pflanzen und Tiere

Auf den Çamlıca-Hügeln gibt es ein kleines Wäldchen aus alten Stieleichen und Kastanien. An wärmebegünstigten Hängen des Bosporus bei Sarıyer liegen Reste eines Pinienwaldes mit niederem Unterwuchs aus Kermeseiche. Auf Südwesthängen des Bosporus zeigen Arten wie Zedernwacholder, Tenebrinthe, Zypresse und Kermeseiche zusammen mit Kretischer Zistrose oder Stechendem Mäusedorn (S. 160) eindeutig einen mediterranen Charakter. Hingegen muten Eichen-Hainbuchen-Talsohlenwälder des Belgrader Waldes überraschend mitteleuropäisch an. Verschiedene Eichenarten dominieren hier, voran die Traubeneiche und die Ungarische Eiche. Hainbuchen sind von großer Konkurrenzkraft. Türkenbundlilien, Wald-Bingelkraut, Gemeines Hexenkraut und Zweiblättriger Blaustern sind Arten des Unterwuchses, die auch aus Mitteleuropa bekannt sind.
Fritz Braun, ein Deutscher, der um die Jahrhundertwende in Istanbul als Oberlehrer tätig war und der sich in seiner Freizeit mit Ornithologie und Vogelstellerei beschäftigte, bemerkte einmal: »Wollte man die europäischen Großstädte nach der Menge der freilebenden Vögel ordnen, die sich in ihren Mauern aufhalten, so würde dem zypressenreichen Konstantinopel [d. h. Istanbul] sicher einer der ersten Plätze zufallen.«

Der Schmutzgeier brütete bis ins letzte Jahrhundert noch in der Stadt. Ein Besucher errechnete einmal, daß auf Zypressen und in Nischen der Moscheen alljährlich etwa 500 Paare ihre Jungen aufziehen würden. Nicht zuletzt als Folge der gebesserten hygienischen Verhältnisse war zu Beginn unseres Jahrhunderts von dieser »Herrlichkeit« kaum etwas übrig. Trotz dieser Verluste hat Istanbul immer noch eine reiche Tierwelt.
In den Häuserschluchten der Gassen Alt-Istanbuls kann man das Gurren der Palmtaube vernehmen. Diese zierliche Taube wurde vermutlich im letzten Jahrhundert aus Algerien oder Tunesien hier eingeführt und hat eine stabile Population aufbauen können. Im alten Baumbestand des Gülhane-Parks, in dem auch ein kleiner Tierpark untergebracht ist, legten Graureiher – mitten in der Millionenstadt – eine Kolonie an. Auch Schwarze Milane nisten dort.
In den Villenvierteln am Bosporus ist der Girlitz ein Charaktervogel. Samtkopfgrasmükken kann man am Stadtrand in macchieartigem Bewuchs finden. Der Alpensegler ist ein ständiger Begleiter hoch in der Luft über den alten Stadtteilen. Er brütet zahlreich in der alten Stadtmauer, und an seinen Schlafplätzen kann man die ganze Nacht sein Trillern hören. Schwarzschnabelsturmtaucher (s. S. 25) sind am Bosporus regelmäßige Gäste. Kormorane sitzen im Winterhalbjahr zusammen mit zahlreichen Möwen häufig auf den Kaimauern der Hafeneinfahrten.
Der häufigste Großvogel unter den Durchzüglern am Bosporus ist der Weißstorch. Fast die gesamte europäische Population (alle »Oststörche«) zieht hier durch, bis zu 315 000 Vögel wurden in einer Zugperiode ermittelt. Jahreszeitlich sehr früh, nämlich bereits Ende Juli, werden die ersten Durchzügler bemerkt. Bis Mitte August ist ein erster Höhepunkt des Zuges erreicht und eine weitere Zugwelle wird Ende August/Anfang September bemerkt. Dann flaut der Zug rasch ab. Der Zug des Schwarzstorches hingegen erfolgt erst später; der Höhepunkt liegt Ende September.

Die Meerenge des Bosporus wird von vielen Großvögeln, wie hier von Weißstörchen, als Brücke auf dem Zug benutzt.

Den Greifvogelzug eröffnen die Schwarzmilane Mitte August. Auch die ersten Wespenbussarde (S. 189) kommen dann durch. Deren Zughöhepunkt liegt Ende des Monats und flaut bis Mitte September sehr rasch wieder ab. An günstigen Zugtagen können einige tausend Vögel registriert werden.
Mitte bis Ende September ziehen die ersten Schrei- und Schelladler durch. Ihr Zug dauert bis in den Oktober. Meist wird es nicht möglich sein, diese beiden sehr ähnlichen Arten auseinanderzuhalten. In der Regel sind frühe Durchzügler Schreiadler, späte Durchzügler Schelladler.
Der September ist die Hauptzugzeit des Sperbers, wobei sich auch Kurzfangsperber darunter befinden. Mitte September bis Mitte

Der Alpensegler ist in Istanbul im Sommerhalbjahr eine fast allgegenwärtige Erscheinung.

Zypressen sind Charakterbäume an den Hängen des Bosporus.

Oktober ist die Zeit des Bussardzuges. Im September handelt es sich überwiegend um die östliche Unterart des Mäusebussards, den Falkenbussard, während im Oktober die Mehrzahl der Vögel unserer mitteleuropäischen westlichen Unterart angehört. Natürlich wird man unter den zahlreichen Greifen auch seltenere Arten entdecken können. Schmutzgeier, Kaiseradler, Zwergadler, Schlangenadler und alle europäischen Weihenarten kommen hier durch.

Im Gebiet unterwegs

Nachdem man die südlichere der beiden Bosporusbrücken überquert hat, die einen wunderbaren Blick auf die Meerenge zuläßt, kann man auf der asiatischen Seite in wenigen Minuten die **Çamlıca-Hügel** erreichen ①. Sie sind die höchste Stelle des Bosporusufers und ein Fernsehturm dient schon von weitem als Wegweiser. Die beiden Çamlıca-Hügel sind nicht nur ein hervorragender Punkt zur Beobachtung des Vogelzuges, sondern auch ein herrliches Ausflugsziel zu anderen Jahreszeiten. Im Durchschnitt liefert die »Große Çamlıca« (Büyük Çamlıca, 282 m) etwas bessere Ergebnisse als die »Kleine« (Küçük Çamlıca, 228 m). An der Großen Çamlıca steht auf der Spitze des Hügels ein Restaurant. Da an manchen Tagen dort reger Ausflugsbetrieb herrscht, ist oft schwer ein ruhiger Beobachtungsplatz zu finden. Die Kleine Çamlıca hat zwar durch Bauaktivität an Attraktivität gelitten, doch besitzt ein alter Park immer noch große Anziehungskraft.

Ein weiterer hervorragender Platz zur Beobachtung des Zuggeschehens ist **Sarıyer** ② etwa 15 km nördlich der Stadt auf der europäischen Bosporusseite. Über eine Straße, die sich in Serpentinen den Berg hochwindet, gelangt man auf die Sarıyer-Hügel. Je nach Witterungsverhältnissen wird man vor Ort entscheiden, ob man den höchsten oder lieber einen etwas rückwärtigen Punkt als Standort für Beobachtungen wählt. Gerade im Frühjahr, wenn die Greifvögel und Störche von der gegenüberliegenden Bosporusseite ankommen, kann sich auch ein Punkt im Sarıyer-Tal als optimal herausstellen.

Der **Belgrader Forst** ③, den man von Sarıyer aus erreicht, ist ein beliebtes Ausflugsziel für die Bewohner Istanbuls. Waldränder und -lichtungen sind daher an Wochenenden oft mit Menschen, die hier ihr Picknick einnehmen und auch Abfälle hinterlassen, überfüllt.

Die Palmtaube hat in den alten Stadtvierteln im Zentrum Istanbuls ein isoliertes Vorkommen.

Praktische Tips

Anreise
Internationaler Flughafen (Yeşilköy). Fährverbindungen z. B. nach Bandırma und Yalova im Marmarameer und zu allen größeren Küstenstädten des türkischen Schwarzen Meeres.

Unterkunft/Verpflegung
Hotels und Herbergen in allen Preis- und Qualitätsklassen. Mehrere Campingplätze, z. B. in Ataköy am westlichen Stadtrand Istanbuls (an der Straße nach Europa) oder nördlich der Stadt bei Kilyos an der Schwarzmeerküste. Auf den Çamlıca-Hügeln kein Camping möglich! Hotels auch auf Büyük Ada, der größten der Prinzeninseln.

Ausflüge
Rundfahrten durch den Bosporus, die man auf keinen Fall versäumen sollte, werden in fast allen Reisebüros der Stadt oder direkt am Hafen angeboten. Regelmäßige Fährverbindung zu den Prinzeninseln. Die Anlegestellen sind in Sirkeci (nahe dem europäischen Bahnhof) und in Kabataş (zwischen Galata-Brücke und Beşiktaş) bzw. auch in Bostancı, direkt gegenüber den Inseln.

Blick in die Umgebung

Lagune Küçük Çekmece (»Kleine Çekmece«) ⑥: Ehemalige Meeresbucht, inzwischen völlig vom Meer abgetrennt. Wasservögel, wenn auch weniger ergiebig als die »Große Çekmece« (s. Nebenreiseziel 2).
Şile: Kleine Schwarzmeerstadt, guter Ausgangspunkt für Exkursionen in die Gebüschlandschaft des asiatischen Bosporusufers.
Tuzla: Lagune, die zur Brutzeit wenig ergiebig ist, aber zur Zugzeit oft interessante Limikolenansammlungen hat.
Kilyos: Ausflugspunkt am Schwarzen Meer.
Polonezköy: Dorf polnischer Einwanderer mit starker Tradition, darunter auch Pferdezucht.

Der Schwarzschnabelsturmtaucher

Die wohl charakteristischste Vogelart des Bosporus ist der Schwarzschnabelsturmtaucher *(Puffinus puffinus)*. Von früh bis spät ziehen sie in Schwärmen und Ketten in beiden Richtungen ruhelos den Bosporus entlang. Nur ausnahmsweise sieht man sie schwimmend auf dem Wasser. Ohne sich aus ihrer Richtung ablenken zu lassen, fliegen sie mit schnellen Flügelschlägen dicht über der Wasseroberfläche dahin, als wären sie in größter Eile.
Diesem Eindruck der Ruhelosigkeit verdanken sie ihre Bezeichnung »Geister der Unseligen«. Danach sollen sie die Geister der von den Sultanen im Bosporus ertränkten Opfer verkörpern. Die Türken nennen sie »yelkovan«. Von diesem Namen leitet sich auch die wissenschaftliche Bezeichnung ab: Die ostmediterrane Rasse wurde *Puffinus puffinus yelkouan* benannt. Außer am Bosporus trifft man sie häufig auch an den Dardanellen und wesentlich seltener auf allen türkischen Meeren.
Obwohl es außer Frage steht, daß die Schwarzschnabelsturmtaucher zumindest an den Meerengen auch brüten, hat man noch nie ihre Nester gefunden.

Den Schwarzschnabelsturmtaucher kann man ständig den Bosporus auf- und abziehen sehen.

2 Kızılcahamam-Nationalpark

Ausgedehnte Wälder; Schafschlächterei, wo sich Schmutzgeier, Weiß- und Schwarzstörche von den Abfällen ernähren; Heilbad; Revier von Braunbär und Wolf; Fossilienfundstätte.

Der Kızılcahamam-Nationalpark ist ein ausgedehntes Waldgebiet im Norden Ankaras, am Rande zur inneranatolischen Steppe. Topographisch dominiert im Gebiet das Tal des Kirmir-Baches (Kirmir Çayı), der in Nord-Süd-Richtung fließt und von zahlreichen kleineren Zuflüssen gespeist wird. In einem der Seitentäler liegt der Ort Kızılcahamam (10000 Einwohner), hinter dem der Nationalpark beginnt. Der Ort liegt auf 970 m, das Bergland des Nationalparks steigt bis 1716 m (Tolubelen Tepe) an.

Der Nationalpark wurde schon 1959 eingerichtet. 1050 ha wurden zum Schutz der natürlichen Wälder, als Grundwasserreservoir und als Naherholungsgebiet für Ankara unter Schutz gestellt. Die offizielle Bezeichnung des Parks ist »Soğuksu« und bedeutet »kaltes Wasser«.

Die Gegend besteht vorwiegend aus Vulkangestein (Lava und Basalt) und aus tertiären Sedimenten (kreidiger Kalk), die auf metamorphem Grund auflagern. Etwa 2 km nördlich Güvem gibt es Säulenbasalt, ein tertiäres Ergußgestein. Diese Gegend ist sehr reich an Fossilien.

Die Landschaft setzt sich mosaikartig aus verschiedenen Habitaten zusammen. Die Tieflagen im Tal des Kirmir-Baches sind fast vollständig in landwirtschaftliche Nutzflächen umgewandelt oder werden als Weideflächen genutzt. Mit Ausnahme einiger regelmäßig überfluteter Bereiche ist die Flora der Talböden arm. An einigen Stellen wird Reis angebaut. Das Bett des Kirmir und seiner Zuflüsse besteht aus groben Kieseln und zahlreiche Kiesbänke prägen das Bild.

Als der Nationalpark eingerichtet wurde, mußten einige Siedlungen ausgelagert werden. Heute kann man die ehemaligen Dörfer als Waldlichtungen erkennen, die meist dicht mit Vogelwicken überwuchert sind.

An der Straße Richtung Güvem wird der Bach zu einem kleinen Reservoir aufgestaut (Eğrekkaya-Stausee), der nach Fertigstellung 424 ha einnehmen soll. Über eine Verbindungsleitung mit dem Karaboğaz-Stausee soll es helfen, die drängenden Trinkwasserprobleme der Metropole Ankara zu lösen.

Der 1982 fertiggestellte Kurtboğazı-Stausee liegt an der Straße nach Ankara, gut 10 km südlich Kızılcahamam. Wie die meisten neu angelegten Stauseen ist er äußerst nährstoffarm, doch gibt es im Nordteil des Sees, wo zwei Bäche einmünden, einige Flachwasserzonen, die während der Zugzeiten für Wat- und Wasservögel eine Attraktion darstellen. An den steilen Ufern wurden kleine Terrassen angelegt, die mit Kiefern bepflanzt sind.

Pflanzen und Tiere

Die Hänge südlich und östlich des Kirmir, also außerhalb des Nationalparks, haben fast keinen Wald mehr. Sie sind meist von Dornpolstergesellschaften bedeckt, die hauptsächlich aus den artenreichen Gattungen *Astragalus*, ein Schmetterlingsblütler, und *Acantholimon*, ein Grasnelkengewächs, bestehen. Dazwischen wachsen viele aromatische Kräuter, z. B. Thymian und verschiedene Wolfsmilcharten.

Westlich des Kirmir beginnt bei einer Höhe von 1100 m das Waldgebiet, im Nationalpark sogar schon bei 950 m. Bis auf eine Höhe von 1500 m ist die Schwarzkiefer die dominante Art. Sie ist hier in der Unterart der Krim-Schwarzkiefer vertreten, mit gedrehten oder unregelmäßig gekrümmten Nadeln. Oberhalb der Schwarzkieferzone wachsen ausgedehnte Bestände aus Föhren, die an

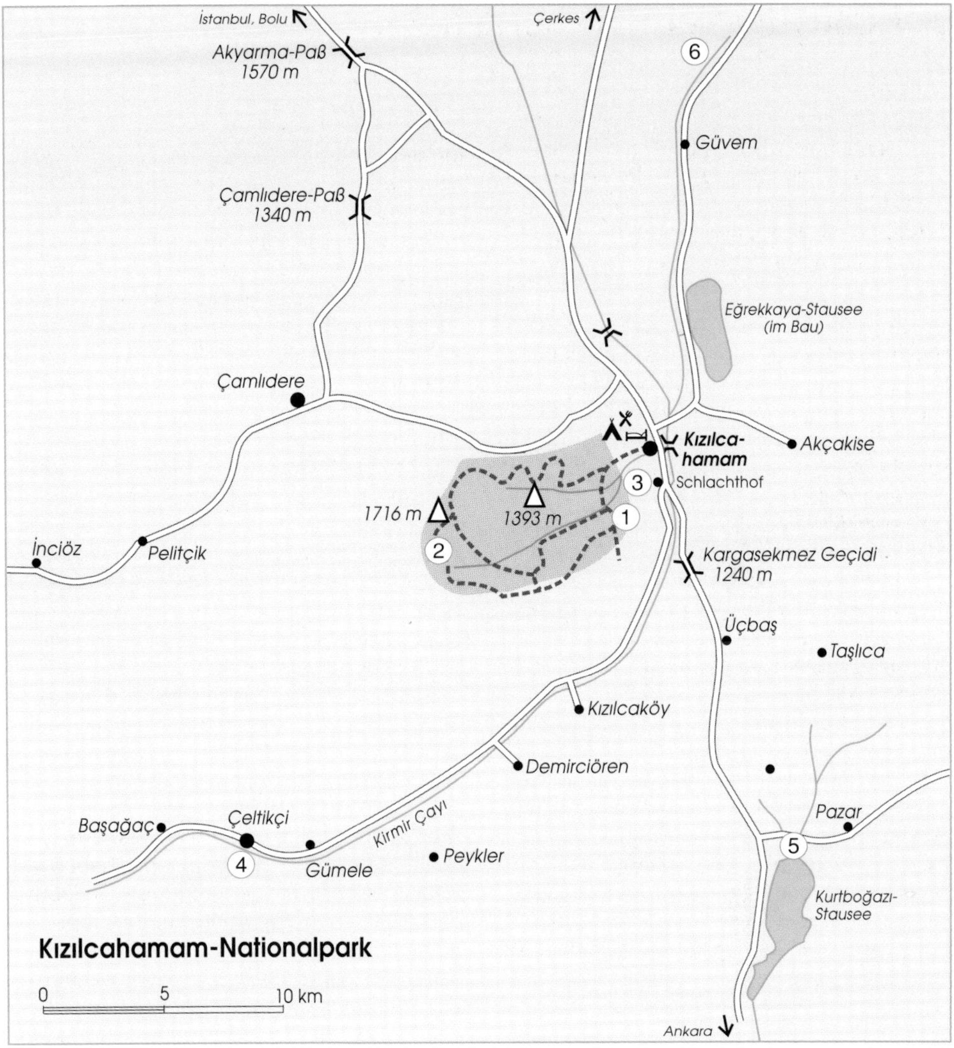

den blaugrünen, gedrehten Nadeln und fuchsroten Ästen und Stämmen zu erkennen sind. In den Hochlagen treten oft zu den Föhren Zitterpappel, Hainbuche und Bornmüller-Tanne.
An offenen Stellen, wo Ziegenweide zugelassen ist, sind die Nadelwälder durch niederes Gebüsch ersetzt, in dem die Flaumeiche dominiert. Durch Viehverbiß ist sie aber klein. Dazu kommen oft wilde Obstbäume, darunter Wildbirne, Kirsche und Weißdorn.
In den rückwärtigen, ruhigen Teilen des Nationalparks konnte sich eine kleine Population des Braunbären halten. Hier lebt auch der Wolf, der nurmehr in sehr kleinen Rudeln ein weites Gebiet durchstreift. An Säugern wird man eher schon das unserem Eichhörnchen sehr ähnliche Felsenhörnchen

Der Kirmir-Bach unterhalb der Schafschlächterei ist ein idealer Beobachtungsort für Schwarz- und Weißstörche.

oder den Fuchs zu Gesicht bekommen. Auf die Spuren von Wildschweinen wird man in den Wäldern in Form von durchwühltem Erdreich und Wurzelwerk stoßen.
In ornithologischer Hinsicht ist die Region von Kızılcahamam sehr bedeutsam. Über 160 Vogelarten wurden hier festgestellt. Eine besondere Stellung hat das Gebiet für Greifvögel. Adlerbussard, Zwergadler, Schmutzgeier (S. 59) und der vom Aussterben bedrohte Bartgeier (S. 40) brüten im Park oder dessen Umgebung. Die Schmutzgeier ernähren sich von den Abfällen einer Schafschlächterei am Kirmir-Bach. Bis zu einigen Dutzend Vögel kann man auf den Kiesbänken antreffen, wo sie auf die Schafsinnereien, die in den Bach geleitet werden, warten. Hier kommen auch zahlreiche Weiß- und Schwarzstörche hinzu.
Am Kirmir kommt die Wasseramsel und die Gebirgsstelze vor. Auf den Kiesbänken brüten Flußregenpfeifer. Rostgänse, die in Felsen Nester anlegen, führen hierher ihre Jungen. In der Seichtwasserzone suchen Graureiher nach Nahrung. Die Kopfweiden bieten ideale Brutmöglichkeiten für viele Singvögel und nicht zuletzt auch für den Wiedehopf (S. 110). Im Wasser des Baches leben hand-

Der Nationalpark Soğuksu bei Kızılcahamam hat große, weitgehend ursprüngliche Wälder.

Die Gegend von Kızılcahamam ist relativ reich an weitgehend ursprünglichen Bächen; im Foto der Kirmir bei der Schafschlächterei.

tellergroße Flußkrabben *(Potamon ibericum)*, Posthornschnecken, Kleine Schlammschnecken, Tellerschnecken, Kugelmuscheln, neben vielen Wasserkäfern, Eintagsfliegenlarven, Libellenlarven, Köcherfliegenlarven usw. In den Tallagen kommt die Wechselkröte (S. 113) vor.

Die Singvogelwelt des Nationalparks ist sehr reich. Zu den »Leckerbissen« zählen z. B. Zippammer an den felsigen Stellen, Karmingimpel an Waldrändern und -lichtungen und Kernbeißer in den Mischwäldern. Amsel und Buntspecht sind hier ausschließlich Bewohner der dichten Kiefernwälder.

Im Gebiet unterwegs

Im Nationalpark gibt es einen knapp 20 km langen **Rundweg** ①–②, der über zahlreiche Höhenrücken führt und auch mit dem PKW befahrbar ist. In einem kleinen Sumpf am westlichsten Punkt des Parks ② wimmelt es manchmal von Laubfröschen (S. 44). An heißen Sommertagen kommen hier oft Wintergoldhähnchen, Türkenkleiber (S. 40), Gimpel und Fichtenkreuzschnäbel zur Tränke. An der Weggabelung, dem Ausgangs- bzw. Endpunkt des Rundweges, befindet sich auf

Die Rostgans brütet oft hoch in Felsen und führt ihre Jungen dann an Fluß- und Bachläufe.

hohen, zerzausten Kiefern ein Schlafplatz der Schmutzgeier. In manchen Jahren wurden hier schon bis zu 100 Vögel gezählt. Man kann sie am besten beobachten, wenn man den Nordhang nahe dem Hotel etwas hinaufklettert und dort das Eintreffen der Vögel in der Abenddämmerung abwartet. Unter dem Dachvorsprung des Nationalpark-Hotels brüten neben Mehlschwalben auch Felsenschwalben.
Die Schafschlächterei liegt 1–2 km südlich Kızılcahamam ③. Man verläßt die E 5 südlich des Ortes unmittelbar bevor sie den Kirmir-Bach überquert. Ein Holperweg führt direkt zur Schlächterei.
Schön ist eine Fahrt den **Kirmir-Bach** entlang bis nach Çeltikçi ④. Ein kleiner Flußdurchbruch, Kopfweiden an den Ufern und Reisfelder auf den flachen Talseiten ergeben ein abwechslungsreiches Bild.
Recht lohnend kann ein Ausflug zum **Stausee Kurtboğazı** sein. Dazu biegt man an der Straße nach Ankara südlich des Dorfes Üçbaş, noch vor Erreichen einer größeren Tankstelle nach Osten Richtung Pazar ab. Bei einem Brunnen ⑤ zweigt ein Pfad ab, der entlang eines Baches zur Ostseite des Sees führt. Je nach Jahreszeit können in den Flachwasserzonen Reiher, Enten und Limikolen beobachtet werden.
Lohnende Beobachtungspunkte liegen an der Straße nach Güvem und Çerkes. Sehenswert ist vor allem schwarzer Säulenbasalt etwa 2 km nördlich **Güvem** rechts und links der Straße ⑥. In der Dorfschule ist eine bemerkenswerte Sammlung von Fossilien ausgestellt. Durch den Bau einer kleinen Staustufe ist das Gebiet derzeit großen Veränderungen unterworfen. Etwa 5 km nördlich des Säulenbasalts biegt nach Osten ein Schotterweg zum Karagöl, einem kleinen Gebirgssee, ab (ca. 6 km).

Praktische Tips

Anreise
An der Europastraße E 5 nach Istanbul gelegen, ist das Gebiet von Ankara aus gut zu erreichen (86 km). Gute Verbindung mit öffentlichen Bussen, etwa im Stundenrhythmus.

Unterkunft/Verpflegung
Im Nationalpark bzw. im Städtchen Kızılcahamam gibt es einige saubere Mittelklassehotels, die teils über eigene Heilbäder verfügen. Camping im Park an ausgewiesenen Stellen möglich.
Im Park gibt es Picknickplätze, Cafés, Teehäuser, ein Open-Air-Theater usw. Vor allem an Wochenenden reger Ausflugsverkehr (Naherholungsgebiet für Ankara!).

Klima/Reisezeit
Kızılcahamam liegt im Übergangsbereich des feuchten, milden Schwarzmeerklimas zum semi-ariden Kontinentalklima Inneranatoliens. An durchschnittlich 40 Tagen im Jahr liegt Schnee, zwischen Dezember und März. Noch im Mai relativ hohe Niederschläge. Trockenzeit von Ende Juni bis Anfang Oktober.

Ausstellung
Zahlreiche Fossilienfunde aus der Gegend von Güvem sind in Ankara vom Institut für Bodenschätze wissenschaftlich bearbeitet worden und sind dort in einer Schausammlung ausgestellt (Tabiat Tarihi Müzesi, Maden Tetkik ve Arama Enstitüsü, Eskişehir Yolu, Ankara).

Die Gegend von Kızılcahamam ist relativ reich an Greifvögeln. Hier ein Zwergadler.

3 Kızılırmak-Delta

Größtes Feuchtgebiet an der türkischen Schwarzmeerküste; bedeutendes Brut- und Überwinterungsgebiet für Wasservögel; Auwald; halbwilde Kamele; zahlreiche Baumhorste des Weißstorchs.

Westlich der Schwarzmeerstadt Samsun mündet der längste Fluß der Türkei ins Meer, der 1355 km lange Kızılırmak, der »rötliche Fluß«. Die Griechen und Römer nannten ihn Halys und hatten an seiner Mündung einen Hafen. Die ständig zunehmende Abholzung großer Wälder führte in Anatolien zu einer starken Erosion. Das Schwemmaterial, das der Halys mit sich führte, lagerte er an seiner Mündung ab. So entstand in wenigen tausend Jahren ein mächtiges Delta, das heute 50000 ha umfaßt und 15 km ins Meer vorspringt. Die Hafenstadt, die ehemals an der Flußmündung lag, ist heute das Städtchen **Bafra**, weit entfernt vom Meer.

In beiden Deltahälften liegen Lagunen. Auf der Ostseite erstreckt sich ein Komplex aus Strandseen und Küstenfeuchtgebieten, in dessen Mittelpunkt der **Balık Gölü** (Fischsee) und der **Uzungöl** (Langer See) stehen, die zusammen etwa 1100 ha groß sind. Das Feuchtgebiet hat einen natürlichen Ausfluß zum Meer, der mehrere Kilometer lang ist. Die Seen sind leicht salzig. Mit etwa 3 g Salz pro Liter ist dies zwar nur etwa 1/10 des Salzgehaltes des Meeres, der Chloridgehalt liegt aber 50mal über dem von Trinkwasser. Immerhin ist die Ionenkonzentration nicht so hoch, daß sie z. B. das Aufkommen von Schilf und anderen Sumpfpflanzen behindern würde. Ausgedehnte Schilffelder liegen insbesondere auf der Nordseite des Feuchtgebiet-Komplexes. Auch die Vorkommen von Fischen wie Karpfen oder von Sumpfkrebsen zeigen, daß es sich vom Charakter her um Süßgewässer handelt.

Zwischen dem Balık-Gölü-Feuchtgebiet und dem Meer liegt ein ausgedehnter, etwa 1500 ha großer Relikt-Auwald. Entlang eines Weges, der sich durch den Wald von Süd nach Nord zieht, ist eine Streusiedlung eingebettet, deren Bewohner die Aue als Waldweide nutzen. Neben Rindern lassen sie Kamele mehr oder weniger frei laufen.

Die Kamele haben sich hier traditionell halten können. Die Einwohner der Streusiedlung **Yürükler** stammen nämlich von Nomaden aus der Gegend von Adapazarı ab, die 1915 hier als geschlossene Sippe angesiedelt wurden. Inzwischen sind sie längst zum Ackerbau übergegangen und die etwa 150 halbwilden Kamele sind als Überbleibsel aus der Nomadenzeit anzusehen. Die Zahl der Kamele nimmt ständig ab. Anders als andere seßhaft gewordene Nomaden ziehen die Bewohner von Yürükler (»Yürük« ist die türkische Bezeichnung für Nomade!) auch im Sommer nicht mehr auf Hochalmen.

Zwischen dem Auwald und den Wasserflächen breiten sich ausgedehnte Binsenfelder aus. Im Winter und Frühjahr steht hier meist knöcheltief das Wasser. Zwischen dem Auwald und dem Meer erstreckt sich ein Dünengürtel. Noch breiter ist er aber nördlich des Waldes, wo er sich bis zur Kızılırmak-Mündung fortsetzt.

In der westlichen Deltahälfte liegt der **Karaboğaz Gölü**. Auch er wird von ausgedehnten Schilf- und Binsenfeldern umgeben. Eine Sanddüne trennt den See vom Meer, in der nur ein schmaler Durchstich den Austausch von Ionen, Schwebstoffen, Plankton und Tieren zwischen dem Meer und der Lagune zuläßt. Einige Drainagekanäle münden in den See.

Im Delta wird heute Intensivlandwirtschaft betrieben. Auf dem fruchtbaren Schwemmland wird in erster Linie Tabak und Gemüse angebaut. Dazu kommen Mais, Sonnenblumen und Klee, und – besonders in der West-

Das Kızılırmak-Delta ist das einzige große Feuchtgebiet an der Schwarzmeerküste.

hälfte des Deltas – Reis, Getreide und Obst. Zwischen den Feldern liegen oft Windschutzstreifen aus Pappeln und Weiden, die der Landschaft ein attraktives Gepräge ge-

Im Kızılırmak-Delta gibt es noch einen ausgedehnten ursprünglichen Auwald.

ben. Im Norden des Deltas, um die Flußmündung, spielt Schaf- und Rinderhaltung eine wichtige Rolle.

Der **Kızılırmak** ist ein reißender Fluß mit zahlreichen Kiesbänken, die oft völlig von Tamarisken und Weiden überwachsen sind. Bis vor einigen Jahrzehnten gab es noch Schifffahrt auf dem Kızılırmak bis Bafra.

Etwa 200 Leute leben vom Fang der Krebse und Fische im See. Der jährliche Fischertrag ist bis über 200 Tonnen. Da der Staat die Pacht ständig erhöht, werden zunehmend auch kleine Fische gefangen. Die Fischerei läuft also Gefahr, langfristig ihre eigene Existenzgrundlage zu zerstören.

Pflanzen und Tiere

Im Auwald sind Hainbuchen, Eschen und Erlen im Verein mit verschiedenen Eichenarten dominant. Die Artenzusammensetzung hat also durchaus europäischen Charakter. Oft sind die Bäume mit Lianen überwachsen. Je nach Grad der Nutzung als Waldweide ist ein dichter Unterwuchs zu finden bzw. fehlt völlig. Im März/April blühen hier zahlreiche Schneeglöckchen. Bei den Binsen handelt es sich um die auch an der Nordsee vorkommende Strandbinse, die äußerst stachelspit-

Abendstimmung am Liman Gölü, einer der kleineren Lagunen im Norden des Deltas.

zig ist und einem das Gehen zwischen den horstförmigen Stauden verleidet.
In den kleinen Altwässern im Wald leben die Europäische Sumpfschildkröte und die Kaspische Wasserschildkröte (S. 181) nebeneinander. Je nachdem, ob ihre Halsseiten gelb gepunktet oder gestreift sind, kann man sie auch aus größerer Entfernung schon unterscheiden. In den Abendstunden kann man ein Konzert von Laubfröschen (S. 44) vernehmen. Felsenhörnchen (S. 149), die unserem Eichhörnchen sehr ähnlich sind, leben im Wald.
Ein Vorkommen des Sumpfkrebses (S. 44) ist wohl nicht natürlich, er scheint hier eingesetzt worden zu sein. Er hat sich stark vermehrt und wird in großer Zahl für den Export nach Europa gefangen. Die Türkei exportiert alljährlich etwa 1 500 000 kg Flußkrebse und rund 20 000 kg davon stammen aus dem Kızılırmak-Delta.
Die Flachwasserzonen des Balık-Sees und des Uzungöl sind der Lebensraum der Seenadel. Die stäbchenförmigen, rund 10 cm langen Fische haben eine röhrenförmige Schnauze, mit der sie wie mit einer Pipette kleine Nahrungspartikel einsaugen. Obwohl sie eigentlich Meerestiere sind, dringen sie häufig ins Brackwasser ein. Malermuscheln und z. T. riesige Teichmuscheln der Art *Anodonta palustris* leben auf dem Grund der Seen. Auch den Medizinischen Blutegel kann man entdecken.
Als einziges großes Feuchtgebiet an der türkischen Schwarzmeerküste übt es eine große

Die Auwälder im Kızılırmak-Delta sind relativ reich an Spechten. Hier ein Kleinspecht.

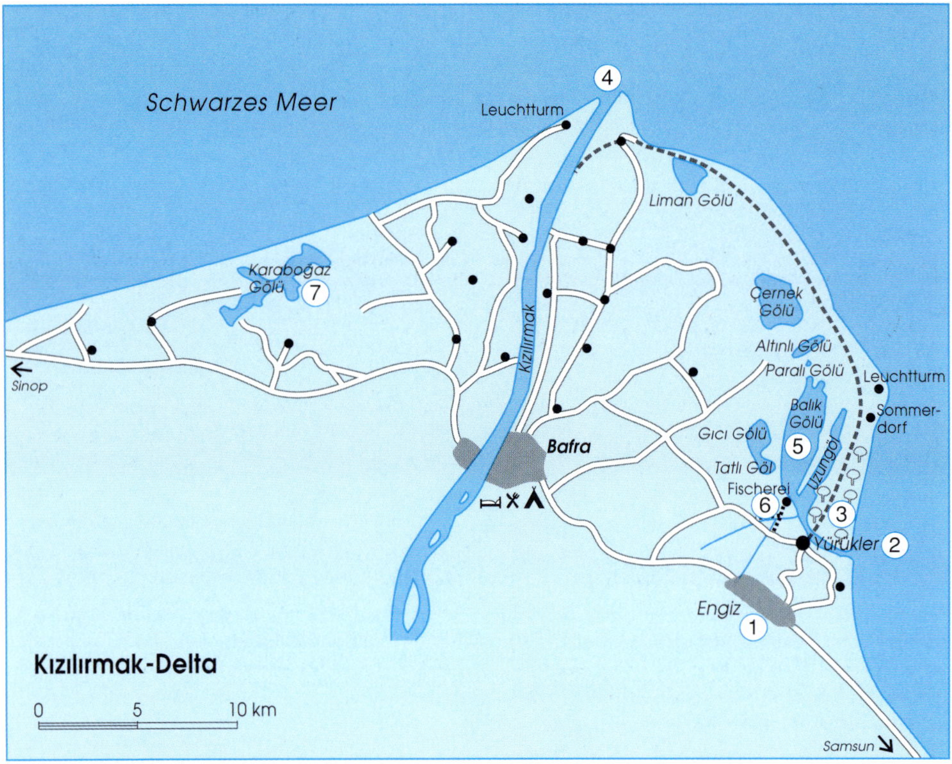

Attraktion auf Zugvögel aus, die das Schwarze Meer überqueren.

Die Seen mit dem nahen Auwald sind ein ideales Gebiet für Greifvögel. Schelladler überwintern hier regelmäßig. Rohrweihen brüten in großer Anzahl in den Schilffeldern. Im Frühjahr kann man die tiefe, dumpfe Stimme der Rohrdommel vernehmen. Verschiedene Reiherarten, allen voran der Seidenreiher, trifft man allerorts. Krauskopfpelikane sind ganzjährig vertreten. Rotschenkel, Stelzenläufer und Seeregenpfeifer brüten an den Lagunen. Den Triel kann man im weiten Dünengürtel finden.

Im Auwald brüten 4 Spechtarten: neben dem Grünspecht, dem Bunt- und Kleinspecht auch der Wendehals, der hier ein isoliertes Brutareal hat.

Das Kızılırmak-Delta ist ein wichtiges Überwinterungsgebiet für Wasservögel. Regelmäßig werden über 25 000 Enten und Gänse festgestellt, als höchste Zahl wurde bislang 65 000 ermittelt. In erster Linie handelt es sich um Schwimmenten (Stockente, Krickente, Pfeifente), doch sind stets auch Seltenheiten darunter: Weißkopfruderente, Schellente oder alle drei europäischen Sägerarten wurden hier festgestellt. Mit bis zu über 5000 Graugänsen ist dies der wichtigste Überwinterungsplatz der Art in der Türkei. Bislang wurden im Kızılırmak-Delta 250 Vogelarten festgestellt, von denen etwa 97 brüten. Das Delta ist damit eines der vogelartenreichsten Gebiete der Türkei.

Im Gebiet unterwegs

Biegt man von der Straße Samsun–Bafra beim Ort Ballıca (= Engiz = 19 Mayıs) ① nach Norden ab, so gelangt man zum Dorf

Yürükler ②, einem guten Ausgangspunkt für Exkursionen. Eine Brücke überspannt hier einen Kanal, der die Feuchtgebiete mit dem Meer verbindet. Schon eine Wanderung entlang den Ufern dieses Kanals wird viele interessante Beobachtungen bringen. Im Dorf Yürükler selber wird man etwas in den Bäumen versteckt zahlreiche Horste des Weißstorches entdecken können.
Der Weg von Yürükler nach Norden führt zwar bis zur Kızılırmak-Mündung ④, doch kann man sich leicht im lockeren Dünensand festfahren. Daher ist ein Durchkommen bis zu einer Asphaltstraße am Fluß selten möglich.
Um vom Waldweg ③ durch die riesigen Binsenfelder an das offene Wasser des Uzungöl ⑤ zu gelangen, ist ein längerer Fußmarsch erforderlich.
Wenn man von Yürükler aus nach Westen zwei große Kanäle überquert und sodann sofort nach Norden abbiegt, gelangt man zur **Fischereistation**, der sog. »Balıkhane« ⑥. Schon entlang des Weges wird man viele interessante Beobachtungen machen können (Cistensänger!). Von der Fischereistation, die aus einfachen Schilfhütten besteht, hat man einen guten Einblick auf die offenen Wasserflächen des Balık-Sees und des Uzungöl. Um die Fischerei wird man zahlreiche Schalen der riesigen Teichmuscheln entdecken können. Die Fischer werfen sie hier beiseite, wenn sie sie in den Netzen finden. Auch Sumpfkrebse kann man bei den Fischern sehen.
Der Karaboğaz-See ⑦ in der Westhälfte des Deltas ist nicht leicht zu erreichen, da bei niederem Wasserstand weite Austrocknungsflächen das offene Wasser fast unerreichbar machen.

Praktische Tips

Anreise
Am besten über Samsun, wo sich ein Flughafen mit Anschlußflügen nach Ankara und Istanbul und ein Hafen mit Fähren nach Istanbul und Trabzon befinden.

Unterkunft/Verpflegung
Mittelklassehotels in Bafra, breites Spektrum an Übernachtungsmöglichkeiten in Samsun (50 km von Bafra entfernt).

Bootsfahrten
Eine Bootsfahrt von der Fischereistation aus über den Balık-See ist zwar grundsätzlich möglich, wird aber manchmal wegen einer befürchteten Behinderung der Fischerei verwehrt.

Klima/Reisezeit
Im Kızılırmak-Delta herrscht das typische feucht-warme Schwarzmeerklima. Milde Winter mit durchschnittlichen Januartemperaturen von 6 °C bis 7 °C. Nur ausnahmsweise Schnee, im Mittel an 5 Tagen pro Jahr. 726 mm Jahresniederschlag entsprechen etwa jenem von Hamburg. Selbst im Hochsommer muß man mit Niederschlägen rechnen. Da der Regen aber andererseits die Sommerhitze dämpft, ist mehr oder weniger das ganze Jahr für Beobachtungen geeignet.

Im zeitigen Frühjahr stößt man im Kızılırmak-Delta überall auf blühende Narzissen.

4 Uludağ-Nationalpark

Hochgebirgsfauna und -flora in der Westtürkei; Höhenstufen des pontischen Gebirgswaldes; Station zur Nachzucht des Maralhirsches; Türkenkleiber in Wäldern aus Bornmüller-Tanne; Bartgeier und Rotstirngirlitz in der Alpinregion.

Der Uludağ ist der Olymp der Antike, genauer gesagt der »bythinische Olymp«. Übersetzt heißt sein türkischer Name »Riesenberg« und das ist er auch wirklich: Er steigt 2543 m fast direkt vom Meer auf. Pflanzen- und tiergeographisch gehört er noch zur Schwarzmeerregion. Da im weiten Umkreis kein so großes Waldgebiet zu finden ist, spricht man beim Uludağ von einer »euxinischen Waldinsel«. Etliche Tier- und Pflanzenarten erreichen hier die Westgrenze ihrer Verbreitung bzw. besitzen hier einen Vorposten ihres Vorkommens. Der steile Anstieg des Berges bewirkt, daß die Änderung der Pflanzengesellschaften mit steigender Höhe, von mediterraner Macchie bis hochalpiner Vegetation, gut verfolgt werden kann.
Besser würde man beim Uludağ vom »Uludağ-Massiv« sprechen. Er erstreckt sich über eine Fläche von 40 km Länge und 20 km Breite. Steilhänge, Felswände und tief eingeschnittene Täler sind typische Oberflächenformen. Besonders auf der Nordseite des Massivs entspringen zahlreiche Wildbäche. Der Gipfel war in der Eiszeit vergletschert; die pleistozäne Schneegrenze lag bei etwa 2300 m. Die ehemalige Vergletscherung läßt sich in der Gipfelregion durch halbmondförmige Kare nachweisen. 4 kleine Karseen, der größte (Karagöl) mit einem Durchmesser von etwa 250 m, liegen im rückwärtigen Teil des Uludağ. Perennierende Firnflächen sind in geschützten Lagen vorhanden.
Bursa, das auch mit dem Attribut das »grüne Bursa« belegt wird, liegt am Fuße des Berges. Von hier aus führt eine gute Straße bis in die Gipfelregion, die seit 1961 Nationalpark ist. Er umfaßt 11 388 ha. Der Uludağ ist ein Naherholungsgebiet für die Einwohner Bursas (680 000 Einwohner) und ein Feriengebiet besonders für die Metropole Istanbul. Oberhalb der Baumgrenze, die bei etwa 2050 m liegt, ist das wichtigste Wintersportzentrum der Türkei. Die zahlreichen Hotels und Skilifts stehen nicht im Widerspruch zur türkischen Nationalpark-Gesetzgebung, die in den Nationalparks in erster Linie Erholungsgebiete sieht.

Pflanzen und Tiere

Die Wälder des Uludağ sind sehr ursprünglich und werden nur wenig bewirtschaftet. Am Fuß des Berges findet man ausgedehnte Bestände der Edelkastanie, die zur Berühmtheit Bursas beitrugen: In der Stadt werden ihre Früchte zu glacierten Maronen verarbeitet, die eine weitbekannte Spezialität darstellen. Ab etwa 1000 Höhenmetern gehen die Kastanienbestände zurück und werden von Schwarzkiefern und Orientbuchen ersetzt. Ab etwa 1700 m wird die Bornmüller-Tanne die beherrschende Baumart.
In den Tannenwäldern besitzt der Türkenkleiber ein isoliertes Vorkommen. Diese rotbrüstige Kleiberart ist in der Türkei endemisch. Das Verhalten der Vögel ähnelt dem von Meisen: Meist turnen sie wie Tannenmeisen in den Wipfeln von Tannen und Fichten. Schwarzspecht, Waldbaumläufer, Misteldrossel und Sommergoldhähnchen sind andere Besonderheiten, die man in den Nadelwäldern entdecken kann. Ausnahmsweise kommen auch der seltene Mönchsgeier, der Habicht und der Schreiadler vor. An den Hängen des Uludağ wird der Maralhirsch, die kleinasiatisch-kaukasische Unterart unseres Rothirsches, in Gehegen gehalten. Diese in der Nordtürkei ursprünglich weit verbreitete Art ist in ihrem Bestand durch Überjagung stark zurückgegangen und

Der Uludağ, in der Antike als »bythinischer Olymp« bezeichnet, ist der höchste Berg Westanatoliens.

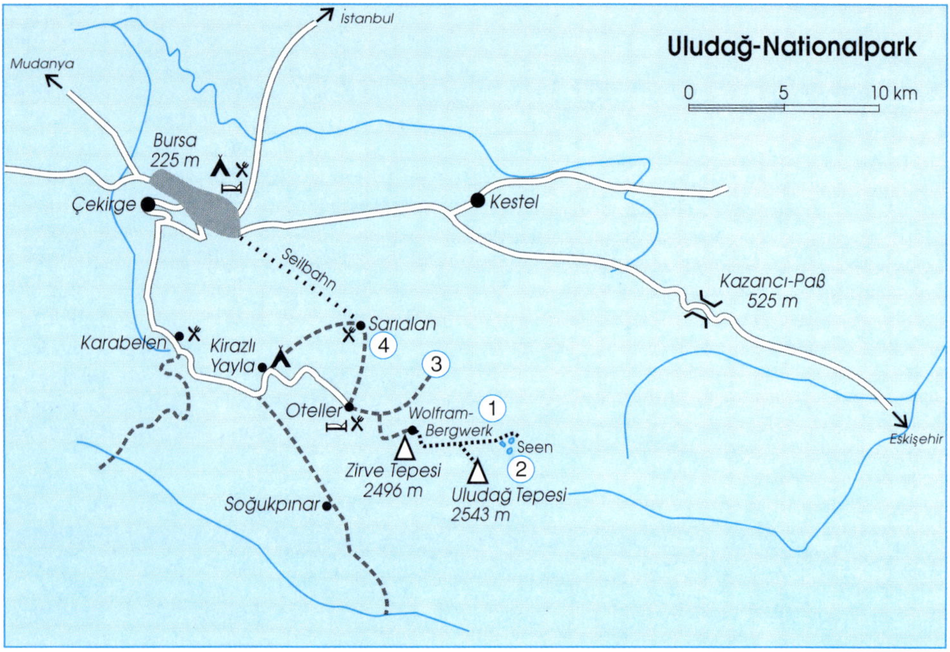

Nachzuchten sind für die Wiedereinbürgerung vorgesehen.
Oberhalb der Baumgrenze sind Kolkraben nicht selten, sie kommen auch an die Abfallhaufen der Hotels heran. Dies ist auch das Revier des Bartgeiers, der in der Gipfelregion des Berges nistet. Zur Kleinvogelwelt gehören u. a. Wasserpieper, Alpenbraunelle, Steinrötel und Schwarzkehlchen. Auch Ohrenlerchen brüten in den Geröllhalden und kurzrasigen Bergmatten oberhalb der Baumgrenze. Diese eigentlich nordische Art ist in den Hochgebirgen des Nahen Ostens ein Relikt der Eiszeit. Der leider im Bestand stark zurückgegangene Apollofalter kommt in der Gipfelregion des Uludağ vor. Der Rotstirngirlitz besitzt hier eine isolierte, nach Westen vorgeschobene Verbreitungsinsel.

Im Gebiet unterwegs

Bei der Anfahrt zum Gipfel laden die prächtigen Wälder zu Stops und Wanderungen ein. Der Besucher wird mit Tafeln entlang der Straße auf die Übergänge der Pflanzengesellschaften aufmerksam gemacht. Um zu den Gehegen des Maralhirsches zu gelangen, läßt man sich am besten am Eingang zum Nationalpark den Weg zeigen, indem man nach den »geyik«s fragt. Da die Gehege sehr weitflächig angelegt sind, wird man die Tiere aber nicht immer sichten können. Den Türkenkleiber entdeckt man am schnellsten, wenn man in den Tannenwäldern auf seine rätschende Stimme achtet.
Oberhalb des Hotels führt der Weg abwechselnd durch Geröllhalden und saftige Bergwiesen. Er endet an einem kleinen, mit einfachen Mitteln arbeitendem Bergwerk ①, in dem Wolfram gefördert wird. Von dort kann man in einer mehrstündigen Wanderung auf Trampelpfaden den östlich gelegenen Karagöl sowie die weiteren kleinen Karseen ② erreichen. Vom Bergwerk aus ist es möglich, den Rückweg zum Gebiet der Hotels über einen Höhenkamm zu wählen. Es ist zwar kein Pfad vorhanden, doch erlaubt die Übersichtlichkeit des Geländes, den Weg auch so

Die Höhenstufen des Uludağ

bis 250 m	Lauretum
Charakterarten:	Ölbaum, Lorbeer, Zistrosen, Baumheide, weitere Macchie-Arten
250–750 m	Castaneum
Charakterarten:	Eiche, Ulme, Walnuß, Orientalische Platane, Hasel, Edelkastanie
750–1000 m	Fagetum
Charakterarten:	Orientbuche, Schwarzkiefer, vereinzelt noch Edelkastanie
1000–2050 m	Abietum
Charakterarten:	Bornmüller-Tanne, Schwarzkiefer, Wacholder, Zitterpappel
2050–2543 m	Alpine Stufe
Charakterarten:	ausgedehnte Rasen mit niederem Gestrüpp, meist aus Wacholder

zu finden. Im Herbst sind die Abfallhalden des Bergwerks, auf denen zahlreiche Sämereien zu finden sind, ein beliebter Aufenthaltsort des Rotstirngirlitzes.
Biegt man auf etwa ein Drittel des Weges zwischen den Hotels und dem Wolframbergwerk nach links ab, so gelangt man zu einem Aussichtspunkt ③: Bei klarer Sicht hat man von hier aus einen wunderbaren Überblick über das 2000 m tiefer gelegene Marmarameer.
Bereits während der Seilbahnfahrt von Bursa auf den Berg hat man sehr schöne Ausblicke. Die Bahn endet in Sarıalan ④, einer Hochalm, wo schöne Wanderungen möglich sind.

Praktische Tips

Anreise

Von Bursa aus verkehren sog. »Dolmuş«, das sind Sammeltaxis, in die Gipfelregion des Uludağ. Die Entfernung beträgt etwa 40 km, die Straße ist asphaltiert. Bei ungünstiger Witterung und in den Übergangsjahreszeiten

Die Gipfelregion des Uludağ ist ein wichtiges Wintersportzentrum. Ab Oktober kann man mit Schnee rechnen.

Die Gipfelregion des Uludağ ist ein bekanntes Vorkommen des Bartgeiers.

Der Türkenkleiber, eine in der Türkei endemische Art, kommt in den Nadelwäldern des Uludağ vor.

ist der Dolmuş-Verkehr allerdings sehr unregelmäßig. Eine Seilbahn von Bursa auf den Uludağ verkehrt unregelmäßig. Die Straße auf den Berg ist innerhalb der Stadt gut ausgeschildert.
Am Eingang des Nationalparks ist eine geringe Gebühr zu entrichten.

Unterkunft/Verpflegung
Im Skisportzentrum am Gipfel des Uludağ befinden sich zahlreiche Hotels, die fast alle der Luxusklasse angehören und die ganzjährig geöffnet sind. Im Bereich der Hotels sind auch Restaurants, eine Polizeistation, ein Postamt usw. vorhanden. In Bursa ist das Spektrum von Unterbringungsmöglichkeiten breiter und reicht von Campingplätzen bis zu sehr guten Hotels.

Klima/Reisezeit
Die Gebirgsregion des Uludağ ist von Dezember bis Mai durchgehend von einer 2–3 m dicken Schneedecke überzogen. Mit den ersten Wintereinbrüchen muß man ab Oktober rechnen. Selbst im Hochsommer ist es in den höheren Lagen des Uludağ nicht sehr heiß, so daß Wanderungen sehr gut möglich sind.

Blick in die Umgebung

Von Bursa aus lassen sich Ausflüge an den Apolyont-See, zum Nationalpark »Kuşcenneti« und ins Kocaçay-Delta unternehmen (s. Hauptreiseziele 6 und 7). Man sollte nicht versäumen, ein Stück die Straße Bursa–Eskişehir zu fahren, die in das anatolische Hochland hinaufführt und wo man den allmählichen Übergang von der Wald- in die Steppenregion beobachten kann.

In den tieferen Lagen des Uludağ gibt es ausgedehnte Bestände von Edelkastanien.

5 Apolyont Gölü

Nährstoffreicher Flachsee nahe dem Marmarameer; Kolonien von Trauerseeschwalben und Weißbartseeschwalben in Seerosenbeständen; Tamariskensümpfe; wichtiger Rast- und Überwinterungsplatz für Wasservögel.

Der Apolyont-See ist einer der großen Flachseen südlich des Marmarameeres: Manyas Gölü, Apolyont Gölü und Iznik Gölü entstanden hier infolge tektonischer Bewegungen, nach denen sich die Vertiefungen mit Wasser füllten. Zwar wird manchmal behauptet, es handle sich um ehemalige Meeresbuchten, doch widerspricht dem die Lage der jetzigen und der ehemaligen Flußläufe sowie die Tatsache, daß es sich beim Marmarameer um einen einst wesentlich tiefer liegenden See handelte (s. S. 20). Drei Inseln liegen im See: die Manastır-, Heybeli- und die Kız-Insel.

Bei einer Maximaltiefe von nur 4 m ist der Apolyont-See sogar noch seichter als der Manyas-See. Starke Winde können so den ganzen Seegrund leicht aufwühlen, und das Wasser des Sees ist daher stets trüb. Auch der Reichtum an Plankton und Wasserpflanzen geht darauf zurück.

Der Apolyont-See ist nach einem Dorf auf dem Nordufer benannt, dem antiken Appollonia (heute: Gölyazı). Oft findet man aber auch die Bezeichnung Uluabat (oder Ulubat) Gölü, nach einem Dorf in der Nordostecke des Sees.

Der See bekommt im Südwesten einen kräftigen Zufluß in Form des Mustafa-Kemalpaşa-Flusses. Beim Dorf Uluabat hat er einen Ausfluß, der letztendlich den Kocaçay darstellt, der etwa 25 km weiter nördlich in einem Delta ins Marmarameer mündet (s.S. 45). Da an dem Ausfluß eine Schleuse angebracht ist, läßt sich der Wasserstand des ganzen Sees regulieren.

Der Apolyont- oder Uluabat-See ist einer der großen Flachseen nahe dem Marmarameer.

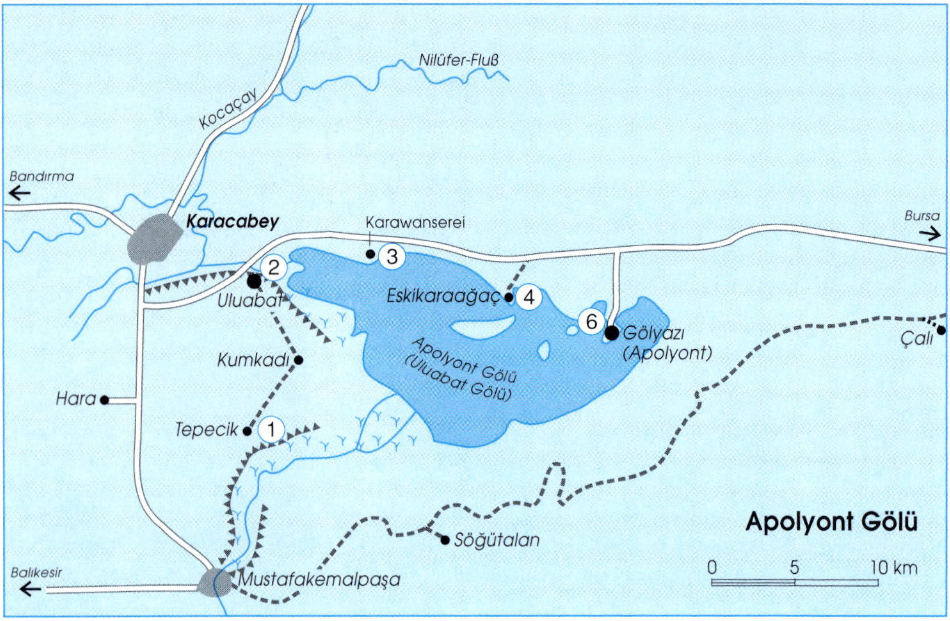

Der See ist von landwirtschaftlichen Nutzflächen umgeben, die oft bis unmittelbar ans Ufer heranreichen. Es handelt sich um Getreide- und Sonnenblumenfelder, Gemüse- und Obstgärten sowie Olivenhaine. Ein System von Kanälen ist zur Bewässerung der Felder installiert. Obwohl es sich um Intensiv-Landwirtschaft handelt, finden sich immer noch nach mitteleuropäischen Maßstäben idyllische Feldhecken, Feldraine, Olivenhaine usw. mit einer interessanten Tierwelt.

Pflanzen und Tiere

An den Ufern des Apolyont-Sees kann man in der warmen Jahreszeit zahlreiche Reiher beobachten: Seidenreiher (S. 51) und Rallenreiher (S. 107) sind fast ständige Begleiter. Purpurreiher trifft man in stilleren Buchten mit etwas Vegetation an. Hier hält sich auch die Zwergdommel auf, von der etliche Paare am See nisten. Dazwischen kommen regelmäßig Brauner Sichler, Löffler und Zwergscharbe (S. 104) vor. Auf schütter bewachsenen Flächen an den Seeufern brütet der Spornkiebitz (S. 139). Eine erste Bestandsaufnahme erbrachte 55 Paare.
Ringel- und Würfelnattern leben am oder im Wasser und Tausende von Seefröschen (S. 157) beleben die Flachwasserzonen.
Mauswiesel kommen hier vor und lassen sich mit Glück sogar tagsüber beobachten. Sie sind etwas größer als unsere mitteleuropäischen Vertreter und erinnern daher stark an das Hermelin.
Im See selbst war der Sumpfkrebs bis vor wenigen Jahren überaus häufig, und für die Fischer der umliegenden Dörfer der Fang der Krebse als gefragter Exportartikel eine einträgliche Einnahmequelle. Doch hat eine Krankheit die Bestände erst vor wenigen Jahren fast ausgelöscht, so daß heute keine wirtschaftliche Nutzung mehr möglich ist.
Seeschwalben sind am Apolyont-See häufig. Weißbart- und Trauerseeschwalben brüten in großen Beständen auf den Schwimmblättern der See- und Teichrosen.
Zur Zugzeit der Vögel zieht der See durch seinen Fischreichtum besonders stark fisch-

fressende (»piscivore«) Wasservögel an. So wurden z. B. schon gleichzeitig mehrere tausend Haubentaucher oder ebensoviele Rosapelikane (S. 144) festgestellt. Für Tafel-, Reiher- und Spießente ist der See ein wichtiges Überwinterungsgebiet.

Im Gebiet unterwegs

Ein schöner Überblick über den Apolyont-See mit seinen Inseln läßt sich beim Aufstieg auf den Uludağ (s. S. 36) gewinnen.
Der Damm am linken Ufer des Mustafa-Kemalpaşa-Baches ① läßt sich vom Ort **Mustafa Kemalpaşa** aus mit dem Pkw befahren. Man hat einen guten Einblick in die Tamariskenwälder der Überschwemmungsflächen.
Von **Uluabat** ② aus lassen sich auf dem nach Süden führenden Hochwasserdamm schöne Wanderungen unternehmen. Von der Dammkrone aus hat man einen guten Überblick sowohl auf die Wasserfläche des Sees selbst, als auch auf die dazwischenliegende Vegetationszone, die für viele Vogelarten ein wichtiges Rast- und Brutgebiet darstellt.
Ein paar Kilometer östlich von Uluabat liegt zwischen dem See und der Hauptstraße, von weitem sichtbar, die **Karawanserei Issız Han**

In den Niederungen am Apolyont-See ist der Weißstorch ein noch häufiger Brutvogel.

③. Der Feldweg zur Karawanserei, die heute als Zwiebeldepot genutzt wird, führt bis ans Seeufer und bildet daher eine weitere Möglichkeit, an das offene Wasser heranzukommen.
Wandert man von der Ortschaft **Eskikaraağaç** ④, die von der Hauptstraße aus leicht erreicht werden kann, am Seeufer nach Osten, gelangt man zu einigen ruhigen Buchten, in denen etwas Schilf wächst und Schwimmvögeln als Ruhezone dienen. So sind z. B. gute Beobachtungsmöglichkeiten bei einer Pumpstation ⑤ gegeben.

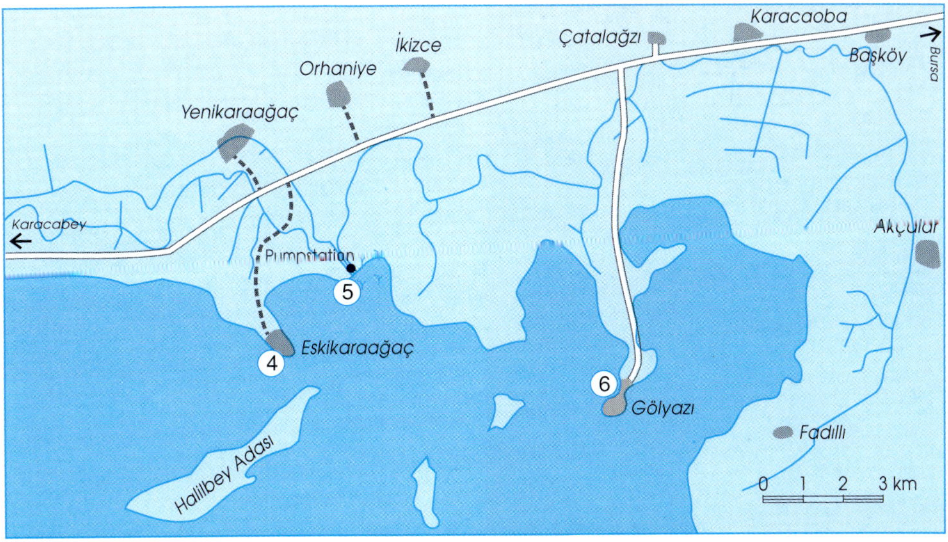

An den Zuflüssen in den Apolyont-See bilden sich ausgedehnte Tamariskenwälder.

Das Fischerdorf Apolyont ⑥, heute **Gölyazı** genannt, liegt malerisch auf einer Halbinsel. Alte Platanen schmücken den Ort. In dessen Umgebung, eine extensiv bewirtschaftete Kulturlandschaft am Seeufer, lassen sich schöne Wanderungen unternehmen.
Die landwirtschaftlich stark genutzte Niederung um **Karacabey** war einmal ein gutes Zwerg- und Großtrappengebiet. Eine Nachsuche könnte heute noch lohnend sein.

Praktische Tips

Anreise

Die Hauptstraße Bursa–Balıkesir, auf der auch sehr viele Linienbusse verkehren, verläuft am Nordufer des Sees.

Übernachtung

Große Auswahl an Hotels (viele mit Thermalbad), Campingplätzen und Gaststätten in Bursa (40 km östlich des Sees). Ein Hotel und ein paar einfache Gaststätten auch in Karacabey.

Blick in die Umgebung

In nächster Umgebung liegen Manyas-See, Kocaçay-Delta und Uludağ (s. Hauptreiseziele 7, 6 und 4).
Ein Ausflug ans Marmarameer kann mit einer Rundfahrt Bursa – Mudanya – Zeytinbağı – Apolyont-See – Bursa verbunden werden. Mudanya hat eine Fährverbindung mit Istanbul.

△ Der Sumpfkrebs war im Apolyont-See sehr häufig. Seine Bestände haben in den letzten Jahren aber starke Einbußen erlitten.

In Baum- und Strauchwerk am Ufer des Apolyont-Sees kann man den Laubfrosch sehen und hören.

6 Kocaçay-Delta

Ursprüngliche Auwälder mit lianenbehängten Bäumen; Lebensraum von Schakal und Fischotter; im Frühjahr teppichartige Märzenbecherbestände; Enten und Reiher an den Lagunenseen.

Das Kocaçay-Delta ist das größte Flußdelta im Marmarameer, eines Binnenmeeres, das über Bosporus und Dardanellen das Schwarze Meer mit der Ägäis verbindet. Das Delta ist nicht nur das größte im Marmaragebiet, sondern auch das einzige, das über Lagunen und Auwälder verfügt. Der Fluß Kocaçay (»riesiger Bach«) ist der Ausfluß des Apolyont Gölü (s. S. 41). Er erhält aus Südost bedeutende Zuflüsse und nur 15 km vor seiner Mündung schließt sich ihm noch der Nilüfer-Fluß an, der an den Hängen des Uludağ entspringt.

Das Kocaçay-Delta ist wegen seiner ursprünglichen Flußauen bekannt. Auwälder wurden fast im ganzen Nahen Osten schon vor langer Zeit zerstört, so daß den hier oft urwaldartigen Baumbeständen eine ganz besondere Bedeutung zukommt. Da der Kocaçay in seinem Unterlauf nicht verbaut ist, keine Brücken oder Stauwehre vorhanden sind, ist er weitgehend sich selbst überlassen. So findet man eine natürliche Abfolge (Sukzession) des Bewuchses: Von niederer Strauch- und Krautvegetation bis zum Auhochwald sind alle Stufen vertreten. Weite Teile der Aue werden bei Hochwasser überflutet. Noch im Sommer kann man die Höhe des Hochwassers an den Schlickmarken an den Bäumen ablesen.

Das Kocaçay-Delta ist das größte Flußdelta am Marmarameer.

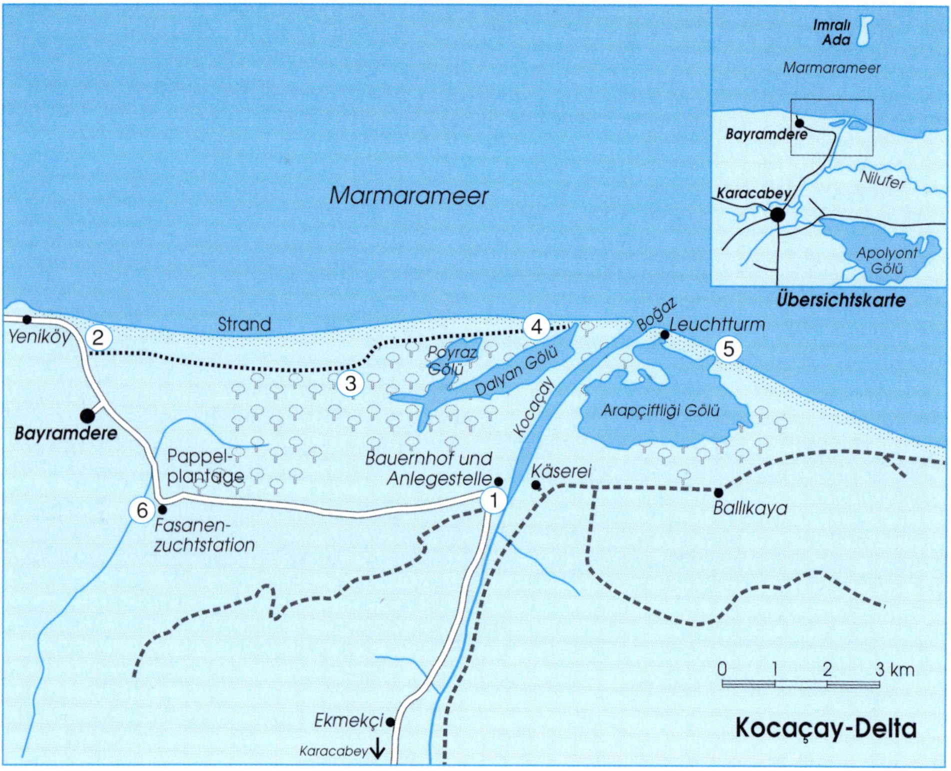

Die Lagunen sind von dichter Vegetation eingefaßt; oft reicht der Wald sogar bis unmittelbar an die Wasserfläche heran. Daneben findet man auch nur zeitweise überschwemmte Flächen und lackenartige kleine Wasseransammlungen. Sie werden oft als Viehweide genutzt.

Zwischen Auwald, Lagunen und Meer liegt ein bis zu 400 m breiter Streifen von Sanddünen. Die Vegetation dort ist sehr spärlich und besteht größtenteils aus hartkantigen, stacheligen Arten. Der Strand selbst ist stark verschmutzt, in erster Linie eine Folge des starken Schiffsverkehrs im Marmarameer; zahlreiche Plastikreste verunstalten die Brandungszone. Vom Strand aus hat man einen Blick auf die knapp 15 km vor der Küste liegende Sträflingsinsel Imralı Adası. An den Hängen, die das Delta einrahmen, wächst üppiger Laubmischwald. An den Rändern ist eine mediterrane Macchie ausgeprägt.

Pflanzen und Tiere

Der faszinierendste Lebensraum ist zweifelsohne der Auwald, der besonders auf der linken Flußseite gut erhalten ist. Die Oberschicht besteht hauptsächlich aus Silberpappeln, mit Eiche und Esche vermischt, die Mittel- und Unterschicht aus Weißdorn. Eine Besonderheit ist der Reichtum an Lianen, die dem Auwald einen urwaldähnlichen Charakter verleihen. Als Lianen treten Wilder Wein, Waldrebe, Wilder Hopfen, Stechwinde und Brombeere auf. Im zeitigen Frühjahr (April) taucht der Boden in eine unvorstellbare Pracht aus Märzenbechern.

Typische Vogelarten des Auwaldes sind

Grünspecht, Kleinspecht (S. 33), Blutspecht, Maskenwürger, Seidensänger, Blaßspötter, Nachtigall, Schwanzmeise und Pirol. Auch Weißrückenspecht und Olivenspötter kommen als große Besonderheiten selten vor. Wildschweine leben im Auwald; an offenen Stellen gibt es den Scheltopusik, eine bis 130 cm lange schlangenähnliche Eidechsenart.
Die Seen sind ein ideales Brut- und Rastgebiet für viele Wasservögel. Krauskopfpelikan (S. 53), Kormoran (S. 51), Zwergscharbe (S. 104), Rallen- (S. 107) und Seidenreiher (S. 51), Löffler und Braunen Sichler kann man hier fast regelmäßig antreffen. Rostgänse (S. 29) brüten hier; unter den Enten ist besonders die Moorente erwähnenswert. Schakal und Fischotter leben noch im Delta. Man kann sie aber kaum einmal zu Gesicht bekommen; höchstens ihre Fußabdrücke lassen sich im Dünensand oder im Schlamm an den Rändern der Lagunen entdecken.
In den Sanddünen am Meer brüten Haubenlerche und Triel. Pillendreher kann man hier häufig bei ihrer Arbeit beobachten.

Im Gebiet unterwegs

Das Delta ist mit dem Wagen nur von **Karacabey** aus zu erreichen. Etwa 10 km nördlich dieser Kleinstadt führt die Straße ins Tal des Kocaçay und verläuft auf der linken Flußseite zwischen Feldern und Macchie. Nach weiteren 10 km gelangt man in die Mündungsebene des Flusses ①. Durch Auwald, entlang von Pappelplantagen mit Blick auf einen ursprünglichen Laubmischwald, der zur Linken die Berghänge bedeckt, kommt man schließlich zu den Dörfern **Bayramdere** und **Yeniköy**, letzteres an der Küste gelegen ②. Es ist eine kleine Siedlung mit einem Sandstrand, der als Ausflugsziel für die Einwohner von Karacabey gilt. Ein paar Kilometer südlich des Dorfes Bayramdere liegt in einem Taleinschnitt die Fasanenzuchtstation ⑥.
Von Yeniköy aus führt ein schlechter Weg zur Flußmündung. Zuerst durchquert man ein ausgedehntes Holzlager, dann den Auwald ③ und schließlich gelangt man in die Überschwemmungszone ④. Der Weg, der ein Stück auch durch den weichen Dünensand führt, ist nur mit geländegängigen Fahrzeugen befahrbar. Auf die offene Wasserfläche der Lagunen hat man nur an wenigen Stellen Einblick. Will man die Seen näher erforschen, so muß man den Weg verlassen;

Der Fasan

Die türkische Schwarzmeerküste gehört zum ursprünglichen Vorkommen des Fasans *(Phasianus colchicus;* s. Foto S. 48), dessen wissenschaftlicher Name sich auf die antike Landschaft Kolchis an der östlichen Schwarzmeerküste bezieht. Im Gegensatz zu dem in Europa schon im Mittelalter eingeführten Ring- oder Jagdfasan haben die ursprünglichen Schwarzmeervögel keinen weißen Halsring.
Als begehrtes Jagdwild seit der Antike nahmen allerdings die Bestände stark ab und brachen in weiten Gebieten ganz zusammen. Die türkischen Forst- und Jagdbehörden starteten daher 1972 ein Programm zur Nachzucht und Wiedereinbürgerung des Fasans in der Türkei. Eine der beiden Zuchtstationen liegt im Kocaçay-Delta. Jährlich werden hier gezüchtete Vögel in die Freiheit in der näheren und weiteren Umgebung entlassen.
Als Ausgangsmaterial für die Nachzucht standen allerdings bei dieser Station keine Vögel der ursprünglichen Population zur Verfügung. Daher benutzte man aus Europa importierte Ringfasane. Diese kreuzen sich jetzt nach der Ausbürgerung mit der noch verbliebenen Restpopulation. Das Ergebnis sind Mischpopulationen. In genetischer Hinsicht bedeutet das eine Ausrottung der ursprünglichen ringlosen Fasanenunterart. So hat sich ein mit viel Aufwand und Engagement betriebenes Naturschutzprojekt ins Gegenteil verkehrt.

Im Kocaçay-Delta befindet sich eine Nachzuchtstation für den Fasan.

Der Triel brütet in den Dünen, die sich zwischen das Marmarameer und die Auwälder im Kocaçay-Delta schieben.

Im lockeren Sand des Dünengeländes im Kocaçay-Delta ist der Pillendreher nicht selten.

wegen der Lianen ist aber selten gut durchzukommen.

Die Ostseite des Deltas ist mit Fahrzeugen kaum zu erreichen – es sei denn, man nimmt Fahrten über -zig Kilometer auf schlechten Schotterwegen in Kauf. Empfehlenswert ist daher, sich von Fischern mit einem Kahn vom in der Karte verzeichneten Punkt ① aus auf das andere Ufer übersetzen zu lassen; besser aber noch zusätzlich ein Stück flußabwärts bis kurz vor die Mündung. In den Dünen zwischen dem Arapçiftliği-See und dem Meer, an den Lagunenrändern sowie in den Wäldern südlich des Sees finden sich gute Beobachtungmöglichkeiten. Für rastende Limikolen ist oft eine Stelle sehr ertragreich ⑤, wo Meereswasser durch den Sand in die Lagunen einsickert.

Praktische Tips

Anreise

Ausgangspunkt für Exkursionen ist Karacabey, das mit öffentlichen Bussen von Bursa, Bandırma, Balıkesir usw. gut erreicht werden kann. Von Istanbul aus gibt es die Möglichkeit, mit der Fähre nach Bandırma anzureisen.

Unterkunft/Verpflegung

Neben mehreren einfachen Restaurants hat Karacabey ein touristisches Hotel. Ein einfacheres Hotel und mehrere Restaurants, die aber in der Regel nur zur Badesaison geöffnet sind, auch in Yeniköy am Meer.

Klima/Reisezeit

Wie überall in der Marmararegion sind die Sommer kühler als in der Ägäis, aber auch nicht so regenreich wie am Schwarzen Meer. Durchschnittstemperatur im Winter + 5 °C.

Blick auf den Kocaçay, kurz bevor er sich in die Mündungsebene ergießt. ▷

7 Manyas Gölü

Nationalpark »Kuşcenneti« mit einer riesigen Reiher-, Kormoran- und Pelikankolonie; wichtiges Rast- und Brutgebiet für Wasservögel; fischreicher Küstensee.

Der Manyas-See liegt in einer leicht hügeligen Landschaft, die im Norden bis an die Küste des nur etwa 15 km entfernten Marmarameeres heranreicht, im Osten über wasserreiche Niederungen bis an den Apolyont-See und im Süden und Westen in ein mäßig hohes Bergland übergeht. Mit einer Oberfläche von durchschnittlich 170 km^2 ist der Manyas-See zwar mehr als doppelt so groß wie der bayerische Chiemsee, doch maximal nur 8 m tief. Die Ufer des Manyas-Sees sind relativ einförmig. Meist reichen landwirtschaftliche Flächen bis nahe an das Wasser heran. Obwohl der See so seicht ist, bilden sich nur an wenigen Buchten Schilfzonen. Am Südufer gibt es an einigen Zuflüssen ausgedehnte Tamariskensümpfe mit eingestreuten sandigen Flächen. Auf der landfernen Seite gehen diese Tamariskenwälder oft in Seerosen- und Binsenbestände über. Meist aber säumt das sonst kahle Ufer nur ein sehr dünner Binsenstreifen.

Daher ist ein kleines Wäldchen am Nordostufer des Manyas-Sees schon von weitem sichtbar. Dieser kleine Weidenbestand am Einlauf des Sığırcık-Baches birgt eine riesige Vogelkolonie, die schon in den 50er Jahren zum Nationalpark erklärt wurde. Wenn nach den Winterregenfällen der Wasserstand des Sees steigt, werden die Weiden und die angrenzenden Schilffelder unter Wasser gesetzt. Dieses Phänomen verschafft dem Koloniestandort eine gewisse Sicherheit vor Feinden und nahezu ideale Ernährungsbedingungen. Wenn der Wasserstand Ende Juni zurückgeht, und das Wäldchen trockenfällt, bildet sich rasch ein dichter Rasen aus verschiedenen Gräsern und Kräutern – darunter auch viele Brennesseln, die den hohen Stickstoffgehalt des vom Vogelkot gesättigten Erdreiches anzeigen.

Der Nationalpark besitzt in der türkischen Bevölkerung eine große Popularität. Er wird »Kuşcenneti« genannt, was »Vogelparadies« heißt. Der gesamte See wurde neuerdings sogar in »Vogelsee« (»Kuş Gölü«) umbenannt. Der Nationalpark wurde 1976 vom Europarat mit dem »Europadiplom« ausgezeichnet. Dies kann aber nicht darüber hinwegtäuschen, daß trotz vorbildlicher Schutzmaßnahmen am Koloniestandort der See als Ganzes stärksten Bedrohungen durch Verschmutzung mit Industrieabwässern und durch Wasserbaumaßnahmen ausgesetzt ist.

Pflanzen und Tiere

Der Süßwasserflachsee ist äußerst reich an Plankton, was letztlich die Ursache für die vielfältige Tierwelt ist. Allein 22 Fischarten wurden hier festgestellt, darunter als wirtschaftlich bedeutsame Arten Karpfen, Wels und Hecht. Auch Sumpfkrebse (S. 44) leben in großer Zahl im See und werden von hier über Istanbul nach Europa exportiert.

Die Bäume des Weidenwäldchens sind dicht besetzt mit Horsten von Graureiher, Nachtreiher, Seidenreiher und Löffler. Allein von diesen vier Arten brüten jährlich über tausend Paare auf engstem Raum zusammen, die Hälfte davon Löffler. Dazu kommen einige hundert Paare Kormorane, deren Nester sich innerhalb der Kolonie immer etwas absondern; meist legen die Kormorane ihre Horste östlich des Sığırcık-Baches an. Von der kleineren Kormoranart, der Zwergscharbe (S. 104), sind es bis zu 150 Paare. In geringerer Zahl kommen dann noch Purpurreiher, Rallenreiher (S. 107) und Zwergdommel hinzu. Der Braune Sichler taucht zwar regelmäßig auf, nistet aber nicht alljährlich.

Die Nester des Kormorans liegen innerhalb der großen Vogelkolonie von Kuşcenneti immer etwas abseits.

Bis zu einigen hundert Paaren des Seidenreihers brüten alljährlich in der Vogelkolonie am Manyas Gölü.

Curt Kosswig

Als 1933 Hitler an die Macht kam und Deutschland von einer großen Emigrationswelle erfaßt wurde, baute man in der jungen türkischen Republik gerade ein neues Bildungssystem auf. Der junge türkische Staat unter Führung Atatürks nutzte die ihm gebotene Möglichkeit und bot einer großen Zahl bedeutender Wissenschaftler und Künstler Asyl und Arbeitsmöglichkeit. Die neugegründeten Universitäten wurden so eine Stätte europäischer Kultur und der deutschen Wissenschaft.

Unter den deutschen Wissenschaftlern befand sich auch Prof. Dr. Curt Kosswig. Er kam nach Istanbul und baute dort das Zoologische Institut auf. Selbst als er nach 1945 wieder die Möglichkeit erhielt, in Hamburg zu lehren, blieb er der Türkei aufs engste verbunden und verbrachte weiterhin einen beträchtlichen Teil seiner Zeit dort. So baute er nach 1945 noch ein Hydrobiologisches Institut auf, dessen Direktor er wurde. Hunderte von Studenten gingen durch seine Schule und viele von ihnen sind inzwischen selbst Lehrer an den türkischen Universitäten. So hat die »Kosswigsche Schule« nachhaltigen Einfluß auf die Entwicklung der Zoologie in der Türkei gehabt. Als Curt Kosswig 1981 starb, wurde er in Istanbul beigesetzt.

Seine Hauptinteressen galten der Genetik und der Evolution, die er an türkischen Süßwasserfischen untersuchte. Als er bei einem Angelausflug mit seiner Frau Leonore 1938 die riesige Vogelkolonie am Manyas-See entdeckte, war dies der Anfang jahrzehntelanger Schutzbemühungen. Er rettete die Kolonie vor der Zerstörung durch Einheimische, die im Schatten der Bäume ungestört ein Volksfest feiern wollten; letztlich führten seine jahrzehntelangen Bemühungen dazu, daß dort einer der ersten türkischen Nationalparks eingerichtet wurde. Im Informationszentrum am Parkeingang findet dies heute eine angemessene Würdigung.

Abendstimmung am westanatolischen Manyas Gölü, an dem der Nationalpark »Kuşcenneti« liegt.

Dennoch sind es in manchen Jahren bis zu 400 Paare, die sich mit den Reihern vermischen und ihre Jungen großziehen.
Jahrzehntelang beobachtete man immer wieder Krauskopfpelikane am Manyas-See, ohne daß man ein Nisten feststellen konnte. 1967 baute die Nationalparkverwaltung auf Kopfweiden große Nestplattformen, und schon im folgenden Jahr kamen die Pelikane hier zur Brut. Mit regelmäßig um die 30 Paare ist der Manyas-See heute einer der wichtigsten Brutplätze dieser weltweit vom Aussterben bedrohten Tierart.
Doch das ist nur ein Teil der einzigartigen Vogelwelt von Kuşcenneti. In den hohlen Bäumen hausen wohl an die tausend Paare Dohlen und in den Horsten der großen Reiherarten finden sich Weidensperlinge als Untermieter. Die Tausende von Weidensperlingen sind der Schrecken der Reisbauern, die auf ihren Feldern starke Ernteeinbußen hinnehmen müssen.
Sehr empfindlich ist die Kolonie gegen Störungen. Verlassen die Altvögel ihre Nester, stürzen sich sofort die Dohlen darauf und plündern sie aus. Es war also dringend notwendig, daß Fotoansitze europäischer Tierfotografen innerhalb der Kolonie, die in den 60er und 70er Jahren üblich waren, inzwischen streng verboten sind.
Nicht nur zur Brutzeit, auch im Herbst und Winter ist der Manyas-See von großer Bedeutung für die Vogelwelt. Die Koloniebrüter verlassen zwar größtenteils die Region, doch kommen dann andere Arten; so z. B. der Rosapelikan (S. 144), der hier oft wochenlang rastet. Manchmal lassen sich hier Tausende von Vögeln, offenbar die gesamte Brutpopulation des Donaudeltas, auf dem Weg ins Winterquartier gleichzeitig beobachten.

Im Gebiet unterwegs

Von Bandırma aus, einem Hafenstädtchen am Marmarameer, sind es nur 18 km bis zum Nationalpark »Kuşcenneti« ①. Der Weg ist durch gelbe Hinweisschilder leicht zu finden.
Das letzte Stück des Weges vor dem Parkeingang führt auf einem Seedamm, von dem aus man schon die ersten Beobachtungen anstellen kann. Gleich hinter dem Eingang liegt das Informationszentrum. Bäume und Büsche in dessen Umgebung sind ein gutes Ha-

Der Krauskopfpelikan besiedelte den Nationalpark »Kuşcenneti« erst, als ihm künstliche Nestplattformen geboten wurden.

Am Manyas Gölü liegt der zwar winzige, aber vorbildlich geschützte Nationalpark »Kuşcenneti«.

bitat für manche Singvögel und z. B. den Häherkuckuck. Der Weg zum Beobachtungsturm ④ verläuft wieder auf einem Damm und man kann zu beiden Seiten des Weges Weidensperlinge, Beutelmeisen usw. entdecken. Der 15 m hohe Turm ist äußerlich völlig mit Holz verkleidet, so daß keine Störung für die Kolonie ausgeht. Man hat guten Einblick in das Wäldchen von »Kuşcenneti«, über dem zur Brutzeit ständig eine Wolke aus weißen, grauen und schwarzen Vogelleibern schwebt. Besonders eindrucksvoll sind die Vogelmassen in der Abenddämmerung, wenn viele Vögel auf ihre Nester zum Nächtigen zurückkehren.

Das Seeufer außerhalb des Parks bietet gute Möglichkeiten, die Koloniebrüter bei der Nahrungssuche zu beobachten. Auch die gefluteten Reisfelder sind im Frühjahr lohnende Beobachtungsplätze. Ab Juli, wenn der Wasserstand des Sees durch Verdunstung abgesunken ist, bildet sich an den Ufern eine harte, rissige Schlammkruste, auf der man auch laufen kann. Es lohnt sich, darauf bis zum Wasser vorzudringen, da sich dort häufig Watvögel, Seeschwalben und Möwen aufhalten.

Gute Beobachtungsplätze liegen außerhalb des Parks auch an den anderen Zuflüssen zum See, so nordwestlich Ergili ② oder nördlich Manyas ③. Auf einem Damm kann man dort bis in Seenähe vordringen.

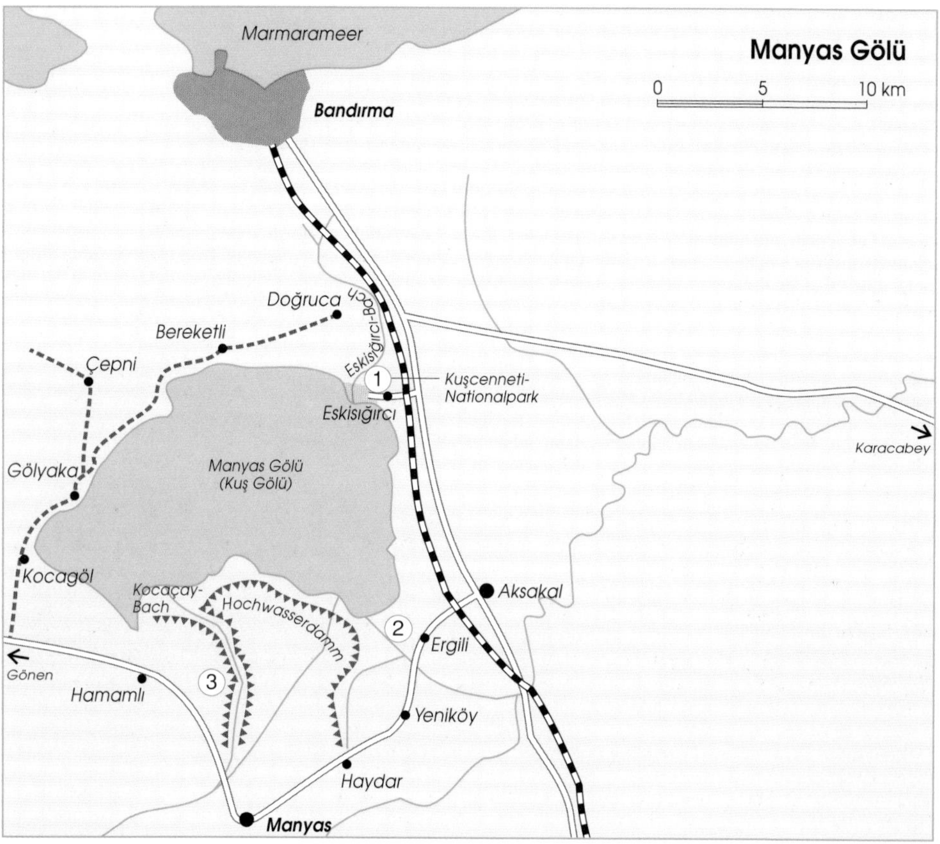

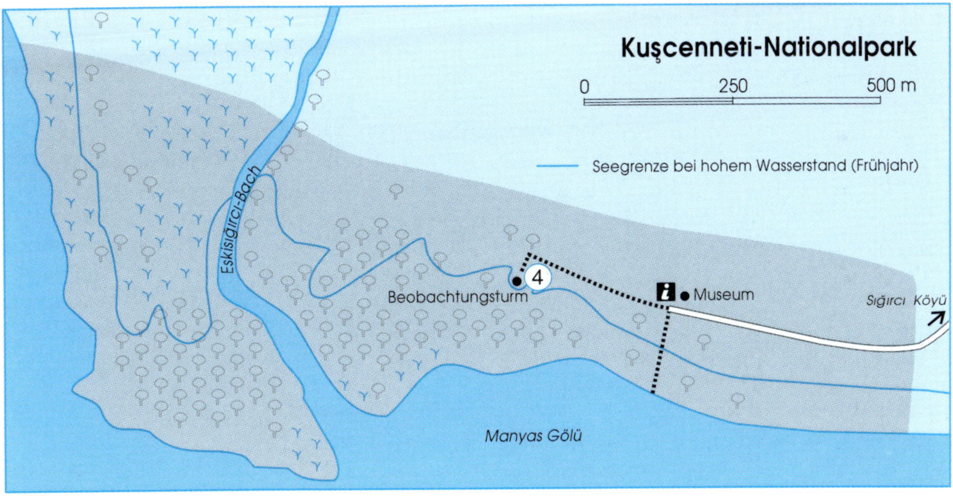

Praktische Tips

Anreise
Nach Bandırma mit dem Bus oder von Istanbul aus mit der Fähre. Kleinbusse verkehren regelmäßig in das Dorf »Kuşcenneti« (früher: Sığırcık).
Es ist aber auch möglich, Kleinbusse nach Aksakal, Manyas oder dergleichen zu nehmen, und die letzten 3 km von der Hauptstraße zu laufen.

Unterkunft/Verpflegung
Im Park selber keine Übernachtungsmöglichkeiten.
Im nahen Dorf Sığırcık (Kuşcenneti) gibt es zwar kein Hotel, doch lassen sich dort Privatquartiere finden.
Ein einfaches Fischrestaurant liegt am Wegesrand kurz vor dem Eingang zum Kuşcenneti-Nationalpark.
Ansonsten Übernachtungsmöglichkeiten in Bandırma:
▷ Eken Oteli, Soğuk Su Cad. 11,
Tel. 1 81 40.
Zahlreiche Hotels und Pensionen auch im Badeort Erdek, 19 km nördlich von Bandırma am Marmarameer gelegen.
In Gönen, westlich der Ortschaft Manyas, gibt es Heilquellen und daher zwei gute Kurhotels:
▷ Yıldız Oteli, Banyolar Cad., Tel. 1840;
▷ Park Oteli, Banyolar Cad., Tel.1840.

Parkeinrichtungen
Das Informationszentrum ist ganzjährig geöffnet. Zur Beobachtung innerhalb der Kolonie ist ein 15 m hoher Beobachtungsturm vorhanden, der 40 Personen gleichzeitig Platz bieten kann. Die Parkverwaltung stellt Besuchern in begrenzter Zahl Ferngläser zur Verfügung. Im kleinen Museum befindet sich eine Schausammlung der im Park lebenden Tiere. Es sind geringe Eintrittsgebühren zu entrichten. Da die Wege auf Dämmen verlaufen, sind Gummistiefel nicht erforderlich.

Klima/Reisezeit
Das Marmarameergebiet hat ein Klima, das dem Mitteleuropas ziemlich ähnlich ist. Beobachtungen sind also ganzjährig gut möglich. Die Vogelkolonie ist von Ende März an besetzt. Im Juli ist sie weitgehend verlassen, doch kann man die meisten Arten noch in der Umgebung der Kolonie am Wasserrand entdecken.

8 Pamukkale

Märchenhafte Sinterterrassen; heiße Quellen; auf Tropfsteinen ruhende Terrassen; Türkenammer und Blaumerte als besondere Vogelarten.

Der Große Mäander verläuft in einem Graben, in dem Erdbeben relativ häufig sind. Aus dieser Bruchzone, die zum Mäander-Graben gehört, entspringen Thermalquellen mit einer Temperatur von 34–35 °C. Das heiße Wasser löst im Erdinneren Kalkgestein. Durch die Abkühlung an der Erdoberfläche lagern sich die aus dem Erdinneren mitgebrachten gelösten Stoffe wieder ab. Durch diesen jahrtausendelangen Vorgang bildeten sich meterhohe Travertinüberzüge, die sich zu Terrassen entwickelten. Die Aufsinterung schreitet in Pamukkale so rasch voran, daß nicht nur antike Bauten, sondern auch sehr junge Bauwerke der Bauern benachbarter Dörfer (Bewässerungskanäle) von mächtigen Kalkablagerungen überzogen sind und zu meterhohen »steinernen Rinnen« anwachsen. »Pamukkale« heißt auf türkisch »Baum-

Die Sinterterrassen von Pamukkale sind eine der touristischen Hauptattraktionen der Türkei. ▷

Die Thermalquellen von Pamukkale bringen gelöstes Kalkgestein an die Erdoberfläche, das sich beim Abkühlen des Wassers wieder ablagert.

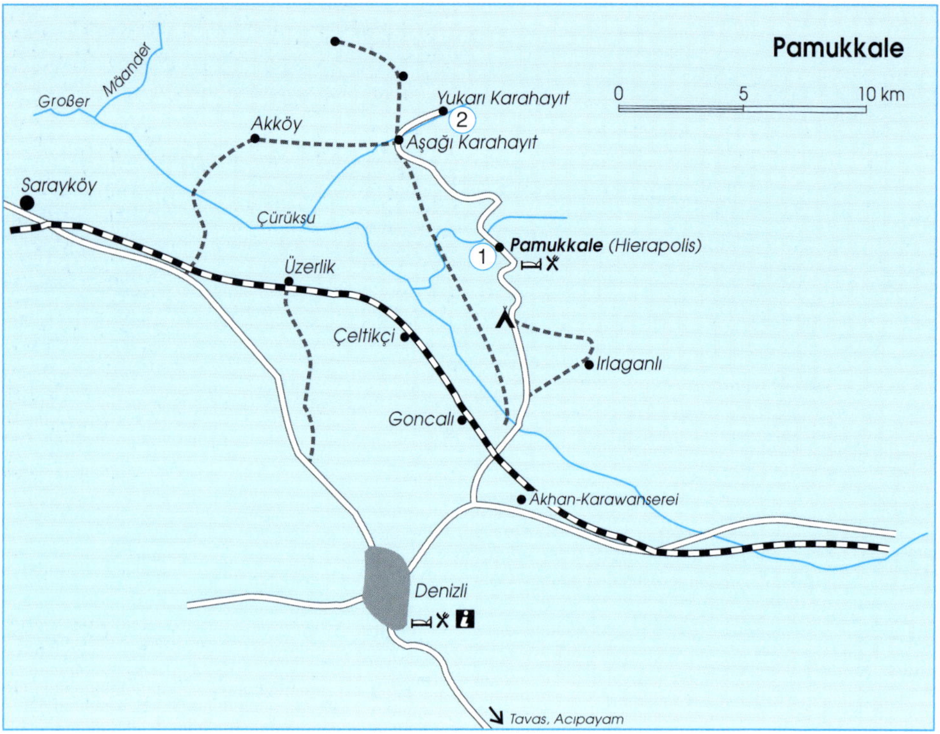

wollschloß«, so benannt nach dem schneeweißen, flauschigen Aussehen des Kalksinters.

Die Quellen liegen etwa 90 m über dem Talboden und haben ihre Sinter-Kaskaden auf einer Länge von 3 km in das Tal hinabgebaut. Auf der kleinen Hochebene selbst, wo die Quellen entspringen, fließt das Wasser in schmalen, tiefen Rinnen. Am Hang verteilt es sich über weite Flächen und bildet unzählige Becken, die einen Durchmesser von wenigen Zentimetern bis zu einigen Metern und eine Tiefe bis zu einem halben Meter haben. Durch das aus den Becken überfließende Wasser entstanden Tropfsteinsäulen, die im Laufe der Zeit den Becken auch die nötige Stabilität verliehen.

Der griechische Geograph Strabon (63 v. Chr. bis 20 n. Chr.), der selber im Mäander-Tal geboren wurde, ging in seiner Weltbeschreibung auf die Sinterterrassen ein. Er wußte von einer Grotte zu berichten, die nur durch einen schmalen Felsspalt zugänglich war und aus der Gase ausströmten. Priester ließen mit Seilen Opfertiere hinab, die rasch verendeten, während die Priester selber keinen Schaden von den Gasen davontrugen. Dies bewies ihre Heiligkeit. Bei den Gasen dürfte es sich um Kohlendioxid gehandelt haben. Die Grotte ist wohl in einem der zahlreichen Erdbeben verschüttet worden.

Vom Reisenden Tchihatcheff, der Mitte des letzten Jahrhunderts nach Pamukkale kam, stammt ein Stich, der ein aus Sinter bestehendes bizarres Gebilde zeigt, das die Straße bogenförmig überspannte. Auch dies dürfte einem der Beben zum Opfer gefallen sein. Die heißen Quellen wurden schon in der Antike zum Baden genutzt. Die Reste der antiken Stadt Hierapolis sind noch heute zu sehen.

Pflanzen und Tiere

Oberhalb der Sinterterrassen liegt ein Kiefernwäldchen aus Brutischer Kiefer. Daneben kommt an offeneren Stellen der Zedern-Wacholder und der Ginster *Genista albida* vor. Natürlich ist auch die Kermeseiche vertreten. Insgesamt ist die Vegetation also stark mediterran geprägt. Da andererseits die Entfernung zum Meer über 120 km beträgt, spricht man hier von der »Inneren Ägäis«. Im Frühjahr blüht am Rande des Kiefernwaldes das Anatolische Knabenkraut. Um die Sinterterrassen wachsen zahlreiche Oleandersträucher, eine extrem giftige, feuchtigkeitsliebende Art. Seine großen roten Blüten bilden im Frühjahr (Mai bis Juni) einen wunderbaren Kontrast zum weißen Sinter der Terrassen. Die Zufahrtsstraße nach Pamukkale wurde zu beiden Seiten mit Oleander bepflanzt.
Die Umgebung von Pamukkale kann mit einer ornithologischen Besonderheit aufwarten: An den Hängen unmittelbar neben den Terrassen brütet die Türkenammer, eine im Nahen Osten endemische Art. In den felsigen Hängen und in den antiken Gemäuern leben Blaumerle, Felsenkleiber und Steinkauz. Den Schmutzgeier kann man öfters über dem Gebiet kreisen sehen. Das Hardun (s. S. 132) ist besonders in den Ruinen des antiken Hierapolis zu finden. In den schütter bewachsenen Flächen trifft man auf die Schlangenaugeneidechse und im Gebüsch an Wegesrändern auf Rotkopfwürger.

Den Steinkauz kann man in der Türkei noch relativ häufig sehen.

Der Schmutzgeier, hier ein noch nicht ausgefärbter Vogel, ist die häufigste Geierart der Türkei.

Im Gebiet unterwegs

Die Straße von Denizli, der nächstgrößeren Stadt, führt direkt an die Sinterterrassen ① heran, ja selbst mitten hindurch. Folgt man dieser Straße einige Kilometer über Pamukkale hinaus, kommt man zwangsläufig zu den weiteren heißen Quellen ②.
Die Türkenammer ist sehr unauffällig. Am besten kann man sie im Frühjahr finden, wenn man auf ihren einfach aufgebauten Gesang achtet.

Praktische Tips

Pamukkale ist eine der Hauptattraktionen für Besucher der Türkei. Demgemäß ist es touristisch voll erschlossen. Meist sind die Sinterterrassen mit in- und ausländischen Besuchern voll und es empfiehlt sich, schon am sehr frühen Morgen zu kommen.

Die Sinterüberzüge von Pamukkale sehen oft wie Zuckerguß aus.

Der rotblühende Oleander wächst an den feuchten Stellen um die Thermalquellen.

Die Schlangenaugeneidechse kommt auf schütter bewachsenem, kargem Boden vor.

Die Sinterterrassen von Pamukkale sind ein weit über die Türkei hinaus bekanntes Naturphänomen.

Anreise

Denizli hat einen großen Busbahnhof mit Verbindungen in fast alle türkischen Städte. Zwischen Denizli und Pamukkale (18 km) verkehren öffentliche Verkehrsmittel (Dolmuş).

Unterkunft/Verpflegung

In Pamukkale gibt es zahlreiche Pensionen und Hotels, leider oft viel zu nahe an den Terrassen. Viele haben Schwimmbecken, die mit dem heißen Quellwasser gespeist werden. Dadurch wird den Sinterterrassen leider viel Wasser entzogen.

Klima/Reisezeit

Die beste Jahreszeit ist der Winter, wenn wenig Besucher da sind und die Umgebung anfängt, grün zu werden, und das Frühjahr bis Juni, wenn die Oleander blühen, die dem Gebiet einen besonderen Reiz geben.

Der Rotkopfwürger läßt sich im Sommerhalbjahr oft auf Leitungsdrähten am Straßenrand beobachten.

9 Samsundağı-Nationalpark

Ursprüngliche mediterrane Pflanzengesellschaften; Steineichen-Niederwald; tiefe Schluchten mit alten Platanen; Orchideen im Frühjahr; verwilderte Pferde; Türkenkleiber und Weißbartgrasmücken.

Der Samsundağı, so schrieb der Geograph Philippson 1936, ist »eines der stolzesten Gebirge des westlichen Kleinasien«. Es schiebt sich als Halbinsel in das Ägäische Meer und eine Wasserstraße von nur 1,7 km Breite trennt es von der griechischen Insel Samos. Die Flanken des Gebirgszuges erheben sich steil. An der Stelle der höchsten Erhebung (1255 m) ist die Halbinsel nur 8 km breit. Der Kamm, in Kuppen und Joche gegliedert, zeigt eine bewegte Längsprofillinie. Steile und wilde Täler zerfurchen die Hänge. So bildet der Samsundağı zusammen mit dem noch wilderen Latmos-Gebirge ein imposantes Tor für den Großen Mäander, der sich südlich der Halbinsel ins Meer ergießt. Der Gebirgszug gehört zum sog. Menderes-Massiv, einem der drei kristallinen Grundgebirge Anatoliens, und entstand durch nachträgliche Aufwölbung einer Randzone des Grundgebirges. Marmor liegt mächtig über kristallinen Schiefern. Beides sind metamorphe Gesteine, die aus Sedimenten des Mesozoikums (Erdmittelalters) und des Paläozoikums (Erdaltertum) vor rund 100–300 Mio. Jahren hervorgegangen sind. Schiefer und

Der Kalamaki-Strand im Nationalpark Samsundağı liegt gegenüber der Insel Samos, die in der rechten Bildhälfte zu erkennen ist.

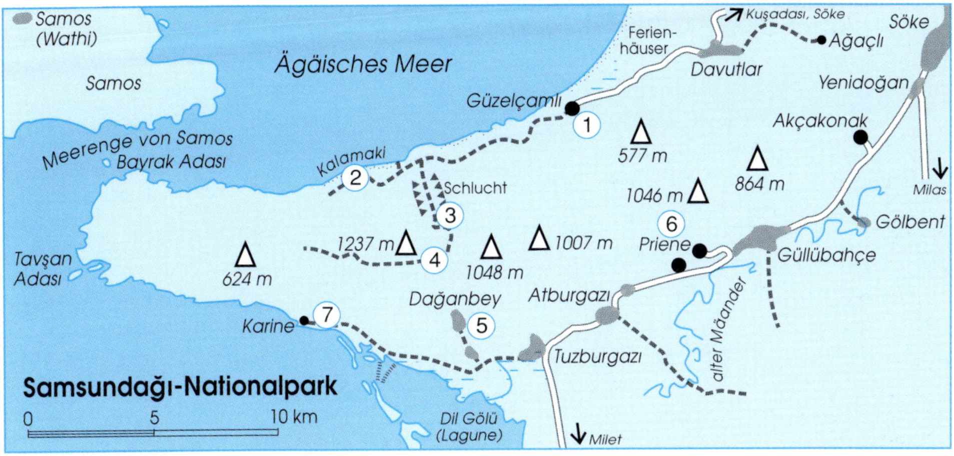

Marmor wechseln in unregelmäßigen Zügen ineinander verzahnt ab. Dieser häufige Wechsel von durchlässigen und undurchlässigen Gesteinen bedingt einen Reichtum an Quellen, so daß einige Bäche selbst im Sommer Wasser führen.
Da das Gebirge zur See über die Straße von Samos und zu Land über eine Tertiär-Scholle bei Söke leicht umfahren werden kann, führt kein Weg von Bedeutung quer über den Bergrücken, und dies war auch in der Antike nicht der Fall. Das Gebirge ist wohl stets mehr oder weniger menschenleer geblieben. Lediglich einige Befestigungsanlagen zur Kontrolle der Schiffahrt in der Straße von Samos sind in byzantinischer Zeit entstanden. Sonst lagen früher nur einige kleine Klöster zurückgezogen im Gebirge und ein paar Dörfer randseitig. Seit Ende des 1. Weltkrieges war die Halbinsel militärisches Sperrgebiet. Nach dem 2. Weltkrieg wurden die wenigen Bewohner ausgesiedelt.
Die Nutzung als Weidegebiet wurde mit Errichtung eines Nationalparks 1966 verboten. Dies kam nicht nur dem Schutz der natürlichen Vegetationsdecke vor Überweidung zugute; damit wurden auch zahlreiche Waldbrände verhindert. Hirten hatten zuvor nämlich durch Brandrodung immer wieder versucht, neue Weideflächen zu erschließen. Allein 1962 wurden z. B. 1432 ha Wald durch Brände vernichtet. Der Nationalpark umfaßt 10 985 ha. Sein offizieller Name ist Dilek-Halbinsel (Dilek Yarımadası). Spuren ehemaliger Gehöfte usw. lassen sich noch im Park finden.

Pflanzen und Tiere

Die Vegetation des Nationalparks ist mediterran und durch die schon stets geringe bzw. fehlende Bewirtschaftung der Wälder in einer sehr ursprünglichen Form erhalten. Zwei Drittel des Nationalparks sind von mediterraner Macchie bedeckt, ein Drittel von Kiefernwäldern. Die Brutische Kiefer ist charakteristisch für tiefere Lagen. Ab etwa 700 m wird die Schwarzkiefer, die von weitem oft an ihrem »zerzausten« Aussehen erkannt werden kann, die dominante Art. Eine Besonderheit des Nationalparks ist ein Steineichen-Vorkommen. Der mittelmediterrane Steineichenwald erreicht in der Ägäis seine Ostgrenze. Auf dem Samsundağı, wo eines der wenigen türkischen Vorkommen liegt, wachsen die Steineichen oft in niederwaldartigen Beständen, teilweise mit Macchiencharakter (Vegetationshöhe 5–10 m). Die Steineiche ist ein immergrüner Laubbaum, dessen ganzrandige Blätter klein und leder-

Die Insel Samos (im Hintergrund) ist vom türkischen Festland nur 1,7 km entfernt.

artig sind, mit glänzender Ober- und rauhfilziger Unterseite.
Für die tiefen Schluchten sind Orientalische Platanen charakteristisch. Sie sind oft mit Efeu überwachsen. Dazwischen finden sich Zypressen (S. 71) und der Immergrüne Ahorn. In der Strauchschicht wachsen Lorbeer und Oleander (S. 60). Die Krautschicht ist üppig ausgebildet, mit zahlreichen Farnen wie Venushaar, Schriftfarn, Adlerfarn, Gezähntem Moosfarn oder Neapolitanischem Alpenveilchen und einigen Orchideen (z. B. Italienisches Knabenkraut und Busenragwurz). In den Bächen und Rinnsalen lebt die Flußkrabbe *Potamon potamios*. In der mediterranen Macchie und ihrer degradierten Form, der Phrygana, findet sich ein breites Artenspektrum. Darunter sind Johannisbrotbaum, Judasbaum, Terebinthe, Styraxbaum, Stinkstrauch, Östlicher Erdbeerbaum, Mäusedorn (S. 160) und auch rund 15 Orchideenarten, darunter Lockerblütiges Knabenkraut, Pyramidenknabenkraut, Bremsenragwurz oder Affenknabenkraut.

Ein Ziel des Nationalparks war es, eines der letzten Vorkommen des Kleinasiatischen Leoparden zu schützen. Seit 1972 ist die Art aber verschollen. Auch für den Luchs, der einst hier vorkam, gibt es keine neuen Feststellungen. Neben Wildschweinen sind die einzigen Großsäuger, die heute im Park leben, verwilderte Pferde. Sie stammen aus einer Zeit, als es hier noch kleine Siedlungen gab. Nun sind sie vollständig verwildert, sehr scheu und pflanzen sich auch in Freiheit fort. An Säugern ist noch das Stachelschwein bemerkenswert und das unserem Eichhörnchen ähnliche Felsenhörnchen (S. 149).
Etwas außerhalb der Nationalparkgrenzen, an den Steilwänden oberhalb des antiken Priene, brüteten zu Beginn unseres Jahrhunderts noch Gänsegeier. Der deutsche Zoologe und Gründer der Vogelwarte Helgoland Hugo Weigold ließ hier noch 1911 seinen Diener hochklettern, um die Eier des Gänsegeiers für seine Sammlung zu bekommen. Das Brutvorkommen ist inzwischen erloschen.
Der Park beherbergt eine reiche Kleinvogelwelt: In den Kiefernwäldern brütet der endemische Türkenkleiber (S. 40), in der Macchie kommt die Samtkopf- und Weißbartgrasmücke vor. Im Frühjahr und Sommer tritt gelegentlich der Eleonorenfalke auf, und mit etwas Glück läßt sich der Habichtsadler beobachten.

Im Gebiet unterwegs

In den Nationalpark gelangt man über das Dorf Güzelçamlı südlich von Kuşadası ①. Die Stichstraße führt zu einigen Badesträn-

Der Kleinasiatische Leopard

Im römischen Reich waren Leoparden aus der kleinasiatischen Provinz sehr beliebt; sie wurden für Tierhetzen in großer Zahl nach Rom gebracht. Der Fang und Export lebender Tiere war in den Provinzen Lykien, Lykaonien und Kilikien durchaus nichts Ungewöhnliches. Im Jahre 1856 wurden die Leoparden für die moderne Wissenschaft beschrieben, und zwar aufgrund eines Felles, das der Forschungsreisende Tchihatcheff aus der Gegend von Izmir nach Paris brachte. Man beschrieb den Kleinasiatischen Leoparden als neue Art mit dem Namen *»Felis tulliana«*, benannt nach Marcus Tullius Cicero, der im 1. Jh. v. Chr. in der kleinasiatischen Provinz Kilikien Statthalter war und aus dessen Korrespondenz wir viel über das antike Vorkommen der Art wissen.
Nach moderner Ansicht ist der Kleinasiatische Leopard eine Unterart des Leoparden: *Panthera pardus tulliana*. Sein Verbreitungsgebiet erstreckte sich über die Küstengebirge Westanatoliens (in den Gebirgen Ostanatoliens wurde er vom Persischen Leoparden, *Panthera pardus saxicolor*, ersetzt).
Der Fang und die Bejagung hielt seit der Antike unvermindert an und führte dazu, daß in den 60er Jahren die Bestände auf ein erschreckend geringes Maß zurückgingen und in vielen Gebieten verschwanden. Als 1976 der WWF (World Wide Fund for Nature) ein Projekt zum Schutz des Kleinasiatischen Leoparden durchführen wollte, war es bereits zu spät: Es konnte kein Gebiet mehr ausfindig gemacht werden, in dem die Art noch vorkam und eine Chance zum Überleben hatte.
Selbst wenn es nicht völlig ausgeschlossen werden kann, daß es auch heute in der Türkei noch Leoparden gibt, sind es sicher, wenn überhaupt, Einzeltiere und keine überlebensfähige Population. Damit ist nicht nur eine Tierart aus der Türkei verschwunden, sondern auch eine endemische Unterart ausgestorben. Selbst in Zoos gibt es von ihr keine lebenden Individuen mehr.

Im Samsundağı-Nationalpark sind mediterrane Pflanzengesellschaften – vor Überweidung geschützt – gut erhalten.

Das Italienische Knabenkraut kommt im Unterwuchs der Wälder vor.

Die Busenragwurz kommt im Küstenbereich meist auf Kalkgestein vor.

Der Badestrand »Kalamaki« im Samsundağı-Nationalpark ist weitgehend unberührt.

Der Habichtsadler ist einer der seltenen Brutvögel des Nationalparks. ▷

den innerhalb des Parks, so zum größten, der aus griechischer Zeit noch Kalamaki genannt wird ②. Entlang dieser Straße hat auch die größte Schlucht des Parks ihren Ausgang ③. Man kann auf einem schmalen, serpentinenartig nach oben ziehenden Fahrweg eine beeindruckende Wanderung in die stets feuchte, mit Platanen bestandene Schlucht unternehmen.

In einer einmaligen, mindestens vierstündigen Wanderung läßt sich die Halbinsel durchqueren. Ein guter Ausgangspunkt ist das Dorf Doğanbey ⑤ auf der Südseite des Parks am Rande des Mäander-Deltas. Es empfiehlt sich sehr, einen Einheimischen als Führer in dem unübersichtlichen Gelände, in dem es nur einige Trampelpfade gibt, mitzu-

Im Frühsommer läßt sich im Küstennationalpark Samsundağı regelmäßig der Eleonorenfalke beobachten.

In den tiefen Schluchten des Nationalparks wachsen uralte Platanen.

nehmen. Auf der Paßhöhe läßt sich der Weg so wählen, daß man Anschluß an eine Forststraße ④ bekommt, die in die oben beschriebene Schlucht hinabführt und am Meer endet. Bei dieser Wanderung hat man auf den Südhängen eine einmalige Aussicht auf das Mäander-Delta mit seinen Lagunen, auf den Nordhängen dann auf die Ägäis mit der Insel Samos. Es besteht die Möglichkeit, verwilderte Pferde zu Gesicht zu bekommen. Spuren von Wildschweinen in Form von zerwühltem Erdreich wird man mit einiger Aufmerksamkeit stets bemerken.
Am Südhang des Samsundağı-Gebirgszuges liegen bei Güllübahçe die Ruinen von Priene ⑥. Man hat von dort aus einen sehr guten Überblick über die Mäander-Ebene und kann den ehemaligen Flußlauf gut verfolgen. Über den antiken Stätten befinden sich Felsen und Steilwände, die ein gutes Beobachtungsgebiet für Kleinvögel (Felsenkleiber, Blaumerle usw.) und Greifvögel sind.
Eine herrliche Wanderung läßt sich auf der Südseite des Parks über die Dörfer Tuzburgazı und Atburgazı zum Militärposten von Karine ⑦ machen. Der Weg führt am Fuß des Samsundağı entlang und gewährt gleichzeitig einen guten Einblick in das Mäander-Delta. Für eine nähere Beschreibung siehe dort.
ACHTUNG: Die Wanderung quer durch den Park, die hier beschrieben wurde, sollte nicht ohne ortskundigen Führer angetreten werden. Er sollte von Doğanbey aus zumindest bis zur Paßhöhe mitkommen, um die Forststraße, die in die Schlucht hinabführt, zu zeigen.

Praktische Tips

Anreise

Die Badestrände im Nationalpark sind von Kuşadası und Söke aus mit öffentlichen Verkehrsmitteln (Dolmuş) erreichbar.
Am Nationalparkeingang ist eine geringe Gebühr zu entrichten. Einige Teile des Nationalparks sind, nicht zuletzt auch aus militärischen Gründen (Grenzgebiet!), für Besucher gesperrt.

Unterkunft/Verpflegung

Unzählige Hotels, Pensionen, Gaststätten usw. in der Touristenmetropole Kuşadası (24 km).
An den Badestränden sind einige einfache Einrichtungen wie Picknicktische, Kiosk, Toiletten, ein Café usw. vorhanden.

Klima/Reisezeit

Wie Delta des Großen Mäander, s. S. 73.

10 Delta des Großen Mäander

Ursprüngliche großräumige Lagunenlandschaft; wichtiges Brut- und Überwinterungsgebiet für Wasservögel; Rötelfalken-Kolonien; Winterquartier des Flamingo.

Der Große Mäander mündete bis in junge prähistorische Vergangenheit in einer tiefen Meeresbucht bei Magnesia in das Meer. Die Stadt Magnesia ist längst aufgegeben und ihre Ruinen liegen heute über 50 km von der Mäander-Mündung entfernt. Die große Schwebstofffracht des Flusses, die er aus dem Landesinneren heranschaffte, hat die Meeresbucht aufgefüllt und das Gebiet verlanden lassen. Die Deltaaufschüttung ist bis heute nicht abgeschlossen. Der Raubbau an der Natur und die Abholzung der natürlichen Vegetation sind ganz entscheidende Faktoren für das rasante Tempo, mit dem dieser Prozeß seit der Antike voranschreitet.
Das lehmige Wasser des Mäander strömt in einem etwa 40 m breiten, tiefen, meist von Gebüsch gesäumten Bett schnell und geräuschlos dahin; nur gelegentlich liegen einige Altwässer an seiner Seite. Östlich von Söke teilt sich der Mäander in einen »alten« und einen »neuen« Fluß. Der »alte« Mäander, der in der Antike der alleinige Fluß war, ist heute ein gewundendes Flußbett mit Altwässern, Sümpfen und trockenen Stellen. Kaum einmal wird er von Wasser durchflossen. Auch der »neue« Mäander verdient den Beinamen »groß« eigentlich nicht: Durch einen Entlastungskanal seiner Wassermassen beraubt ist er eher als Bach zu bezeichnen. Im Sommer steht das Wasser und einige Abschnitte trocknen ganz aus.
Der Mäander ist weltberühmt durch seine aneinandergereihten Flußwindungen: Danach ist das Ornament in der Kunst und danach sind wieder derartige Flußwindungen in der Geographie benannt worden. Man spricht vom »mäandrieren«. Es handelt sich hier um den Großen Mäander (türk.: »Büyük Menderes«), im Gegensatz zum Kleinen Mäander (türk.: »Küçük Menderes«), der nahe Ephesus ins Meer mündet.
An der Mäander-Mündung hat sich eine Haffküste aufgebaut: Hinter einem schmalen Küstenstreifen liegen mehrere aneinandergereihte seichte Lagunen. Auch vor der Nehrung gewinnt das Meer nur ganz langsam an Tiefe. Das äußerst schwer zugängliche System von Lagunen ist von großer fischereiwirtschaftlicher Bedeutung. Mehrere Kooperativen haben hier ihren Sitz.
Im Gegensatz zu den Lagunen, die fast vegetationslos sind, findet sich zu beiden Seiten des Mäander-Unterlaufs ein Streifen dichter Vegetation aus Schilf und Rohrkolben.

Pflanzen und Tiere

Die Vegetation um die Lagunen ist sehr spärlich. Meist sind es Salzpflanzen, die man auch von anderen Gebieten des Mittelmeers her kennt. Typisch ist z. B. der Queller, dessen teppichartigen Bestände sich im Herbst leuchtend rot verfärben. Die wichtigste Kulturpflanze der Mäander-Ebene ist die Baumwolle (S. 157). Um gegen die Versalzung der

Die Lachseeschwalbe, ein Brutvogel des Mäander-Deltas, sucht ihre Nahrung oft auf Feldern weitab vom Wasser.

Das Delta des Großen Mäander, hier der Nordzipfel bei Karine, ist in der Türkei eines der wichtigsten Rast- und Brutgebiete für Vögel.

Baumwollfelder in Lagunennähe anzukämpfen, werden sie im Winter mit Süßwasser aus dem Fluß geflutet; dadurch werden die Salze unterirdisch ausgewaschen und mit dem Sickerwasser abtransportiert.

Das Mäander-Delta ist ganzjährig von großer ornithologischer Bedeutung. Spornkiebitz (S. 139), Stelzenläufer (S. 104), Austernfischer und Brachschwalbe (S. 103) brüten an den Rändern der Lagunen. Schwarzkopfmöwen sind regelmäßig in großer Zahl zu beobachten. Selbst Raub- und Lachseeschwalben lassen sich hier entdecken.

Im Winterhalbjahr erscheinen die Wasserflächen oft von Wasservögeln ganz schwarz. Pfeifenten, Krickenten und Spießenten zählen zu den häufigsten Arten, von denen oft zigtausend anzutreffen sind. Auch der Flamingo (S. 96) zählt zu den regelmäßigen Wintergästen. Er findet in den seichten, leicht salzigen Lagunen gute Ernährungsbedingungen. Oft sind die Flamingos nur als rosa Streifen in großer Entfernung über der Wasseroberfläche zu sehen. Krauskopfpelikane (S. 53) halten sich ganzjährig im Delta auf. Im Frühjahr und Herbst lassen sich oft große Konzentrationen von Watvögeln, Braunen Sichlern und verschiedenen Reiherarten feststellen.

Im Gebiet unterwegs

Ein Besuch von **Milet** ① lohnt sich nicht nur für historisch Interessierte. Der Große Mäander schlängelt sich um die antiken Stätten und überschwemmt sie bei Hochwasser sogar teilweise. Sodann ist z. B. die antike Hafeneinfahrt von Milet eine der wenigen Stellen der Türkei, an denen man die Kaspische Wasserschildkröte (S. 181) und die Europäische Sumpfschildkröte gemeinsam nebeneinander beobachten kann. Die Feuchtwiesen zwischen den antiken Stätten und der Hauptstraße sind im Frühjahr ein günstiges Rastgebiet für Limikolen, Reiher usw. Im antiken Theater von Milet schließlich brütet, unbeeindruckt von den Touristenströmen, die Blauracke (S. 74) und man kann hier ihre rasanten Balzflüge beobachten.

Am Hangfuß südlich **Doğanbey** ② entspringen einige warme Quellen, die schon von antiken Schriftstellern erwähnt wurden. Die natürlichen Becken mit klarem Wasser und einer reichen Seggen- und Binsenvegetation sind sehr beschauliche Orte.

Die Straße von Tuzburgazı führt bis Karine ③, wo sich ein Militärposten befindet; sie ist ein gutes Ausflugsgebiet: Nördlich der Straße schließen sich die Südhänge des Samsun-

dağı-Nationalparks an, südlich des Weges liegen die Lagunen des Mäander-Deltas. Da der Weg etwas erhöht verläuft, hat man einen guten Überblick über die Lagunen. Selbst im abendlichen Gegenlicht, wenn keine Einzelheiten mehr erkennbar sind, bilden die Silhouetten der Graureiher, Silberreiher und eventuell Flamingos vor der Kulisse der Lagunenlandschaft mit ihren Fischwehren und Booten ein eindrucksvolles Bild. In einigen Grotten nördlich des Weges kann man u. U. Gewölle der Schleiereule entdekken. In diesem Gebiet liegen auch gute Orchideenstandorte. Auf den Legesteinmauern sonnen sich Hardune (s. S. 132).
Zwischen Tuzburgazı und Milet sieht man vom Weg aus in der Ferne die größte der Lagunen, den Dil Gölü oder auch Karina Gölü genannt. Man kann sich ihr nur entlang von Feldrainen usw. nähern, denn Wege führen dorthin nicht. Für eine solche Tour empfiehlt sich daher die Stelle, wo die Entfernung zwischen Straße und Lagune am geringsten ist ④.

Säulenzypressen wie hier bei Yeniköy sind typisch für die Trockenhänge am Rande des Deltas.

Das Mäander-Delta ist eines der jungen Flußdelten an der türkischen Küste.

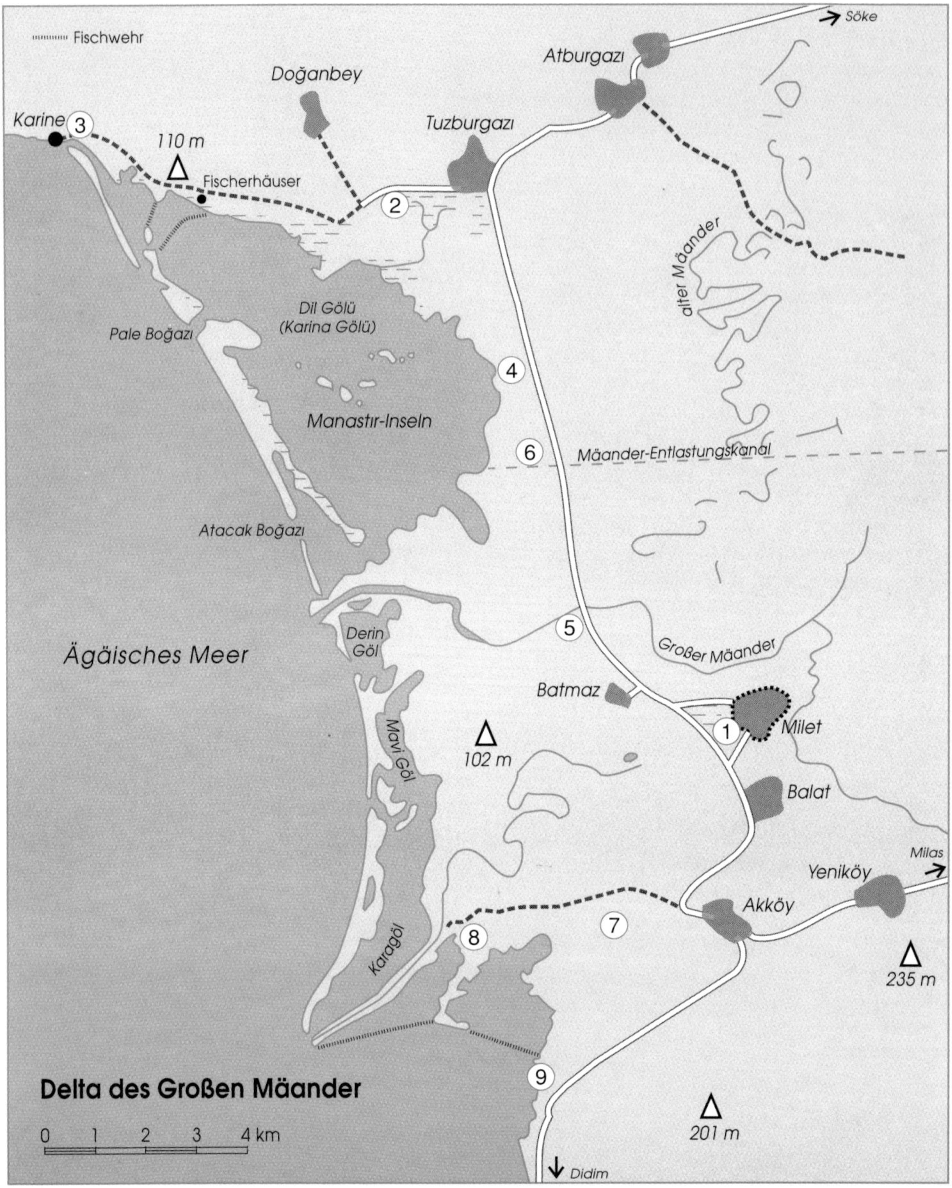

Entlang des Mäander bzw. des Entlastungskanals ⑤ und ⑥ führen keine befestigten Wege. Ein Fortkommen zu Fuß in den Traktorspuren ist nur möglich, wenn nicht gerade Winterregen das gesamte Gebiet in ein Schlammfeld verwandelt haben. Unter den beiden Straßenbrücken sind große Kolonien von Weiden- und Haussperlingen. An den Wasserläufen lassen sich z. B. Beutelmeisen und Bienenfresser beobachten.

Setzt man den Weg von Akköy nach Westen fort, folgt man also nicht der Asphaltstraße nach Milet, sondern einem Feldweg, gelangt man auf eine Kalkkuppe ⑦, die von interessanter mediterraner Vegetation bedeckt ist. Für diese »milesische« Landschaft sind Säulenzypressen und Tabakfelder typisch. Die Fortsetzung des Weges führt über einen Steilhang in die Deltaebene hinab. Hier ergibt sich wieder die Möglichkeit, an den Lagunen zu beobachten ⑧.
In den milesischen Dörfern Akköy und Yeniköy befinden sich an den Moscheen Rötelfalkenkolonien (S. 102) . Ein Besuch zur Brutzeit kann empfohlen werden.
Die Südspitze des Deltas kann von der Straße Akköy–Didim eingesehen werden ⑨. Für ornithologische Beobachtungen ist dieser Platz zwar vom Delta zu weit weg, doch lassen sich schöne Landschaftseindrücke gewinnen.

Praktische Tips

Anreise
Von der Straße Söke–Milas ist die Abfahrt nach Milet ausgeschildert, wobei die Anreise prinzipiell von Norden über Güllübahçe erfolgen kann oder von Süden über Akköy. Von Söke aus gibt es Kleinbusse (Dolmuş) in alle Dörfer, auch nach Didim.

Unterkunft/Verpflegung
Die nächsten Hotels liegen in Didim (ca. 20 km südlich Akköy) bzw. Kuşadası (ca. 50 km von Atburgazı). Das Mäander-Delta liegt im Bereich des Club Natura (Dr. Koch) am Bafa-See; von dort werden regelmäßig Ausflüge unternommen.
Der nächste Campingplatz liegt zwischen Akköy und Didim: Orman Kampı, Tavşanburnu, Didim. Er gehört der staatlichen Forstverwaltung.
Einfache Restaurants liegen am Eingang zu den Ruinenstätten von Milet, auf dem Weg von Tuzburgazı nach Karine und zwischen Akköy und Didim.

Klima/Reisezeit
Mediterranes Klima. Mit Ausnahme des Hochsommers, der wegen der Hitze auch ornithologisch wenig ergiebig ist, ganzjährig gute Beobachtungsmöglichkeiten.

Blick in die Umgebung

Der Nationalpark **Samsundağı** und der **Bafa-See** liegen in unmittelbarer Umgebung (s. Hauptreiseziele 9 und 11).
In den Ruinen von **Didyma** (Didim) Rötelfalkenkolonie und große Dohlenkolonie (Halsbanddohle).
Ein paar Kilometer nördlich **Söke** zeigt die Form einiger Felsen am Bergfuß die Spuren der ehemaligen Brandung des Meeres. Ein weiterer Beweis, daß das Meer einst bis dorthin reichte.
An der Straße Söke–Milas, die die Mäander-Ebene in Nord-Süd-Richtung durchquert, liegen einige versumpfte Kanäle. Dies sind gute Beobachtungsplätze für Seidenreiher, Rallen usw.

Geckos, hier der Ägäische Nacktfinger, lassen sich am besten nachts an Gebäuden nahe Lichtquellen beobachten.

11 Bafa-See

Uralte Olivenhaine; zahlreiche Seidenreiher entlang des Seeufers; Enten, Watvögel und Krauskopfpelikane in der Verlandungszone; zerklüfteter Gebirgszug des Latmos-Gebirges mit turm- und zakkenartigen Felsformationen, Höhlen usw.; reiche Orchideenstandorte.

Noch in der Antike war der Bafa-See eine Meeresbucht, der sog. »Latmische Meerbusen«. Der frühe Raubbau der Wälder Anatoliens ließ die Erosion rasch zunehmen mit der Folge, daß der Große Mäander, wie auch andere Flüsse, immer mehr Schwebstoffe an seiner Mündung ins Meer ablagerte. So trennte der Fluß die Meeresbucht völlig ab. Man weiß aus geschichtlichen Quellen, daß bis ins 4. Jahrhundert n. Chr. der See noch vom Meer her mit Booten erreicht werden konnte. Heute aber liegt die Mäander-Mündung über 15 km weit weg vom See und sein Wasser hat sich vom salzigen Meerwasser zum leicht brackigen Süßwasser entwickelt. Durch die Mäanderaufschüttungen haben sich auch weite Sumpfgebiete gebildet. Das Westufer des Sees ist sehr seicht und an seinen Ufern stehen weite Tamariskenwälder, die bei hohem Wasserstand überflutet werden, im Sommer aber trockenfallen. Der See steht mit dem Mäander noch durch einen kleinen Kanal in Verbindung; sonst aber sind Fluß und See durch einen Hochwasserdamm voneinander getrennt.

Entlang des Südufers des Sees zieht sich ein Höhenzug, der aus Schiefer besteht, in den einzelne Marmoradern eingesprengt sind. Sie wurden in der Antike ausgebeutet. So sind z. B. die Säulen des Apollotempels von Didima und des Artemistempels von Ephesus herausgeschlagen worden. Der Abtransport konnte damals noch mit Schiffen über das Meer erfolgen. Noch heute sind in den Marmorvorkommen Bearbeitungsspuren zu erkennen, Negativformen und unvollendet gebliebene Stücke, vor allem aber Berge aus Marmorabfall.

Die Südseite des Sees wird fast ganz von Olivenhainen bedeckt, mit teils weit über 100 Jahre alten Ölbäumen. In höheren Lagen geht die Vegetation allmählich in Kiefernwälder über, die einen dichten, fast undurchdringlichen Unterwuchs haben.

Völlig anders ist das Nordufer des Sees gestaltet. Das aus Augengneis bestehende Latmos-Gebirge ragt dort mit turm- und zackenförmigen Erhebungen 1375 m empor. Die Türken haben den Gebirgszug wegen seiner starken Zerklüftung »Beşparmak Dağları«, also »Fünffingergebirge«, genannt. Zu den oft bizarren Formen zählen Wollsackverwitterungen und zahlreiche Höhlen, die in byzantinischer Zeit von Einsiedlern bewohnt waren und deren Wandmalereien man noch

Das Nordufer des Bafa-Sees, hier ein Blick von Herakleia nach Westen, besteht großteils aus Quarzsand. ▷

Die Blauracke ist ein in der Türkei verbreiteter Brutvogel.

heute finden kann. Die Vegetation des Latmos-Gebirges ist spärlich. Meist besteht sie nur aus niederem, von Ziegen stark verbissenem Gebüsch aus Kermeseichen. An den etwas flacheren Stellen versuchen die Einheimischen, Ölbäume zu kultivieren. Nur in Hochlagen kommen Reste von Kiefernwäldern vor. Der bei der Verwitterung des Augengneises des Latmos-Gebirges anfallende Quarz wird zum See hinabgespült und lagert sich an den Ufern ab. So konnten sich einige feinkörnige Quarzdünen bilden.
Romantisch in die Felslandschaft des Latmos eingebettet liegt die antike Stadt Herakleia. Myus, eine Siedlung, die schon in der Antike wegen der zunehmenden Aufschüttungen des Mäanders aufgegeben wurde, und Ioniapolis liegen ebenfalls im Gebiet.

Pflanzen und Tiere

Der Bafa-See beherbergt eine reiche Tier- und Pflanzenwelt: 256 Vogelarten wurden bisher dort festgestellt, 19 Amphibien- und Reptilienarten, 22 Säugerarten und unzählige Wirbellose.

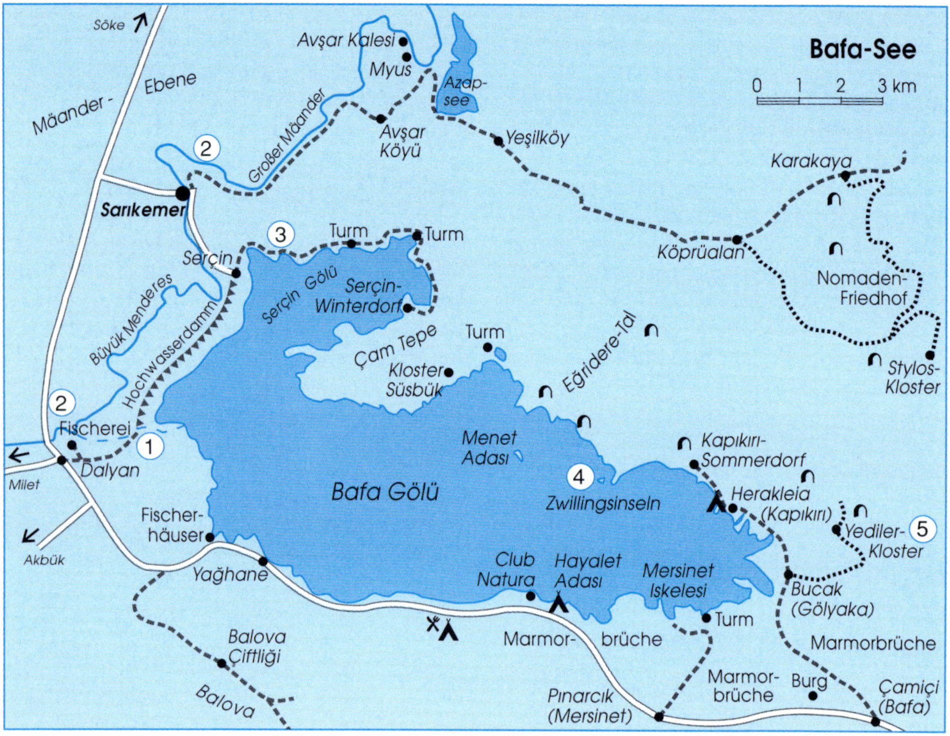

Ornithologisch besonders reichhaltig sind die Flachwasserbereiche am Westufer des Sees. Löffler, Sichler, fast alle Reiherarten, Enten und Limikolen lassen sich hier beobachten. Fast immer halten sich am See auch einige Krauskopfpelikane (S. 53) auf, eine vom Aussterben bedrohte Vogelart. Sie brütet aber hier nicht.

Der Bafa-See ist ein wichtiges Überwinterungsgebiet für Wasservögel. In erster Linie sind es Bläßhühner, von denen bis zu knapp einer halben Million ermittelt wurden. Die Wasserfläche erscheint dann ganz schwarz. Dazwischen sind in dicht gedrängten Trupps immer wieder Hunderte von Zwergtauchern neben verschiedenen Entenarten.

Die alten Olivenhaine bieten eine zwar nicht sehr reiche, doch hochinteressante Vogelwelt: Die unserer Weidenmeise ähnliche Trauermeise kommt hier vor, ebenso der Mittelspecht und an etwas offeneren Stellen brüten Zaunammer und Heidelerche, deren Gesang auch im Herbst zu hören ist.

Im zeitigen Frühjahr breitet sich unter den Ölbäumen ein Teppich aus großblütigen Anemonen aus. Neben *Anemone coronaria* ist auch *A. pavonia* zu finden. Im Sommer kann man in den Olivenhainen und in der Macchie den Erdbeerbaumfalter beobachten. An den Vorderflügeln hat er ähnlich unserem Trauermantel breite gelbbraune Randbinden. Ihren Namen haben diese Schmetterlinge von der Futterpflanze ihrer Raupen, dem Erdbeerbaum.

Im See kommen die Wander- oder Dreikantmuschel und die Schnecke *Theodoxus* vor. Die Wandermuschel setzt sich mit Sekretfäden an Steinen am Seegrund fest und ist so häufig, daß sie oft ganze Flächen bedeckt. Dazwischen sitzen die kleinen, weniger als 1 cm langen, halbeiförmigen *Theodoxus*-Schnecken. Im See kommen Wildkarpfen,

Meeräschen und Aale vor. Die Fischerei ist eine wichtige Erwerbsquelle für die Bevölkerung.
Vom zeitigen Frühjahr bis in den Spätherbst wird man am ganzen Seeufer, besonders an etwas flachen Stellen, immer wieder den Seidenreiher (S. 51) zu Gesicht bekommen. Rund 250 Paare dieses kleinen weißen Reihers brüten an einer gut geschützten, unzugänglichen Stelle im See.
An Reptilien sind besonders die urtümlich anmutenden Hardune (s. S. 132) auffällig. Man findet sie in den Ruinenstätten, am Seeufer und auch in den Olivenhainen, wo sie sich bei Gefahr in den Ritzen alter Ölbäume verstecken. Auf schütter bewachsenen Böden kommt die Schlangenaugeneidechse (S. 60) vor, an etwas felsigen Stellen die in der Türkei endemische Örtzensche Eidechse, die an ihrem grünlichen Schwanz leicht erkannt werden kann.
Im Latmos-Gebirge kommt das Stachelschwein vor. In den Hochlagen konnte sich auch eine kleine Population des Braunbären halten. Dort kann man auch einzelne Pinien finden, aus denen die Pinienkerne gewonnen werden.
In der Umgebung des Bafa-Sees finden sich einige hervorragende Orchideenstandorte. Rund 20 Arten kann man in der näheren Umgebung finden, darunter Gefleckte Waldwurz, Gelbe Ragwurz, Busenragwurz, Italienisches Knabenkraut (S. 66), Affenknabenkraut und Pflugschar-Zungenstendel.

Im Gebiet unterwegs

Die Feuchtgebiete am Westufer des Bafa-Sees erreicht man am besten, wenn man von der Straße von Söke nach Milas unmittelbar vor Verlassen der Mäander-Ebene nach Osten abzweigt. Der zwar befestigte, aber nicht asphaltierte Weg führt zur Fischereikooperative und zum Mäander-Hochwasserdamm. Entlang eines kleinen Kanals, der den Fluß mit dem See verbindet, kann man bis zum Ufer des Bafa-Sees wandern ①. Im Aushubmaterial aus dem Kanal, der ständig etwas ausgebaggert wird, kann man bei genauer Suche Schalen von Meeresmuscheln, z. B. von Herzmuscheln finden: Ein Beweis, daß hier einmal Meer war.

Die bizarr aussehende Gottesanbeterin der Art *Empusa fasciata* ist ein meist gut getarntes Insekt am Bafa-See.

Eine andere Möglichkeit für Beobachtungen besteht darin, daß man, von Söke kommend, in die Ortschaft Sarıkemer hineinfährt, die Mäander-Brücke überquert und den Weg bis Serçin fortsetzt. Von dort aus führt am Berghang entlang ein Weg um den Nordzipfel des Bafa-Sees herum ③ und man hat einen guten Überblick über die tiefer liegende Wasserfläche. Man kann diese Straße, in einer herrlichen Landschaft und begleitet von einigen byzantinischen Wachtürmen, bis zum Winterdorf von Serçin fortsetzen.
Eine Wanderung entlang des Mäander ② sollte man sich nicht entgehen lassen: In der

Die Wander- oder Dreikantmuschel bedeckt oft ganze Flächen am Grunde des Bafa-Sees.

Alte Ölbaumbestände sind charakteristisch für die Südufer des Bafa-Sees.

dichten Ufervegetation brüten Beutelmeise und Seidensänger; manchmal kann man dort auch den Graufischer (S. 86) beobachten. Bei einer Bootsfahrt über den See lassen sich wunderbare Landschaftseindrücke gewinnen und es können Punkte am Nordufer des Sees erreicht werden, das durch Straßen nicht erschlossen ist. Bei den Zwillingsinseln ④ hat man die Möglichkeit, die dort häufig auf den Zinnen des byzantinischen Wehrklosters rastenden Kormorane (S. 51) und Graureiher zu beobachten.

Im zeitigen Frühjahr tauchen die Olivenhaine am Bafa-See in eine fast unvorstellbare Blütenpracht aus Anemonen.

Im Bafa-See liegen einige kleine Inselchen; hier die Hayalat-Insel nahe dem Südufer bei Niederwasserstand.

Es gibt zahlreiche Möglichkeiten, am Seeufer entlang oder im Latmos zu wandern. Empfehlenswert ist eine etwa einstündige Wanderung (einfacher Weg) zu den Ruinen des byzantinischen Klosters der Sieben Brüder ⑤. Man startet bei der Ortschaft Bucak (Gölyaka) und folgt einem Eisenrohr, das ein Rinnsal aus den Bergen ins Dorf leitet. Längere Touren in den Latmos, z. B. zum Stylos-Kloster (mindestens 4–5 Stunden einfacher Weg), sollte man wegen der Unübersichtlichkeit der Felswirrnis nicht ohne ortskundigen Führer unternehmen. Stachelschweine sind zwar im Latmos gar nicht sehr selten, doch ist es wegen ihrer nächtlichen Lebensweise fast ausgeschlossen, sie zu Gesicht zu bekommen. Doch findet man – manchmal mitten auf den Trampelpfaden – Stacheln oder die ovalen Eingänge der unterirdischen Baue.

Die besten Orchideenstandorte liegen am Südufer des Sees, in der Macchie und in der Zone zwischen Macchie und Olivenhainen. Im Urgestein des Latmos-Gebirges wird man kaum Orchideen finden, und auch bei anderen Pflanzenfamilien ist dort die Artenvielfalt geringer.

Praktische Tips

Anreise

Die Entfernung des Bafa-Sees vom Flughafen İzmir beträgt etwa 150 km. Alle Busse von İzmir, Ankara und Istanbul, die nach Bodrum fahren, benutzen die Straße, die am Südufer des Bafa-Sees vorbeiführt. Zwischen Söke und Milas besteht eine gute Dolmuş-Linie.

Der Westliche Erdbeerbaum ist ein Heidekrautgewächs, dessen eßbare Früchte im Winter reifen.

Unterkunft/Verpflegung
Am Bafa-See gibt es keine Hotels oder Pensionen. 3 einfache Campingplätze (an der Straße Söke–Milas bzw. in Herakleia) mit Restaurants sind vorhanden. Am Südufer des Sees befindet sich eine kleine Ferienanlage des deutschen Reiseveranstalters Dr. N. Koch, von der aus Ausflüge und Wanderungen mit naturkundlichen und historischen Schwerpunkten in die nähere und weitere Umgebung angeboten werden (Club Natura). In vieler Hinsicht ist dies ein Modell für den »sanften Tourismus«. Buchung vor Ort nicht möglich.

Klima/Reisezeit
Die beste Zeit für Orchideen ist von Mitte März bis Anfang Mai. Einige Arten blühen bis Juni, die Drehwurz im Herbst. Zahlreiche Pflanzenarten blühen auch im Winter. Für ornithologische Beobachtungen ist der Sommer (ab Juni) weniger geeignet, da die Arten- und Individuendichte relativ gering ist. Die ersten Wintergäste treffen ab Oktober ein.

Schwimmen
Der See ist zum Baden gut geeignet. Wegen der scharfkantigen Dreikantmuscheln, die an den Steinen festsitzen, sind Badeschuhe zu empfehlen.

Blick in die Umgebung

Der Bafa-See liegt in unmittelbarer Nähe des Deltas des Großen Mäander und des Samsundağı-Nationalparks (s. Hauptreiseziele 9 und 10). Für ornithologisch Interessierte empfiehlt sich auch ein Ausflug in die Feuchtgebiete in der Bucht von Güllük (s. Nebenreiseziel 8).

Der Ölbaum

Die Kultivierung des Ölbaums ist uralt. Eine Taube brachte Noah einen Ölbaumzweig zum Zeichen, daß Jahwe der Menschheit verziehen hatte. Auch bei Ägyptern und Sumerern war diese Pflanze bekannt und sie ist auch in den Überlieferungen Homers erwähnt.
Der Ölbaum wird durch Veredelung des Oleasters, des sog. »Wilden Ölbaums« gewonnen. Dieser ist eine häufige Pflanze der mediterranen Macchie und unterscheidet sich vom Ölbaum schon auf den ersten Blick durch seine dünneren, lanzettförmigen Blätter. Da der Ölbaum auf den Oleaster aufgepfropft wird, findet man am Grunde der Ölbäume oft einige Stockausschläge der Wildform. Schon mit 2 Jahren trägt der Ölbaum zum erstenmal Früchte, und die Tragfähigkeit bleibt wenigstens einige Jahrzehnte erhalten. Deshalb werden Ölbäume praktisch nie gefällt (vgl. Fotos S. 78).
Die Olivenernte ist mühsam, arbeitsintensiv und daher kostspielig. Erntet der Besitzer nicht selber, so muß er etwa ⅓ des Ertrages an die Olivensammler abgeben. Die Ernte beginnt Ende Oktober und dauert bis zum Februar. Mühsam werden die Oliven mit Stöcken von den Bäumen geschlagen und einzeln aufgelesen. Die Bevölkerung wohnt zur Zeit der Olivenernte meist in kleinen, einfachen Häuschen, die sie inmitten der Olivenhaine errichtet.
Die großen, grünen Cocktailoliven (die häufig entkernt und mit rotem Paprika gefüllt bei uns angeboten werden) sind einfach unreif gepflückte Früchte, deren Nachreifen während der Lagerung künstlich verhindert wird. Ansonsten aber gibt es eine Vielzahl von Olivensorten.
Der weitaus größte Teil der Oliven ist nicht zum Verzehr bestimmt, sondern wird zu Öl verarbeitet, wobei man für einen Liter Olivenöl 5 kg Früchte benötigt. In den Olivengegenden der Türkei gibt es in fast jedem Dorf mehrere Ölmühlen, die »Zeytin Yağ Fabrikası«, wie sie genannt werden.

12 Köyceğiz – Dalyan

Heiße schwefelhaltige Thermalquellen; Auwälder aus Amberbäumen; Niststrand von Meeresschildkröten; Bootsfahrt durch die Schilfkanäle des Dalyan-Deltas; Brutstätte von Braunliest und Graufischer, Zwergscharbe, Schlangenadler und Lachseeschwalbe; Baumkolonie des Weißstorches.

Das Becken von Köyceğiz besticht durch seine landschaftliche Vielfalt. Auf engstem Raum sind hier verschiedenste Lebensräume zusammengedrängt, so ein Süßwassersee, Fließgewässer, das Dalyan-Delta, oder aber Amber-Auwälder, mediterrane Macchie und Kiefernwälder. Der Köyceğiz-See ist mit 5200 ha einer der größten Küstenseen der Türkei. Ähnlich dem Bafa-See ist er durch Abschnürung vom Meer entstanden, doch war im Gegensatz zum Bafa-See die Trennung schon in der Antike vollzogen.
Der Ausfluß des Sees zum Meer spaltet sich nach einigen Kilometern in ein Labyrinth von verschilften Kanälen zum Dalyan-Delta auf, das vom Meer durch eine schmale Düne aus feinem Sand getrennt wird. Um den Köyceğiz-See liegen zahlreiche kleine Feuchtgebiete. Oft schließen sich unmittelbar daran die Amber-Auwälder an. Sie sind von zahlreichen Gräben durchzogen; ihr Unterwuchs besteht häufig aus Schachtelhalmen. Am Westufer des Sees, in Sultaniye, gibt es eine schwefelhaltige Thermalquelle, deren 40 °C

Blick über das Dalyan-Delta von einer Anhöhe bei Kaunos; im Hintergrund der Bozburun Tepesi.

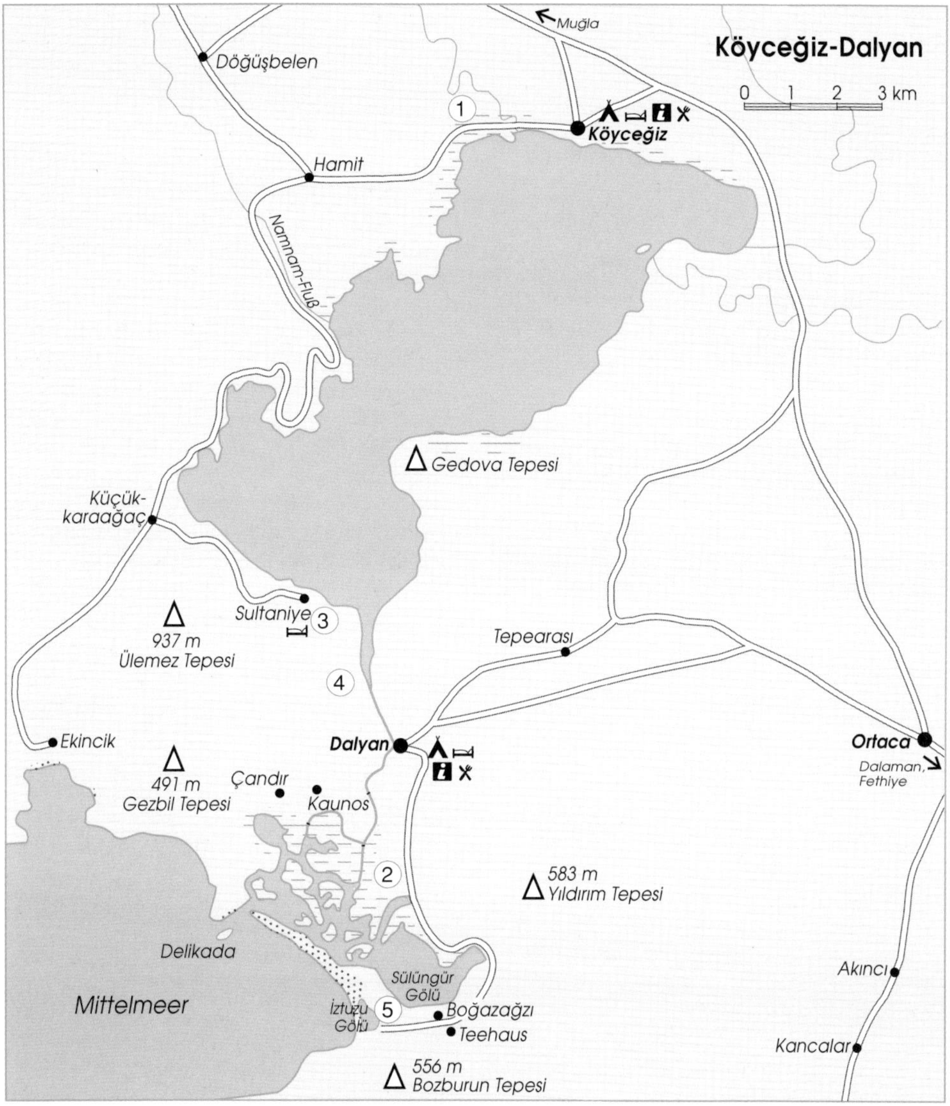

heißem Wasser Heilwirkung zugeschrieben wird. Eine ähnliche, kleinere Quelle liegt direkt am Dalyan-Fluß.
Nahe Dalyan liegen die Ruinen des antiken Kaunos, das einst die Südgrenze Kariens markierte. In Steilwänden oberhalb der Ortschaft befinden sich die berühmten phrygischen Königsgräber.

Pflanzen und Tiere

Die kleinen Feuchtgebiete um den Köyceğiz-See sind vogelkundlich lohnend; sie bieten u. a. Beutelmeise und Nachtreiher Lebensraum. Überschwemmte Wiesen und Äcker bilden im zeitigen Frühjahr Rastplätze für viele Watvögel. Selbst Spornkiebitz (S. 139) oder Teichwasserläufer finden sich hier ein. Auf kleinen Inselchen im See leben Scheltopusik, Kopfbindenzwergnatter (S. 172), Sandboa (ungiftig!) und andere Reptilien. Der Dalyan-Fluß, der sich unterhalb des Ortes Dalyan in ein Netz schilfgesäumter Kanäle aufteilt, ist der Lebensraum der bedrohten Afrikanischen Weichschildkröte. Diese über 1 m lange Süßwasserschildkröte kommt von Zeit zu Zeit an die Wasseroberfläche und streckt ihre rohrartig ausgezogene Nase zum Atmen an die Luft. Auch zahlreiche Kaspische Wasserschildkröten (S. 181) finden sich im Dalyan-Fluß und in den anderen Süßgewässern.

Im antiken Kaunos sind Felsenkleiber zu beobachten, die ihre Nester an die Ruinen kleben. Über dem Burgfelsen kreisen oft Rötelfalken (S. 102). Am Fuße des Amphitheaters steht ein mächtiger Johannisbrotbaum; das Ruinenfeld ist überzogen von den im Sommer und Herbst vertrockneten, gut 1 m hohen Stengeln des Affodil (S. 84). Dazwischen wachsen zahlreiche Meerzwiebeln (S. 147) mit oberirdischen Zwiebeln, deren herzwirksame Stoffe schon über 2000 Jahre genutzt werden. An Wegrändern findet man oft Kapernsträucher (S. 84), die hier wirtschaftlich nicht genutzt werden. An einem kleinen See unterhalb des Theaters, der in der Antike die Hafeneinfahrt war, halten sich oft Zwergtaucher, verschiedene Entenarten und zu den Zugzeiten an den Ufern Watvögel auf. Das Gewässer stellt innerhalb des Deltagebietes eine Ruhezone frei von Bootsverkehr dar.

Der Strand von Dalyan ist als eines der wichtigsten Nistgebiete der Unechten Karettschildkröte im Mittelmeer bekannt. Die Weibchen kommen zwischen Mai und August nachts an Land, um am Strand ihre Eier rund einen halben Meter tief in den Sand abzulegen. Nach etwa 2 Monaten schlüpfen die Jungen, graben sich zur Oberfläche durch und laufen nachts zum Meer, wobei ihnen nur die Brandung des Meeres, in der sich das Mondlicht spiegelt, zur Orientierung dient. Da die Alttiere sehr empfindlich gegen Störungen sind, wird dringend gebeten, dem Strand nachts fernzubleiben. Tagsüber kann man die fast traktorartigen Spuren der Meeresschildkröten im weichen Sand erkennen, die die Nacht zuvor hier zur Eiablage an Land gekommen waren. Mit großer Aufmerksamkeit wird es auch gelingen, leere, pergamentartige Eischalen (Eigröße etwa wie Pingpongball) zu finden, die aus Nestern stammen, die von Füchsen oder streunenden Hunden geplündert wurden.

Als 1987 unter finanzieller Beteiligung der bundesdeutschen Entwicklungshilfe ein Hotelkomplex am Schildkrötenstrand gebaut

Der Amberbaum

Die Verbreitung des Amberbaums *(Liquidamber orientalis)* ist auf die Südwesttürkei beschränkt. Der Baum ist also eine hier endemische Art und zwar als Relikt der letzten Eiszeit. Er hat große Bedeutung, da aus ihm Amber oder Styraxbalsam gewonnen wird, ein Harz, das nach Anritzen der Rinde herausläuft und abgesammelt wird. Dieser Vorgang muß sehr vorsichtig durchgeführt werden, um den Baum nicht nachhaltig zu schädigen. Daher wird das Anschneiden stets nur von erfahrenen Einheimischen durchgeführt, die ja nicht zuletzt aus wirtschaftlichen Gründen an der Erhaltung der Bäume interessiert sind. Der Amber wird über Istanbul in erster Linie in arabische Länder exportiert, wo er zu Parfüms verarbeitet und auch medizinisch eingesetzt wird.

Der bis zu 15 m hohe Amberbaum ist feuchtigkeitsliebend und kommt oft zusammen mit Platanen als Auwald entlang von Bachläufen vor. Das Hauptvorkommensgebiet liegt zwischen Marmaris und Fethiye mit vereinzelten Vorkommen bis Milas und Antalya. An den Ufern des Köyceğiz-Sees sind die Bestände durch den hohen Stauwasserspiegel optimal ausgebildet und bedecken beachtliche Flächen.

Der Affodil wird von Weidetieren geschmäht.

Der mediterrane Kapernstrauch.

werden sollte, liefen Naturschützer Sturm. Letztlich konnte der Bau verhindert werden und noch heute kann man auf der Ostseite des Strandes die Ruinen dieses gescheiterten Projektes sehen.
Im Deltagebiet leben Braunliest (S. 152) und Graufischer. Für beide Eisvogelarten liegt hier einer der westlichsten Brutplätze. Sie sind ganzjährig anwesend und sitzen oft am Rand der Kanäle auf Schilfhalmen oder auf Fischerwehren und halten nach Beute Ausschau.
Nicht versäumen sollte man einen Besuch der Storchenkolonie von Kemaliye, einem Dorf das an der Straße von Dalyan nach Ortaca–Dalaman liegt. Knapp 20 Paare des Weißstorches brüten hier dicht gedrängt in einigen Kiefern.

Der Schwalbenschwanz ist in der Dalyan-Region noch relativ häufig.

Im Gebiet unterwegs

Als Ausgangspunkt für Exkursionen sind die Städtchen **Köyceğiz** und Dalyan gut geeignet. Bootsfahrten werden von beiden Plätzen aus angeboten, von Köyceğiz aus auch über den ganzen See nach Kaunos und an den Strand, doch empfiehlt es sich, wegen der großen Entfernung diese Tour von Dalyan aus zu starten.
Läuft man von Köyceğiz aus am Seeufer entlang nach Westen, so wird man gleich hinter der Ortschaft die ersten Amberbäume entdecken. Am dortigen Campingplatz kann man sogar unter Amberbäumen sein Zelt aufschlagen. Nachdem man einen kleinen Bach überquert hat, gewinnt man von der Straße aus einen guten Einblick in ein Feuchtgebiet zu beiden Seiten des Weges ①. Mit gemieteten Booten empfiehlt sich ein Ausflug auf den See, wo z. B. ein paar kleine Inselchen ein lohnendes Ziel darstellen.
Die Kleinstadt **Dalyan** (4000 Einwohner) ist der Ausgangspunkt für Exkursionen an den Dalyan-Fluß, zu Feuchtwiesen des Deltas ②

Feuchte Senken und Gräben um den See von Köyceğiz sind von Amber-Auwäldern mit dichtem Unterwuchs bestanden.

Der Strand von Dalyan ist ein bekanntes Nistgebiet von Meeresschildkröten, die hier nachts ihre Eier ablegen.

Der Graufischer ist ein Brutvogel des Dalyan-Deltas.

und für Bootsfahrten nach Sultaniye ③, ins Deltagebiet und an den Strand – und außerdem zum antiken Kaunos, das nicht nur kunstgeschichtlich Interessierten etwas zu bieten hat. Bei der Bootsfahrt durch das Delta sollte man auf Braunliest und Graufischer achten, die oft auf Schilfhalmen an den Rändern der Kanäle sitzen und von den Booten aufgetrieben werden. Bei stärkerem Bootsverkehr weichen sie natürlich in andere Gebiete aus. Aus Schutzgründen sollte man sich aber in dem Labyrinth aus Kanälen unbedingt an die Hauptrouten halten, damit im Delta Ruhezonen bleiben.
Zum Beobachten der Afrikanischen Weichschildkröte läßt man sich am besten von einem Bootsmann auf das Dalyan gegenüberliegende Flußufer übersetzen ④. Dort kann man den Hügel etwas hinaufsteigen und hat dann einen guten Überblick über den Dalyan-Fluß und kann dort warten, bis die Riesenschildkröten zum Atmen ihre Nase über die Wasseroberfläche hinausstrecken. Aus Schutzgründen muß darauf verzichtet werden, die Meeresschildkröten am Strand nachts bei der Eiablage zu beobachten, da dies mit unzumutbaren Störungen verbunden wäre. Einige Wächter achten darauf, daß diese Vorschrift eingehalten wird.
Man kann den Strand aber auch über eine Asphaltstraße erreichen. Der Weg führt zuerst durch die Sumpfebene, in der man am Wegesrand Cistensänger, Kappen- (S. 160) und Rohrammer beobachten kann. Dann führt er entlang des sog. »Sülüngür Gölü«, einem Teil des Dalyan-Deltas, und schließlich erreicht man eine Anhöhe, an der ein Teehaus zur Rast einlädt. Nach ein paar Kurven hat man, bevor der Weg zum Meer hinabführt, eine wunderbare Aussicht ⑤ über den ganzen Dalyan-Iztuzu-Strand und das dahinterliegende Deltagebiet.

Praktische Tips

Anreise
Die Entfernung von Dalyan zum Flughafen Dalaman beträgt etwa 25 km, die zum Flughafen İzmir knapp 350 km. Von Köyceğiz bzw. Ortaca aus bestehen gute Busverbindungen nach Muğla und Fethiye.

Information
Informationsbüros für Touristen gibt es in Köyceğiz und in Dalyan (Adresse: Tourist information, Köyceğiz/Muğla bzw. Dalyan/Muğla).

Unterkunft/Verpflegung
In Dalyan und Köyceğiz gibt es zahlreiche Pensionen, Campingplätze und einige Hotels. Ein paar Pensionen sind auch in Sultaniye am Westufer des Sees (Thermalquellen!) vorhanden.

Schwimmen
Baden ist im See gut möglich, und natürlich auch im Meer (feiner Sandstrand).

Klima/Reisezeit
Wie überall im Mittelmeerraum sind die Sommermonate (Juni bis September) sehr heiß.

Blick in die Umgebung

Als weitere Ausflugsziele der Umgebung bieten sich die Datça-Halbinsel (Nebenreiseziel 9) und der Strand von Patara (Hauptreiseziel 20) an; aber auch ein Ausflug ins Taurusgebirge hoch kann sehr lohnend sein. Dazu kann jede Seitenstraße, die von der Hauptstraße Muğla–Fethiye das Gebirge hochführt, gewählt werden.

13 Eğirdir Gölü

Klarer Gebirgssee, fast so groß wie der Bodensee; Rosenanbau zur Produktion von Rosenöl; Weißkehlsänger als nicht seltene Art; Sumpf- und Wasservögel in den Verlandungszonen.

Der Eğirdir-See liegt im südwestanatolischen Seengebiet. Nach dem Beyşehir-See ist er dort mit 450 km² der größte See. Mit einer Tiefe von knapp 20 m und seiner Lage auf 919 m über dem Meeresspiegel ist der Eğirdir-See ein klarer, oft grünlich bis tiefblau schimmernder, nährstoffarmer See. Die Gipfel des Taurusgebirges bilden eine beachtliche Kulisse (Barla-Berge mit 2263 m und Davraz-Berg mit 2635 m) und verstärken den Eindruck eines Gebirgssees.
Das nördliche Drittel des Sees ist durch eine Engstelle von nur 1,5 km abgetrennt; es wird **Hoyran Gölü** genannt und ist viel nährstoffreicher als der Südteil. Die Ufer des Hoyran-Sees sind flacher, und auf weiten Strecken finden sich versumpfte Ufer mit dichter Schilfvegetation.
Während das Westufer des Sees durch eine Straße gut erschlossen ist, fehlen auf dem Nordostufer Wege fast ganz. Die Bewohner einiger Dörfer benutzen daher Boote, um an der Engstelle des Sees auf die andere Seite überzusetzen.
Ursprünglich lag vor der Stadt Eğirdir (auch Eğridir geschrieben) eine kleine Insel (Nisada oder Yeşilada). 1955 schüttete man einen Damm auf, durch den sie zur Halbinsel wurde und in die Stadt eingegliedert werden konnte.
Eine Besonderheit der Region ist die Produktion von Rosenöl, für die die Provinzhauptstadt Isparta das Zentrum ist. Immer wieder wird man daher auf eingezäunte Felder stoßen, auf denen Rosen angebaut werden. Besonders zur Blüte im Mai/Juni ergeben sich herrliche Eindrücke.

Pflanzen und Tiere

Das Taurusgebirge kann den Einfluß des Mittelmeeres, das in nur 120 km Entfernung liegt, nicht ganz abschirmen. So gibt es um den See viele mediterrane Pflanzenarten wie Kermeseiche oder Kapernstrauch (S. 84). Das Fehlen von Arten wie Ölbaum zeigt andererseits den Charakter einer Übergangsregion. Mandeln, Maulbeeren, Äpfel, Birnen, Pfirsiche, Aprikosen und Feigen werden hier angebaut. Im See leben 10 verschiedene Fischarten, wovon der Karpfen und in gewissem Maß auch die Zährte wirtschaftliche Bedeutung besitzen. Noch wichtiger aber ist der Zander, ein hechtähnlicher Raubfisch, der erst 1955 künstlich in den See eingesetzt wurde und sich seitdem als einzige Raubfischart stark vermehrt hat. Heute ist er als hochgeschätzter Speisefisch die wichtigste Nutzart des Sees.
Die Bestände des Sumpfkrebses sind hier wie an vielen anderen Seen der Türkei durch die Krebspest schwer geschädigt.
In den Gärten und in der mediterranen Macchie trifft man ein reiches Kleinvogelleben an, mit Arten wie Orpheusgrasmücke und Maskengrasmücke, Heckensänger, Blaßspötter, Grauortolan und Kappenammer (S. 160).

Der Heckensänger ist ein unauffälliger Brutvogel der Hügel um den Eğirdir-See.

In der Uferzone des Eğirdir-Sees liegen ausgedehnte Sumpfgebiete mit einer reichen Vogelwelt.

Weißkehlsänger sind in der Buschlandschaft durchaus nicht selten. Gerade im Mai, wenn die Balz der Männchen auf dem Höhepunkt ist, kann man die farbenprächtigen Männchen im Singflug, der oft in einem »Fallschirmflug« endet, antreffen. Blutspechte nisten in alten Bäumen und nachts kann man das monotone Pfeifen der Zwergohreule hören. Vier Würgerarten sind hier vertreten und zeugen von einer weitgehend intakten Umwelt: Rotkopfwürger (S. 61), Schwarzstirnwürger, Maskenwürger und Neuntöter.
In höheren Lagen in den umliegenden Bergen kommen Gebirgsarten wie Steinadler, Chukarhuhn und Ohrenlerche vor.
Feuchtwiesen und Sumpfgebiete um den Hoyran Gölü sind der Habitat von Rallenreiher (S. 107), Seidenreiher (S. 51) und Zwergdommel. Wasserrallen hört man aus dem Schilf rufen, Drosselrohrsänger sind häufige und auffallende Schilfbewohner. Über den offenen Wasserflächen suchen Weißbartseeschwalben nach Nahrung.

Im Gebiet unterwegs

Sehr reizvolles Seeufer mit alten Weiden am Ufer auf der Westseite des Sees. Obwohl die Asphaltstraße in nur geringer Entfernung vorbeiführt, führen nur wenige Feldwege direkt ans Ufer heran, wie z. B. unterhalb Barla ①. Die Kermeseichen-Macchie reicht in dem Gebiet zwischen Barla und Akkeçili bis ans Seeufer herab ②. Auf Ziegenpfaden kann man hier durch das Gestrüpp gut durchkommen. Von Akkeçili aus führt ein Schotterweg durch das Buschland an die Feuchtgebiete

am Ufer des **Hoyran Gölü** ③. Eine herrliche Gartenlandschaft mit alten Mandelbäumen, in denen z. B. viele Würger nisten, befindet sich an der Straße von Akkeçili nach Senirkent ④. Gute Beobachtungsmöglichkeiten von Sumpf- und Wasservögeln bestehen an einem Zufluß in den See südlich Gençali ⑤. Auf einem kleinen Damm kann man dort bis fast an den See vordringen. Feuchtgebiete finden sich auch in der Nordostecke des Sees an der Straße nach Yalvaç ⑥.
Von Barla aus führen kleine Wege auf den 2263 m hohen **Kaymaz-Gipfel** der Barla-Berge ⑦. Hier finden sich gute Möglichkeiten, die Gebirgsflora und -fauna zu beobachten. Eine andere gute Gelegenheit zum Studium der Bergvogelwelt hat man am **Bozdurmuş Belen** (Paß) nordwestlich des Hoyran-Sees ⑧. Auf der Paßhöhe führt ein Höhenweg am Grat entlang. Auf den spärlich bewachsenen Kalkflächen kann man auch abseits der Wege gut wandern. An den Hängen ist besonders auf die Weißkehlsänger zu achten. Auch das Hardun (s. S. 132) kommt hier vor.
Auf der Ostseite des Sees beim Dorf Yenice befindet sich am Ufer des Baches Aksu die **Grotte von Zindan** ⑨. Da sie schwer zu finden ist, sollte man sich den Weg von Einheimischen vor Ort zeigen lassen. Einige Spuren am Eingang zeigen, daß sie schon in byzantinischer Zeit bekannt war. Sie ist geräumig und hat einen zentralen Raum, in dem von der Decke Wasser wie aus einer Dusche herabtropft. Die Einheimischen nennen diesen Raum »hamam« (türk. Bad).

An etwas feuchten Stellen im Unterwuchs von Bäumen blüht im Mai/Juni der Aronstab.

Unten links: Unter Steinen lassen sich am Eğirdir-See Skorpione entdecken; hier die Art *Mesobuthus gibbosus*.

Der Weißkehlsänger ist eine der vogelkundlichen Kostbarkeiten am Eğirdir-See.

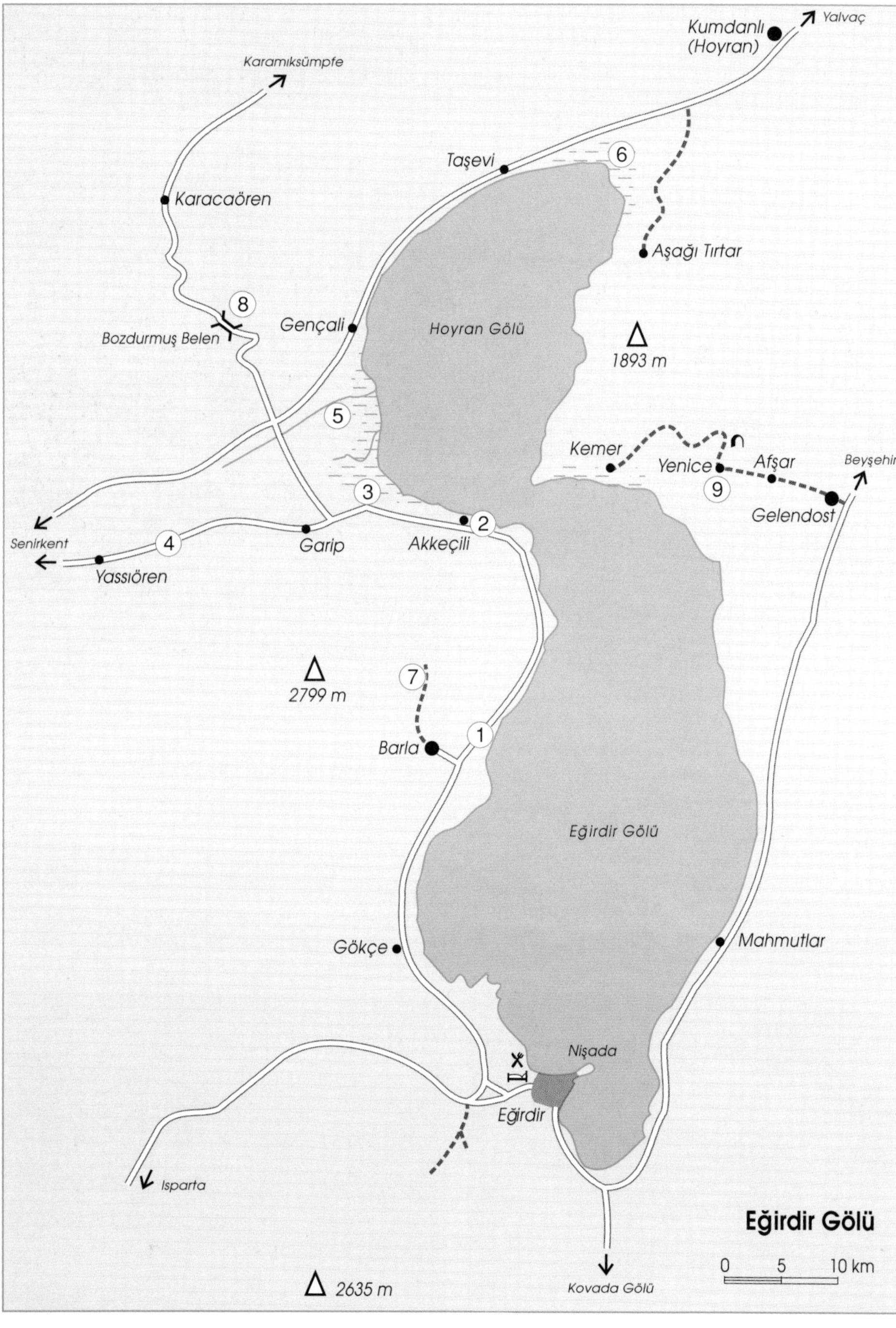
Kumdanlı
(Hoyran)
Yalvaç
Karamıksümpfe
Taşevi
6
Karacaören
Aşağı Tırtar
8
Bozdurmuş Belen
Gençali
Hoyran Gölü
1893 m
5
Kemer
Yenice
Afşar
Beyşehir
9
3
Gelendost
2
Senirkent
4
Garip
Akkeçili
Yassıören
7
2799 m
1
Barla
Eğirdir Gölü
Gökçe
Mahmutlar
Nişada
Eğirdir
Isparta
Eğirdir Gölü
0
5
10 km
2635 m
Kovada Gölü

Auf den Hügeln um den Eğirdir-See – hier ein Blick Richtung Barla-Berge – wird Landwirtschaft extensiv betrieben.

Praktische Tips

Anreise
Über Isparta bestehen gute Busverbindungen mit zahlreichen Städten der Türkei. Von Antalya aus sind es 148 km (ca. 3 Stunden Busfahrt). Eğirdir ist auch an das allerdings schlecht funktionierende Eisenbahnnetz angeschlossen.

Unterkunft/Verpflegung
Übernachtungsmöglichkeiten am See nur in Eğirdir, wo es neben einem guten Mittelklassehotel und einigen einfachen Hotels eine Pension gibt:

▷ Eğirdir Oteli, Kuzey Sahil Yolu 2, Tel. 1798;
▷ Çolak Pansiyon, Iplikçiler sok. 6, Tel. 1069.

In Eğirdir auch mehrere Gaststätten.

Blick in die Umgebung

Karamık-Sümpfe, Eber-, Akşehir-, Beyşehir- und Burdur-See liegen in der weiteren Umgebung des Eğirdir Gölü (s. Nebenreiseziele 12, 13, 14 und 10).
Südlich des Eğirdir-Sees befindet sich der **Kovada-Nationalpark**, in dessen Mittelpunkt der Kovada Gölü liegt. Man gelangt dorthin über ein enges Wiesental südlich der Stadt Eğirdir (Asphaltstraße). Am Seeufer herrliche alte Platanen. Gänsegeier und Olivenspötter möglich.
8 km südwestlich der Kreisstadt Isparta liegt der **Vulkansee Gölcük**. Der Explosionskrater ist kreisrund und hat steile Wände. Er ist von einem etwa 1 km^2 großen See aufgefüllt, aus dem über ein Tunnel Süßwasser für die Bewässerung der Ebene von Isparta entnommen wird.

14 Tuz Gölü

Einer der salzhaltigsten Seen der Erde; interessante Salzpflanzengesellschaften; Brutstätte von Flamingos; reiches Wasservogelleben auf Satellitenseen; hier Brut- und Mauserplatz der seltenen Weißkopfruderente; Einsturzdolinen; Kalktuffhügel um artesische Quellen; Schwefelquellen; Winterquartier von Zehntausenden Bläßgänsen.

Inneranatolien ist mindestens seit dem Neogen (Jungtertiär) ein geschlossenes Becken, d. h. es hat keinen Abfluß zum Meer. Ständig haben hier Seen bestanden, die je nach dem herrschenden Klima sehr unterschiedliche Ausmaße hatten. An der tiefsten Stelle der Inlandssenke liegt heute der Tuz Gölü. Er hat eine Nord-Süd-Erstreckung von 80 km, seine größte Breite ist 50 km. Mit 1100 km^2 ist er etwa doppelt so groß wie der Bodensee. Die durchschnittliche Tiefe beträgt selbst im Frühjahr nach der Schneeschmelze nur 30 cm; nur in einer schmalen 13 km langen und 7 km breiten Rinne ist das Wasser bis 1,5 m tief.
Um den Tuz Gölü liegen kleine Quellen, die dem See gelöste Mineralien zuführen. Bei der Verdunstung dieser Zuflüsse bleiben die zuvor gelösten Mineralien zurück und reichern sich an. Durch diesen jahrtausendelangen, ständigen Vorgang haben sich so viele Salze im See angesammelt, daß eine gesättigte Salzlösung entstand: Die Konzentration der Salze ist so hoch, daß sie unter Wasser auf dem Seegrund auskristallisieren. Wissenschaftler diskutieren neuerdings, ob nicht auch unterirdische Salzlagerstätten zur Anreicherung der Salze im Tuz Gölü beitragen würden. Es ist denkbar, daß die zahlreichen im See gelegenen Quellen aus tieferliegenden Schichten für eine Salzzufuhr sorgen. Sollte sich die Existenz von unterirdischen Salzlagerstätten bestätigen, so wäre die Zeit ihrer Entstehung in die Warmzeiten zwischen den Eiszeiten zu legen. Damit wäre gleichzeitig auch gezeigt, daß der See in diesen Perioden völlig austrocknete.
Mit 31–36% Gesamtsalzgehalt ist der Tuz Gölü einer der salzreichsten Seen der Erde und übertrifft sogar den amerikanischen Großen Salzsee, der »nur« 25% bis 27% Salzgehalt aufweist. Das Wasser ist an Kochsalz (NaCl) gesättigt und hat hohe Konzentrationen von Sulfat-, Magnesium- und Kaliumionen. Bei der Eindunstung des Seewassers von Mai bis September steigen die Konzentrationen dieser Ionen auf das etwa 10fache und neben Halit, dem Kochsalz, wird Gips (Kalziumsulfat) ausgefällt. Die Bildung von Gips entzieht dem Wasser Kalzium, so daß dies das einzige Ion ist, dessen Konzentration bei der Eindunstung abnimmt.
In den Monaten Mai bis August verdunstet der größte Teil des Wassers im See. Dabei bildet sich eine etwa 8 cm dicke Salzkruste, die sich auf das Bodensediment oder auf die

alte, im Winter nicht aufgelöste Salzkruste legt. Auf der Kruste bleiben einzelne bis mehrere Quadratkilometer große und bis 20 cm tiefe Restseen mit einer hochkonzentrierten Sole zurück. Sie dampfen nur in extrem trockenen Jahren ein. Zu deutsch heißt »Tuz Gölü« einfach »Salzsee«. Zumindest im Sommer würde man aber besser von einem Salzsumpf sprechen.

Sultan Murad IV. ließ im Jahr 1639 zur Salzgewinnung einen Damm am Tuz Gölü errichten: Er trennt den See an seiner engsten Stelle bei Kaldırım in zwei Becken, ein kleines Nord- und ein großes Südbecken. **Kaldırım** liegt am nördlichen Ende einer 30 km langen Halbinsel, die sich bei Şereflikoçhisar in den See erstreckt. Aus trockengefallenen Teilen des Sees wird das Salz einfach in kleine Waggons geladen, die auf einer Schmalspurbahn zu riesigen, glänzend weißen Salzbergen gebracht werden. Dort wird das Salz zwischengelagert, die Reinigung von Fremdstoffen erfolgt in den umliegenden Orten in den sog. »Salzfabriken« (»Tuz Fabrikası«). Der Salzabbau liegt in den Händen der staatlichen Monopolverwaltung.

Im Süden und Westen ist der See von ausge-

Die Silbermöwe brütet auf einigen Flachinseln im Tuz Gölü.

Der Tuz Gölü ist einer der salzigsten Seen der Welt. Besonders in der Trockenzeit kristallisiert das Salz in weiten Teilen des Sees aus.

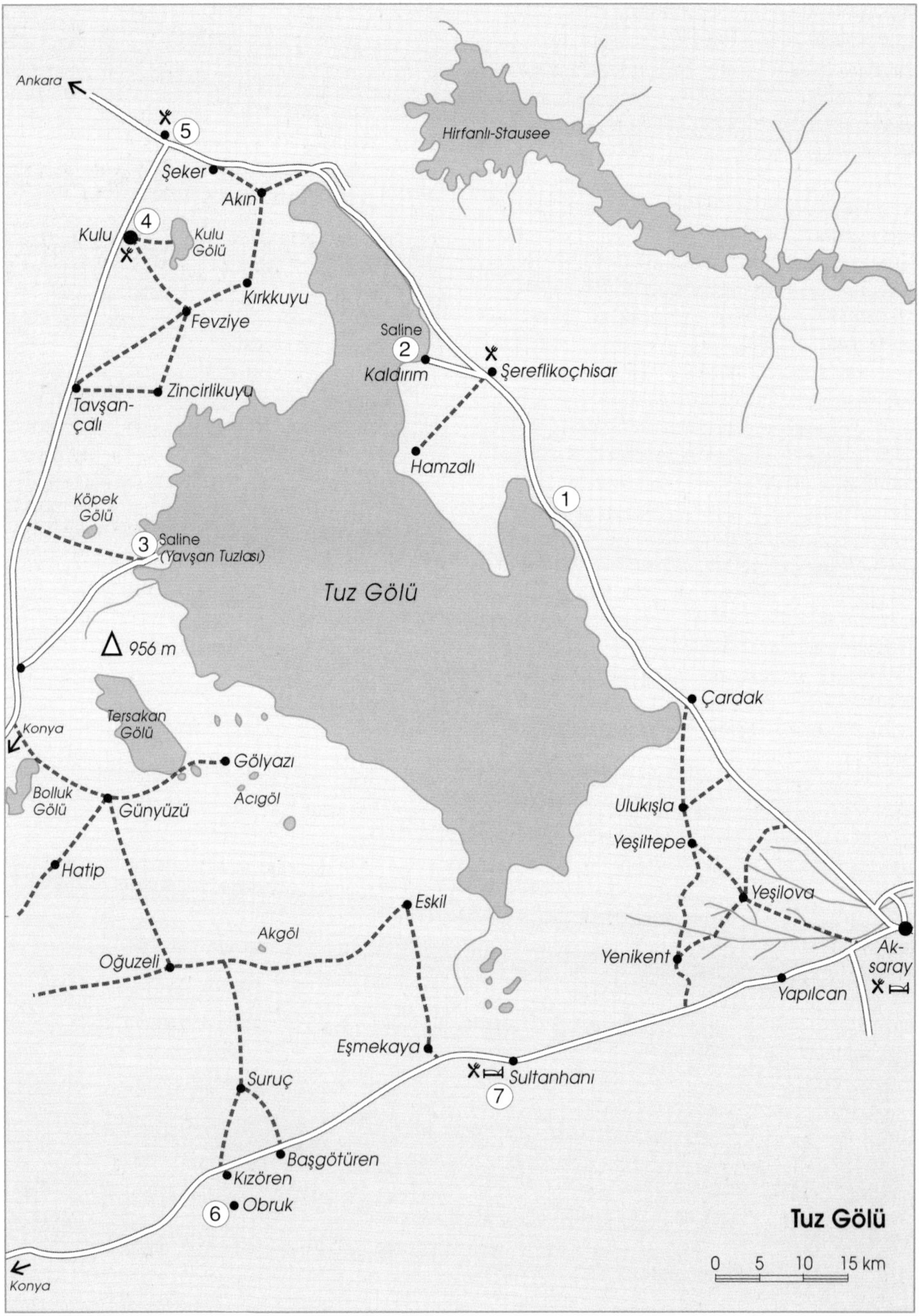

Ankara
5
Hirfanlı-Stausee
Şeker
Akın
4
Kulu
Kulu
Gölü
Kırkkuyu
Fevziye
Saline
2
Kaldırım
Şereflikoçhisar
Zincirlikuyu
Tavşan-
çalı
Hamzalı
1
Köpek
Gölü
3
Saline
(Yavşan Tuzlası)
Tuz Gölü
956 m
Çardak
Konya
Tersakan
Gölü
Gölyazı
Bolluk
Gölü
Günyüzü
Acıgöl
Ulukışla
Yeşiltepe
Hatip
Yeşilova
Eskil
Akgöl
Oğuzeli
Yenikent
Ak-
saray
Yapılcan
Eşmekaya
Sultanhanı
7
Suruç
Başgötüren
Kızören
Obruk
6
Tuz Gölü
0 5 10 15 km
Konya

dehnten, z. T. sumpfigen Ebenen umgeben. Der aus Osten kommende Bach Melendizsuyu versickert gleich hinter der Stadt Aksaray, noch etwa 30 km vor dem Ufer des Tuz Gölü. Südlich des Sees, bei Sultanhanı, entspringt ein Fluß, der aber im Sommer ebenfalls vertrocknet, bevor er den See erreicht. Westlich des Tuz Gölü liegen einige Satellitenseen: Bolluk Gölü, Tersakan Gölü und Kulu Gölü sind die wichtigsten.

Der **Bolluk-See** ist 16 km^2 groß, seine Salzkonzentration ist etwa so hoch wie die des Tuz Gölü. Seine Salze bestehen aber neben Kochsalz zu einem wesentlichen Teil aus Natriumsulfat, das auch wirtschaftlich genutzt wird. Einige warme Quellen am Nordufer führen dem See schwefelhaltiges Wasser zu. Er wird auch »Acıtuz Gölü« genannt, also »Bittersalzsee«. In seiner Umgebung erheben sich einige subrezente Vulkane.

Südlich und westlich des Tuz Gölü entspringen zahlreiche **artesische Quellen**. Ihr Wasser ist reich an Kalziumhydrogenkarbonat. Daher lagert sich an den Pflanzen, die um die Quellen reichlich wachsen, Kalzit an. Sie sterben ab und der zurückbleibende Kalktuff wird von einer neuen Schicht Pflanzen bedeckt, an die sich wieder Kalzit anlagert. Durch diesen sich ständig wiederholenden Vorgang bilden sich um die artesischen Quellen z. T. mehrere Meter hohe Kalktuffhügel. Einige dieser Hügel liegen als Inseln im Bolluk Gölü.

Der **Kulu-See** ist mit 8 km^2 nur halb so groß wie der Bolluk Gölü. Er ist ein typischer Steppensee, charakterisiert durch seine geringe Tiefe (maximal 2 m) und sein brackiges Wasser. Die Salzkonzentration beträgt nur 1/20 der des Tuz Gölü, wodurch sich eine völlig andersartige Flora und Fauna bilden konnte. Auf türkisch wird der See auch »Düden Gölü« genannt, was auf einen unterirdischen karstischen Abfluß hinweist, der jedoch derzeit nicht bekannt ist. Die Umgebung ist kahl und leicht hügelig. Die früher hier vorhandene Steppe ist fast vollständig in Weizenfelder umgewandelt worden.

Südlich des Tuz Gölü treten kreisrunde, kraterförmige Trichter mit einem einheitlichen Durchmesser von 150–200 m auf, die sehr steilwandig und tief sind. Viele sind trocken, aber einige reichen bis unter den Grundwasserspiegel hinab und erreichen mit fast senkrechten Wänden Tiefen bis zu 150 m. Diese **Dolinen**, die von den bekannten Formen beträchtlich abweichen, sind wohl Einsturzdolinen. Sie werden auf türkisch »obruk« genannt und schaffen eine unterirdische Verbindung zum Karstsystem im angrenzenden Becken von Konya-Ereğli.

Parallel zum Ostufer des Sees verläuft eine über 100 km lang verfolgbare geologische Verwerfung. Eine Bruchstufe (Koçhisar-Berge), die den Seespiegel um fast 400 m überragt, trennt das inneranatolische geschlossene Becken vom nur 10 km entfernten Kızılırmak, der dem Schwarzen Meer zufließt. Die Berge sind im wesentlichen aus kontinentalen neogenen Karbonaten, geringmächtigen kretazischen Ablagerungen und eozänem Flysch aufgebaut, mit Schichten von abbauwürdiger Braunkohle und von Gips.

Die Weißkopfruderente ist eine ornithologische Besonderheit auf den Satellitenseen des Tuz Gölü.

Pflanzen und Tiere

Die leicht brackigen Zuflüsse im Süden und Südwesten werden von ausgedehnten Salzwasser-Röhrichten eingenommen, in die mosaikartig zahlreiche Halophyten (salzliebende Pflanzen) eingestreut sind. Im Überschwemmungsbereich der Zuflüsse wächst

Die Brandgans zählt zur Brutvogelwelt des Tuz Gölü.

viel Schilf, das landeinwärts von Binsenhorsten (überwiegend die Strandbinse) abgelöst wird. Salzwiesen sind typisch für die unmittelbare Umgebung des Tuz Gölü. Neben dem auch aus mitteleuropäischen Salzwiesen bekannten Gemeinen Queller sind insbesondere Arten der Gattungen *Halocnemum, Aeluropus, Bromus* und *Halanthium* charakteristisch.

An die Halophytengesellschaften schließt sich üblicherweise die *Artemisia*-Steppe (*Artemisia* = Beifuß oder Edelraute) an. *A. santonicum*, die Charakterart, ist ein niedriger Halbstrauch. Da er als Schafweide genutzt wird, wird er im allgemeinen alljährlich bis an den Wurzelhals abgefressen, treibt aber immer wieder neu aus. Gerade in den Sommermonaten tritt der Boden zwischen den halb oder ganz abgefressenen *Artemisia*-Büschen hervor. Leider werden *Artemisia*-Steppen zunehmend umgepflügt, so daß diese einst für ganz Inneranatolien so charakteristische Pflanzengesellschaft heute stark bedroht ist.

Die Hänge des Ostufers waren ursprünglich wohl von Eichen- und winterharten Trockenwäldern bedeckt. Minimale Reste in Form von Eichengebüsch in Getreidefeldern oder Gebüsch an unrentablen Hanglagen zeigen diese ehemalige bzw. potentielle Vegetation. Das weißblühende Gipskraut *Gypsophila eriocalyx* ist heute auf den überwiegend kahlen Hängen eine typische Art.

Der hohe Salzgehalt im See ermöglicht nur

Der Flamingo brütet auf unzugänglichen Flachinseln des Tuz Gölü.

wenigen angepaßten Tierarten das Überleben. Auf praktisch unzugänglichen Flachinseln mitten im See brüten bis zu 5000 Paare Flamingos. Abgesehen von einigen unregelmäßig besetzten Kleinkolonien ist dies der einzige türkische Brutplatz und einer der wenigen der Paläarktis. Auf solchen Inseln legen auch Silbermöwen Kolonien an.
Zu allen Jahreszeiten kann man Rostgänse (S. 29) beobachten. Sie brüten vor allem in den Hängen der Koçhisar-Berge und führen ihre Jungen an den See. In der Salzschlickzone brütet der sonst vorwiegend am Meer vorkommende Seeregenpfeifer, in der *Artemisia*-Steppe der seltene Wüstenregenpfeifer. Inneranatolien ist ein wichtiges Überwinterungsgebiet der Bläßgans. Zehntausende nutzen die Ruhe des Tuz Gölü allabendlich zum Nächtigen. In den Steppen um den See kann auch die Ruinenagame entdeckt werden.
Der Bolluk Gölü beherbergt wichtige Brutkolonien von Möwen und Watvögeln. Bis zu 200 Paare Säbelschnäbler, 300 Paare Schwarzkopfmöwen, 300 Paare Lachmöwen, 470 Paare Dünnschnabelmöwen und 450 Paare Lachseeschwalben (S. 69) wurden hier ermittelt. Diesem See kommt daher internationale Bedeutung zu.
Der Steppensee von Kulu beherbergt eine reiche Vogelwelt. 184 Arten wurden bislang dort festgestellt. Seine herausragendste Spezialität ist wohl die Weißkopfruderente. Etwa 30 Paare dieser weltweit vom Aussterben bedrohten Art ziehen am See Junge groß und nach der Brutzeit sammeln sich bis zu 500 Tiere zur Mauser. Auch für Rostgänse ist er ein enorm wichtiger Mauserplatz: Im Juli und August können Tausende von Tieren auf dem See gesehen werden, die hier ihr Gefieder wechseln. Zu den Brutvögeln des Sees zählen u. a. Schwarzhalstaucher, Austernfischer, Stelzenläufer (S. 104), See- und Wüstenregenpfeifer, Schwarzkopf-, Lach- und Dünnschnabelmöwe (S. 127) und Lachseeschwalbe. Flamingos, wohl von der nahen Population des Tuz Gölü, können stets beobachtet werden.

Im Gebiet unterwegs

Die Straße Ankara–Aksaray führt teilweise direkt am Seeufer entlang. Ein 10 km langer Abschnitt südlich Şereflikoçhisar ① läßt einen guten Überblick über die Wasserfläche zu. Hier kann man häufig Flamingos und Brandenten von der Straße aus beobachten. Von einem Betreten der Salzkruste (Sommer) wird abgeraten, da die scharfkantigen Kristalle Verletzungen verursachen können.
Am See gibt es zwei **Salinen**, die Kaldırım Tuzlası ②, die man von Şereflikoçhisar aus auf einer Asphaltstraße erreicht, und die Yavşan Tuzlası ③, an die man von Cihanbeyli aus gelangt.
Von der Kleinstadt **Kulu** ④ aus führt ein Feldweg zum gleichnamigen See (ca. 4 km). Nach Regen ist er nicht befahrbar. Man gelangt direkt auf eine Halbinsel, von der aus man einen guten Überblick über den See gewinnen kann. Ein Rasthaus ⑤ an der Straßenkreuzung nördlich von Kulu ist ein interessanter Beobachtungspunkt zu den Zugzeiten: Die angepflanzten Robinien und Kiefern wirken in der ausgeräumten Agrar- und Steppenlandschaft wie eine Oase, die viele ziehende Kleinvögel zur Rast einlädt.
An der Straße Konya–Aksaray liegt, etwa 35 km südwestlich der Karawanserei Sultanhanı, das Dorf Obruk ⑥. Schon sein Name sagt, daß hier eine »Obruk«, eine **Riesen-Einsturzdoline**, liegen muß. Man findet sie etwa 4 km nördlich des Dorfes. Ihr Durchmesser beträgt 228 m, ihre Tiefe ist 170 m, wovon 145 m mit Wasser gefüllt sind. In der weiteren Umgebung liegen ganz ähnliche »Obruk«, Çıralınındeniz, Meyil Gölü und Sultan Obruk.
Ein Besuch der riesigen **Karawanserei von Sultanhanı** ⑦, die mitten im topfebenen Land liegt, ist empfehlenswert (Rötelfalken!).

ACHTUNG: Durch jährlich stark unterschiedliche Wasserstände ändert sich die Lage und Ausdehnung der Sumpfwiesen in der Umgebung des Sees rasch. Viele Wege sind im Winter und zeitigen Frühjahr oft

Im Tuz Gölü ist die Salzkonzentration so hoch, daß das Salz sogar unter Wasser auskristallisiert.

nicht befahrbar. Süd- und Westhälfte des Sees – mit Ausnahme der Yavşan-Saline – nur mit Geländewagen oder Traktor zu erreichen.

Praktische Tips

Anreise
Am zweckmäßigsten über Ankara, das über einen internationalen Flughafen verfügt. Die Europastraße E 5, über die auch der Straßenverkehr mit Syrien und dem Libanon abgewickelt wird, führt am Nordufer des Sees entlang.

Unterkunft
Abgesehen von ganz einfachen Übernachtungsmöglichkeiten in allen größeren Ortschaften (Şereflikoçhisar, Kulu, Cihanbeyli, Sultanhanı) ist man auf Hotels in den Städten Aksaray (40 km), Konya (120 km) oder Ankara (140 km) angewiesen.

Klima/Reisezeit
Semiarides Kontinentalklima mit heißen, trockenen Sommern und kalten Wintern. Kurze Übergangsjahreszeiten. Mitte Juni bis Ende September praktisch ohne Niederschläge. Beste Beobachtungszeit Mai bis Juni.

In den ausgedehnten Salzsteppen um den Tuz Gölü lebt die kleine Ruinenagamae.

15 Ereğli-Sümpfe

Verschilfter Steppensee in Inneranatolien; Brutplatz von Pelikanen; zahlreiche Reiher, Sichler, Löffler und Seeschwalben; Schmutzgeier brüten in Felswänden; Ziesel und Isabellsteinschmätzer in der Steppe.

Während der Eiszeit waren weite Teile Inneranatoliens von einem riesigen Süßwassersee bedeckt. Als im Holozän, das vor etwa 10000 Jahren begann, das Klima wärmer und niederschlagsärmer wurde, schrumpfte dieser See allmählich bis auf wenige Reste zusammen. Die Ereğli-Sümpfe sind ein Überbleibsel dieses ursprünglichen eiszeitlichen Sees. Wenn auch ihre heutige Größe im Vergleich zur Glazialzeit gering sein mag, so haben sie doch mit 5000–7000 ha, was etwa der Größe des Starnberger Sees entspricht, für Mitteleuropäer durchaus noch riesige Ausmaße.

Die Ereğli-Sümpfe liegen im Süden des inneranatolischen Hochlandes, 1020 m über dem Meeresspiegel. Sie reichen bis an die Vorberge des Taurusgebirges. Zu den anderen Seiten hin beginnt die schier unendliche Weite des Beckens von Konya-Ereğli, das nur von den Vulkanen des Karacadağ unterbrochen wird. Diese Ebene, entstanden aus den Ablagerungen des eiszeitlichen Sees, war ursprünglich ganz von Steppe bedeckt. Heute ist sie größtenteils in Weizenfelder umgewandelt.

Die Ereğli-Sümpfe sind raschen Änderungen unterworfen. Da sie äußerst flachgründig sind, haben bereits geringe Wasserstandsschwankungen große Auswirkungen: Heftige Frühjahrsregen können ausreichen, um große Flächen unter Wasser zu setzen. Um-

Die Ereğli-Sümpfe liegen im zentralanatolischen Hochland am Fuße des Taurusgebirges (Hintergrund).

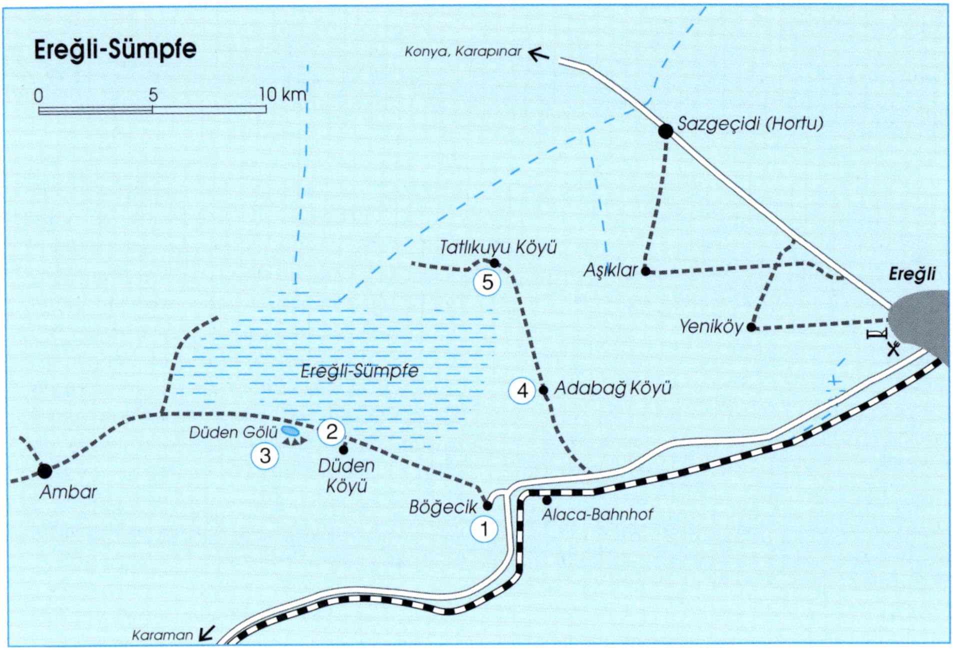

gekehrt fallen nach ein paar Jahren mit geringen Niederschlägen weite Teile des Sumpfes trocken, die dann bis zur nächsten Überflutung auch landwirtschaftlich genutzt werden. So kommt es, daß einzelne Bauern auf unzugängliche Schilffelder mitten im Sumpf sogar Grundbucheinträge besitzen.

Die Ereğli-Sümpfe sind ein Süßwassersumpf und unterscheiden sich damit von vielen anderen salzigen oder brackigen Steppenseen Inneranatoliens. Sie sind mit schütteren Schilffeldern bedeckt; dazwischen befinden sich mehr oder weniger große freie Wasserflächen und nackte Schlamminseln. Im Norden geht der Sumpf allmählich in Steppe über, die schließlich von landwirtschaftlichen Nutzflächen ersetzt wird.

Am Fuße der Hügel des Südufers befindet sich ein kleiner, kreisrunder See (Düden Gölü), der von den Sümpfen durch eine Straße getrennt ist. Er ist karstischen Ursprungs, eine Ponore, und hat damit Anschluß an das gigantische unterirdische Karstsystem des Taurus. Durch diese Karstschwinde werden die Sümpfe auch heute noch bei extrem hohem Wasserstand entwässert. Entsprechend ist die Wasserschwinde bei der einheimischen Bevölkerung sagen- und märchenumwoben. Hinter diesem kleinen See ragen steile Felswände empor.

Pflanzen und Tiere

Die Ereğli-Sümpfe sind eines der ornithologisch bedeutsamsten Gebiete der Türkei. 267 Vogelarten wurden dort bisher beobachtet. Es brüten hier noch einige Paare des vom Aussterben bedrohten Krauskopfpelikans (S. 53). Auch der Rosapelikan (S. 144) hat schon mit bis zu 2000 Paaren in den Ereğli-Sümpfen gebrütet. In den letzten Jahren wurden von dieser Art keine Bruten mehr festgestellt, doch sind im Sommer noch regelmäßig Vögel zu beobachten. Die Zwergscharbe (S. 104), ebenfalls eine vom Aussterben bedrohte Art, siedelte sich Ende der 70er Jahre in den Sümpfen an. Jetzt hat sie hier ein Refugium mit einigen hundert Paaren. Löffler, Sichler, Seidenreiher (S. 51), Rallenreiher (S. 107) und Purpurreiher brüten in den Sümpfen, Kraniche an ihren Rändern. Der Flamingo (S. 96) kommt regelmäßig vor und versuchte auch schon, Nester anzulegen. Von den Schwimmvögeln ist insbesondere ein Brutvorkommem der Weißkopfruderente (S. 95) bemerkenswert, deren Bestand global bedroht ist. Trotz des Vorkommens vieler vom Aussterben bedrohter Vogelarten fehlt den Ereğli-Sümpfen noch jeglicher gesetzliche Schutz.

Die Steppe, die sich an das Sumpfgebiet in nördlicher Richtung anschließt, wird vom Sandflughuhn bewohnt. Selten sieht man es sitzend, meist fliegt es in rasantem Flug hoch über den Beobachter weg. Die Stummellerche (S. 110) ist hier eine charakteristische Vogelart. In der Steppe sind Ziesel äußerst zahlreich. Eng verbunden mit ihrem Vorkommen ist das des Isabellsteinschmätzers, der in den verlassenen Zieselbauten seine Nester baut.

Die Felswände am Karstsee Düden sind der Lebensraum teils alpiner Arten: Alpenkrähe und Alpendohle brüten hier, auch der Felsenkleiber; Adlerbussard und Schmutzgeier (S. 59) legen hier ihre Nester an. Hoch in den Felsen bauen in Spalten und Höhlungen auch Rostgänse (S. 29) ihre Nester. Von dort aus führen sie ihre Jungen ans Wasser.

Im Gebiet unterwegs

Folgt man der Straße Ereğli–Karaman, so gelangt man nach 12 km zum Dorf Böğecik ①. Von dort aus gibt es eine Schotterstraße zwischen den Sümpfen und dem Berghang. Von der Straße aus hat man einen guten Überblick über die Sümpfe und kann sich lohnende Stellen aussuchen. Eine längere Wanderung am Ufer entlang ist stets empfehlenswert. Je nach Jahreszeit wird man hier Reiherarten, Enten, Taucher, Seeschwalben und manchmal auch die Bartmeise entdecken können. Eine kleine Erhebung am Seeufer, ein prähistorischer Siedlungsrest (»hüyük«) ②, ist ein guter Beobachtungspunkt für Wasservögel. Unter Steinen des Hügels kann man den wenig giftigen Skorpion *Mesobuthus gibbosus* (S. 89) finden.

Man sollte nicht versäumen, die Hügel am Südufer etwas hinaufzusteigen. Erst so wird man einen vollständigen Eindruck von den Dimensionen der Sümpfe bekommen. Wo die Hänge sanft ansteigen, wird man Ziesel beobachten können. Der Weg führt auch direkt am **Düden Gölü** ③ vorbei, der karstischen Wasserschwinde. Ein längerer Aufenthalt dort ist unbedingt zu empfehlen.

Zweigt man von der Straße Ereğli–Karaman schon 1–2 km vor dem Dorf Böğecik nach Norden ab, so gelangt man in die Dörfer Adabağ ④ und Tatlıkuyu ⑤. Sie liegen an der Grenze von Steppe bzw. Sumpf zu landwirtschaftlichen Nutzflächen, also dort, wo Ackerbau gerade noch möglich ist. Ihre Häuser sind aus Lehm errichtete Flachdachbauten. In Adabağ Rötelfalken-Kolonie.

Das Ziesel ist ein Bewohner der ansonsten artenarmen Steppe um die Sumpfgebiete.

Praktische Tips

Anreise

In der Kleinstadt Ereğli bestehen gute Busverbindungen nach Konya, der 170 km entfernten Provinzhauptstadt. Es gibt auch direkte Buslinien nach Istanbul und Ankara. Die Sümpfe sind aber mit öffentlichen Verkehrsmitteln nicht zu erreichen. Es gibt zwar zwischen den Dörfern (z. B. Ambar, Tatlıkuyu Köyü) und der Stadt Ereğli Buslinien (Kleinbusse: Dolmuş), doch verkehren sie meist nur einmal täglich: Morgens in die Stadt und abends zurück ins Dorf.

In der Steppe um die Ereğli-Sümpfe findet man nur wenige Blütenpflanzen; hier ein Mohn.

Unterkunft/Verpflegung

Lediglich in der Kleinstadt Ereğli gibt es ein Mittelklassehotel. Ein breites Spektrum an Übernachtungsmöglichkeiten bietet erst Konya.

Klima/Reisezeit

Wie überall in Inneranatolien herrscht typisches Landklima: Die Winter sind sehr kalt, die Sommer sehr heiß und niederschlagsarm, die Übergangsjahreszeiten kurz. Eine ideale Beobachtungszeit gibt es nicht, zumal auch die Temperaturunterschiede zwischen Tag und Nacht beträchtlich sind. April bis Juni sind noch relativ die angenehmsten Monate, wenngleich man auch hier mit raschen Wetteränderungen rechnen muß. Kalte Fallwinde aus dem Taurus sind typisch.

Gleich neben den Ereğli-Sümpfen befindet sich der Düden Gölü, eine kreisrunde, karstische Wasserschwinde.

◁ Der Rötelfalke (im Foto links das Männchen, rechts das Weibchen) brütet in Kolonien in zahlreichen Dörfern um die Sümpfe.

Blick in die Umgebung

Ausflugsziele der Umgebung sind Ivriz (s. Nebenreiseziel 16), der Ringkratersee Meketuzlası (s. Hauptreiseziel 19), der Vulkan Karadağ bei Karaman und der Ayrancı-Stausee.

Die Rotflügelige Brachschwalbe brütet in den Ereğli-Sümpfen in Kolonien.

Der Tüpfelskink ist ein heimlicher Bewohner der Hügel um die Sümpfe, den man unter Steinen aufstöbern kann.

16 Sultanssümpfe

Mit Stakbooten durch dichte Schilfwälder zu schwimmenden Schilfinseln; Reiherkolonien; 251 Vogelarten, darunter Brauner Sichler, Weißkopfruderente und Bartmeise als Brutvögel; brackiger Steppensee; um die Dörfer oasenhafte Vegetationsgürtel in der sonst baum- und strauchlosen Hochebene.

Für die Ebene von Develi mit den Sultanssümpfen im Mittelpunkt bilden der Aladağ-Gebirgsstock, der Erciyas-Vulkan und die Tufflandschaft Kappadokiens eine malerische Kulisse. Die etwa 1000 km^2 große Hochebene entstand im Pleistozän und Holozän durch Auffüllung mit Erosionsmaterial. Schwemmkegel im Westen (Yeşilhisar) und Nordosten (Develi) sind als Überbleibsel von pleistozänen Flußdelten zu interpretieren und zeigen, daß in der Eiszeit hier ein riesiger See lag.
Wo Süßwasser von den umliegenden Bergen in die Ebene eindringt, bilden sich ausgedehnte Süßwassersümpfe. Entscheidend sind aber nicht die kleinen Bäche, die in der trokkenen Jahreszeit ohnehin sofort versiegen, sondern Grundwasserströme, die die Sümpfe zu 80% versorgen. Im wesentlichen sind es zwei Sumpfgebiete: Die nördlichen Süßwassersümpfe bildeten sich um einige Quellen, die beim Dorf Soysallı am Fuß des Erciyas entspringen. Offene Wasserflächen finden sich hier neben verfilzten Rohrkolbenbeständen. Die südlichen Süßwassersümpfe um das Dorf Ovaçiftlik sind von dichtem Schilf völlig bedeckt. An den Stellen, wo das Wasser etwas tiefer wird, haben sich Schilfinseln gebildet, die einige Hektar groß sind und im Wasser treiben. Bei starken Stürmen ändern sie ihre Lage. Man kann auf ihnen sogar bequem laufen. Einheimische benutzen auf schmalen Kanälen Stakboote, um durch den dichten Schilfwald zu kommen. Sie schneiden das Schilf, das sie zur Konstruktion ihrer Flachdächer verwenden oder zu Schilfmatten verarbeiten.
Im Zentrum der Ebene liegt der Yay Gölü, ein Steppensee. Obwohl er eine Fläche von etwa 40 km^2 hat, ist er an kaum einer Stelle tiefer

Der Stelzenläufer ist eine Charaktervogelart der Sultanssümpfe.

Die weltweit vom Aussterben bedrohte Zwergscharbe hat in den Sultanssümpfen noch einen guten Bestand.

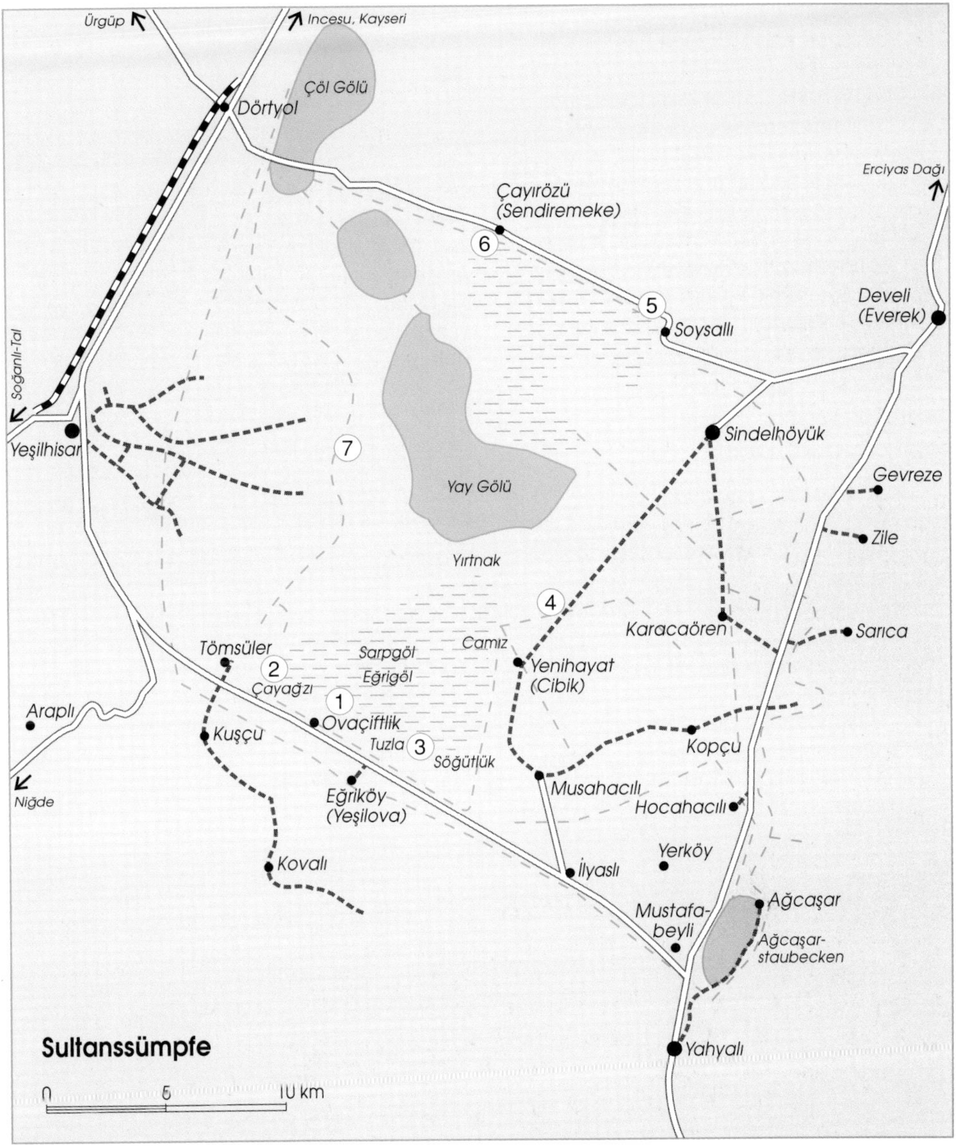

als 1 m. Bereits eine geringe Eindunstung des Sees bewirkt, daß sich an seinen Ufern weite Schlamm- und Schlickflächen bilden. Andererseits verursachen Regenfälle oft eine Überflutung weiter Landschaftsteile. Das Wasser kann in der Ebene schlecht abfließen (Staunässe). Um den Yay Gölü liegen ausgedehnte Salzböden (s. S. 109), die landwirtschaftlich nicht genutzt werden können.
Um die Dörfer werden Pappeln und Obstbäume kultiviert. Dazu kommt kleinflächiger Gartenfeldbau. Die Dörfer wirken daher wie

Oasen in der sonst baum- und strauchlosen Ebene. Entsprechend ist auch die Tierwelt hier reich.
Die Sümpfe sollten Anfang der 70er Jahre vollständig trockengelegt werden. Dazu sollte ein Tunnel eine Verbindung zum Kızılırmak schaffen, so daß aus dem geschlossenen Becken ein offenes System geworden wäre. Türkische und ausländische Naturschützer konnten dieses Projekt verhindern, doch sind kleinere Gebietsteile der landwirtschaftlichen Entwicklung trotzdem zum Opfer gefallen. Heute stehen die Sultanssümpfe unter Naturschutz.

Pflanzen und Tiere

Die ursprüngliche Vegetation, die heute nur noch in Resten anzutreffen ist, sind die *Artemisia*-Steppe bzw. die Grassteppe mit Federgras und *Bromus*-Arten. Auf den landwirtschaftlichen Nutzflächen werden heute in erster Linie Weizen, Gerste, Zuckerrüben, Rinderwicke, Luzerne, Melonen und Sonnenblumen angebaut.
In den Sultanssümpfen wurden bisher 251 Vogelarten festgestellt, von denen mindestens 119 brüten. Dazu kommen 16 Säuger-, 3 Amphibien- und 10 Reptilienarten sowie

Das Sumpfknabenkraut ist eine bis zu 60 cm hohe Orchideenart.

natürlich eine sehr hohe Zahl von wirbellosen Tieren. Der Reichtum der Tierwelt ist faszinierend; viele Arten sind darunter, deren Bestand in Europa oder sogar weltweit gefährdet ist.
Mit über 200 Paaren Zwergscharben beherbergen die Sultanssümpfe nicht nur eine der

In einigen Feuchtwiesen in den Sultanssümpfen gibt es noch reiche Orchideenbestände, wie hier das Sumpfknabenkraut.

Durch die riesigen Schilffelder der Sultanssümpfe führen schmale »Wasserstraßen«, die mit Stakbooten befahren werden können.

wenigen, sondern auch eine der größten Kolonien der Türkei. Sie brüten im undurchdringlichen Schilf zusammen mit Nacht-, Rallen- und Seidenreihern (S. 51). Auch Braune Sichler nisten dort in fast 200 Paaren. Zur Nahrungssuche verlassen sie das schützende Schilfbett und fliegen oft zu viele Kilometer entfernten Feuchtwiesen.
Das Schilf der südlichen Süßwassersümpfe ist das Habitat der Weißkopfruderente (S. 95) und des Rothalstauchers. Diese beiden stark gefährdeten Arten kann man meist nur bei ruhigen Stakbootfahrten beobachten. Auch Seefrösche (S. 157), Laubfrösche (S. 44), Europäische Sumpfschildkröten, Ringel- und Würfelnattern finden hier ideale Lebensbedingungen; ebenso viele Rohrsänger und die Bartmeise.
An den Sumpfrändern und am Yay Gölü nisten zahlreiche Watvögel, Seeschwalben und Möwen, z. B. Stelzenläufer, Säbelschnäbler, Spornkiebitz (S. 139), Lachseeschwalbe (S. 69) und Dünnschnabelmöwe (S. 127). Selbst Rosapelikan (S. 144) und Flamingo (S. 96) haben in den Sultanssümpfen schon gebrütet.

In den Gartenoasen wird man mit einiger Aufmerksamkeit die Beutelmeise entdecken können. Nachts ruft hier die Zwergohreule und in den hohlen Kopfweiden brütet der Wiedehopf.
Zur Herbstzugzeit und im Winter sind die Sultanssümpfe ein wichtiges Rastgebiet für Wat- und Wasservögel. Bis über eine halbe Million Wasservögel wurden hier schon ermittelt und weisen das Gebiet als eines der bedeutendsten Feuchtgebiete des Nahen Ostens aus.

Dem Rallenreiher kann man im Sommerhalbjahr regelmäßig am Rande der Sümpfe begegnen.

Die völlig harmlose Würfelnatter ist in den Sultanssümpfen häufig.

Im Gebiet unterwegs

Ein guter Ausgangspunkt für Exkursionen in die südlichen Süßwassersümpfe ist das Dorf **Ovaçiftlik** ①. Dort liegt eine Station mit einem kleinen Schaumuseum über die Tierwelt der Sümpfe. Von einem Beobachtungsturm aus hat man einen guten Überblick über die Schilffelder. Einige Vogelwärter sind stets hilfsbereit.

Einheimische bringen Besucher gerne gegen Bezahlung mit Stakbooten in die Schilffelder. Da stets mehr oder weniger die gleichen Routen eingehalten werden, ist gegen diese Touren auch nichts einzuwenden. Um zu wirklich schönen Beobachtungen zu gelangen, ist es wichtig, daß man die Exkursion so legt, daß nicht schon kurz vorher ein anderes Boot im Schilf war. Am besten sind daher auch in dieser Hinsicht die frühen Morgenstunden. Zwergdommeln fliegen vor den Booten auf; auf den etwas offeneren Wasserflächen halten sich Kolben-, Moor- und Schnatterenten auf; oft sind einzelne Weißkopfruderenten (S. 95) und Rothalstaucher darunter.

Von Ovaçiftlik aus lassen sich schöne Wanderungen am Schilfrand entlang unternehmen, entweder nach Nordwesten bis Çayağzı ② oder nach Südosten bis Tuzla ③. Watvögel, Reiher, Seeschwalben usw. lassen sich hier gut beobachten.

Eine Fahrt über Musahacılı und Yenihayat (Cibik) führt auf die Ostseite des **Yay Gölü**. Die Straße ist nach Regenfällen nicht befahrbar. Besonders gute Beobachtungsmöglichkeiten liegen gleich nördlich eines Entwässerungskanals ④, da man entlang des Kanals gegebenenfalls näher an den See herankommen kann und von kleinen Hügeln (Aushubmaterial, das beim Bau des Kanals anfiel) einen besseren Überblick über das Gelände hat. Die Beobachtungsbedingungen hängen natürlich immer vom Wasserstand des Sees ab. Zur Zugzeit bilden die Schlickflächen wichtige Rastgebiete für Watvögel. Auf dem See kann man oft Flamingos beobachten, zur Hauptzugzeit im Oktober oft sogar einige zehntausend.

Bei **Soysallı** ⑤ reichen die nördlichen Süßwassersümpfe bis an die Hauptstraße heran. Steine, die aus dem offenen Wasser herausragen, sind oft voll mit Europäischen Sumpfschildkröten, die sich darauf sonnen. Sumpfseeschwalben sind hier ziemlich häufig. Dies ist auch die einzige Stelle der Sultanssümpfe, die auch in strengen Wintern nicht zufriert.

Die Sumpfgebiete südlich **Çayırözü** ⑥ sind schwer zu begehen, da keine Straße hineinführt. Daher wird man stets in den Randgebieten bleiben, deren Vogelwelt (Brauner Sichler, Kranich) jedoch nicht weniger interessant ist.

Entlang der Straße von Çayırözü über Dörtyol nach Yeşilhisar kann man oft Arten der Steppe beobachten: Schmutzgeier (S. 59), Rötelfalken (S. 102), Sandflughuhn und Bienenfresser (S. 116) halten sich hier fast regelmäßig am Wegesrand auf.

In **Yeşilhisar** laden die Obstgärten östlich des Ortes zu ausgedehnten Beobachtungen ein. In den oft alten Baumbeständen (Nußbäume!) trifft man Blutspecht, Wiedehopf, Blauracke (S. 74), Schwarzstirnwürger und Blaßspötter. Ähnlich sind die Gärten um Ovaçiftlik, Yahyalı und Develi.

An das Westufer des Yay Gölü führt kein Weg, nur einige Traktorspuren. Man kommt durch ausgedehnte Steppengebiete ⑦, die landwirtschaftlich noch nicht genutzt werden.

Salzböden

In Inneranatolien liegen zahlreiche abflußlose Becken, d. h. viele Flüsse und Bäche verdunsten, ohne daß sie jemals das Meer erreicht haben. Geringe Mengen an Salzen, die in jedem Wasser gelöst sind, bleiben bei der Verdunstung zurück und reichern sich durch die ständige Wiederholung des Vorgangs, oft über Jahrtausende, im Boden an. Grundsätzlich lassen sich zwei Typen von Salzböden unterscheiden: Solontschake und Soloneze.

Solontschake bilden sich bevorzugt in Senken mit hohem Grundwasserstand, oft am Rand der Steppenseen. Hier steigt das Grundwasser kapillar auf und verdunstet an der Oberfläche. Bei der Verdunstung bleibt das Salz zurück, so daß es zu sichtbaren Salzausblühungen kommt, im Extremfall zu richtigen Salzkrusten.

Solonezböden dagegen treten in höher gelegenen Gebieten auf, in denen das Grundwasser nicht bis zur Oberfläche aufsteigen kann. Soloneze sind schwer wasserdurchlässig, tonig und mangelhaft durchlüftet. In feuchtem Zustand sind sie zäh und klebrig, trocken zeigen sie polygonale Schrumpfungsrisse. Sie zeigen keine Salzausblühungen, denn die Salze sind in tiefere Schichten eingewachsen. Die oberste Bodenschicht ist daher sogar ausgesprochen salzarm. Soloneze können bei Grundwasserabsenkungen auch aus Solontschaken hervorgehen.

Auf den Salzböden lebt eine spezialisierte Tier- und Pflanzenwelt. Pflanzen, die hier gedeihen können, nennt man »Halophyten«, also »salzliebende Pflanzen«.

Der Bewässerungsfeldbau in ariden Zonen verursacht eine künstliche Versalzung der Böden, da der Prozeß der Salzanreicherung durch die ständige Wasserzufuhr enorm beschleunigt wird. In der Türkei begegnet man diesem Problem dadurch, daß man weit mehr Wasser auf die Felder gibt, als eigentlich nötig wäre. Dadurch werden bereits vorhandene Salze in tiefere Schichten des Bodens eingeschwemmt. Um Staunässe zu vermeiden, ist aber wiederum ein Entwässerungssystem notwendig. Daher kann man in der Türkei bei jedem Bewässerungssystem auch Drainagerohre entdecken.

Die Stummellerche ist ein Bewohner der kargen Böden.

Der Wiedehopf ist in den Gärten um die Dörfer, die oft wie Oasen in der baumlosen Landschaft wirken, nicht selten.

In den Süßwasserteilen der Sultanssümpfe kommt der Wasserhahnenfuß vor.

Der neue Stausee von Ağaçaşar bei Yahyalı hat manchmal interessante Entenansammlungen aufzuweisen.

Praktische Tips

Anreise
Yeşilhisar liegt an der wichtigen Verkehrsstraße von Adana nach Kayseri. Nach Ankara, der nächsten Stadt mit internationalem Flughafen, sind es fast 350 km.

Unterkunft/Verpflegung
In Yahyalı gibt es zwei Hotels der unteren Mittelklasse. Ansonsten ist man auf Hotels in Kappadokien (Yeşilhisar–Ürgüp: 57 km), Kayseri (63 km) oder Niğde (66 km) angewiesen. Einfache Restaurants in Yeşilhisar, Develi und Yahyalı.

Klima/Reisezeit
Kontinentalklima mit heißen Sommern und kalten Wintern. Die Sümpfe frieren in manchen Jahren zu, sehr selten auch der Yay Gölü. Beste Reisezeit April bis Juni, doch muß im Frühjahr, auch wenn die Tagestemperaturen schon sommerlich warm sein können, noch mit kalten Nächten gerechnet werden.

Blick in die Umgebung

Die Tufflandschaft Kappadokiens und der Aladağ-Gebirgsstock (s. Hauptreiseziele 17 und 26) sowie der Erciyas-Vulkan (s. Nebenreiseziel 17) gehören zum Rahmen der Sultanssümpfe.
Interessante Erosionsformen und Gebirgsvogelwelt am Araplı-Paß an der Hauptverkehrsstraße nach Adana südwestlich der Sultanssümpfe.
Aufstieg in die Vorberge des Taurusgebirges von den Sultanssümpfen aus möglich: Man verläßt dazu 16 km vor Yahyalı die Hauptstraße und biegt südlich nach Çubuklu ab. Oberhalb des Dorfes führen Ziegenpfade bis in die Gebirgsregion.

17 Kappadokien

Pittoreske Erosionslandschaft; Feenkamine, Tuffkegel und Höhlen; heiße Quellen; tiefer Cañon mit reicher Vegetation im Talboden; kleine Stauseen als Konzentrationspunkte der Tierwelt.

Kappadokien zählt zu den beliebtesten Reisezielen der Türkei. Der Faszination dieser »Mondlandschaft« mit einem unbeschreiblichen Reichtum an Formen kann sich wohl kein Besucher entziehen.

Kappadokien ist eigentlich eine antike Landschaft, die sich im Süden bis an den Fuß des Taurusgebirges erstreckte und im Osten weit den Kızılırmak hochzog. Heute ist der Begriff im allgemeinen Sprachgebrauch auf die Erosionslandschaft zwischen dem Erciyas- und dem Hasan-Vulkan beschränkt, im wesentlichen also auf die moderne Provinz Nevşehir.

Die Tufflandschaft ist durch das Zusammenwirken mehrerer benachbarter Vulkane entstanden. Im frühen Pliozän, also vor etwa 30 Mio. Jahren, war das Nevşehir-Ürgüp-Gebiet ein Zentrum vulkanischer Tätigkeit, die bis in jüngste Zeit andauerte. Historische Zeugnisse belegen, daß sowohl der Acıgöl-Vulkan westlich Nevşehir als auch der Erciyas-Vulkan noch in geschichtlicher Zeit aktiv waren. Die kappadokische Tuffdecke ist also weder das Produkt eines einzigen Vulkans noch einer einzigen Eruption – sie ist aus zahlreichen über Jahrmillionen verteilte Ausbrüchen hervorgegangen.

Im »Herzen Kappadokiens«, im Dreieck Ür-

Tuffpilze, wie hier bei Zelve, finden sich an mehreren Stellen Kappadokiens.

güp–Göreme–Zelve, besteht das Rohmaterial der Erosionslandschaft aus Bimssteintuff, dessen genaue Entstehung noch ungenügend geklärt ist. Man vermutet, daß er durch einen Lavastrom entstand, der sich im Neogen in einen Flachsee ergoß. Durch das rasche Erstarren konnten die Gase und Dämpfe nicht mehr entweichen und verleihen dem Gestein heute sein geringes Gewicht und seine leichte Bearbeitbarkeit. Da der neogene See offenbar äußerst flachgründig war, wurde eine geordnete Sedimentation verhindert, so daß die Feinstruktur des Bimssteins relativ ungeordnet ist.
Nach Vulkanausbrüchen wälzten sich breite Lavaströme durch die Landschaft. Lockerprodukte, darunter Schlacken und Aschen, die beim Ausbruch mit hochgeschleudert wurden, lagerten sich auf der Lavamasse ab und bilden heute die Tuffschicht. Diese vulkanische Oberfläche war nun der Verwitterung ausgesetzt. Wind, Wasser und Frost waren die wichtigsten Kräfte, die auf das Gestein einwirkten. Oft haben sich harte Tuffschichten schützend über weichere gelegt. Konnte die Verwitterung seitlich angreifen, führte dies zur Bildung von Säulen, auf deren Spitze nur ein harter Tuff-»Hut« übrigblieb. Dies sind die berühmten Feenkamine mit pilzartigem Aussehen. Die Seitenerosion läßt die Türme auch heute noch immer schmäler werden. Fällt der »Hut« einmal herab, fehlt also die schützende Bedeckung, sind die Kamine durch Regenauswaschung einem raschen Verfall preisgegeben.
Harter Basalt, der mit dem Magma an die Erdoberfläche gefördert wurde, konnte der Erosion besser widerstehen als der weiche Tuff und so blieben Basaltgesteine oft als schwarze Kegel in der Landschaft stehen.

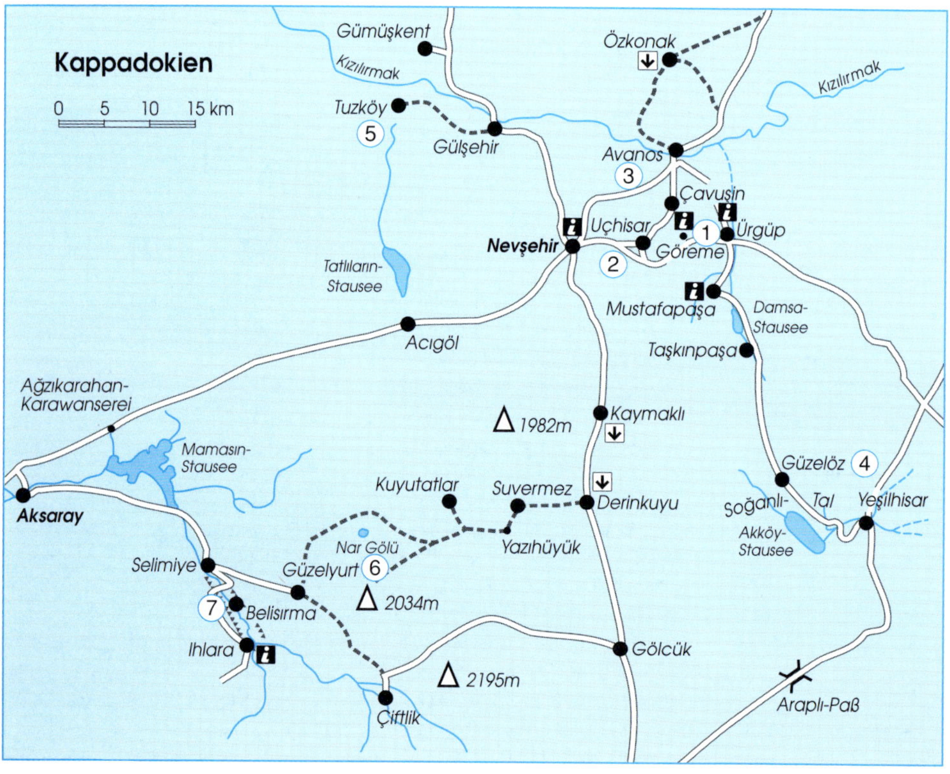

Das Ihlara- oder Peristoma-Tal ist ein tiefer Cañon im weichen vulkanischen Gestein.

Aus dem Tuff wurden leicht Täler herausgeschnitten. An den Talseiten konnte er sich besser halten, wo er oft fast weiße Steilwände bildet.

Schon kleine Unterschiede in der Menge und Art der Metalle, die sich in Spuren im Gestein finden, bewirken unterschiedliche Oxidationsprozesse. So erklären sich die oft beträchtlichen Farbabstufungen der Landschaft, die ihr ein äußerst plastisches Aussehen verleihen.

Geschichte läßt sich in Kappadokien nicht von der Naturbetrachtung trennen. Zu sehr haben die Menschen für ihre Wohn- und Kultanlagen das Vulkangestein geformt und das Landschaftsbild geprägt. Das Land ist schon seit mindestens 5000 Jahren von Menschen besiedelt. Nach 350 n. Chr. begann hier das Mönchswesen mit der Anlage von Wohn- und Kultstätten im weichen Fels. Im 6. und 8. Jh. verlegte die christliche Bevölkerung ihre Wohnsitze in schwer erreichbare Felspartien und unterirdische Städte. Erst mit Beilegung des sog. Bilderstreites im Jahre 843 kam es zum relativen Frieden, so daß wieder oberirdische Bauwerke angelegt werden konnten. Die christliche Bevölkerung lebte hier bis zur Errichtung der türkischen Republik 1923. Im 7. Jh. sollen hier 300 000 Menschen gelebt haben, also mehr als heute (die Provinz Nevşehir hat heute 250 000 Einwohner).

Es gibt in Kappadokien 36 unterirdische Städte. Drei davon sind soweit ausgegraben, daß sie der Öffentlichkeit zugänglich ge-

Die Wechselkröte kann man oft weitab von Wasser finden.

Der Tuffkegel von Uçhisar ist innen völlig ausgehöhlt.

macht werden konnten: **Derinkuyu, Kaymaklı** und **Özkonak**. Bis zu 55 m tief – das entspricht 8 Stockwerken – wurden die Höhlungen angelegt, ein eindrucksvoller Beweis für die Mächtigkeit des Tuffmaterials. Nicht anders als in frühchristlicher Zeit legt auch die jetzige Bevölkerung noch Behausungen im weichen Tuffgestein an. Im Inneren der Felsen ist es im Sommer angenehm kühl und im Winter erträglich warm. Heute handelt es sich weniger um religiöse Stätten, sondern um mehr oder weniger geschmackvolle Hotels, Discos oder Kioske.

Der Kızılırmak, der längste Fluß Anatoliens, durchquert im sog. großen Halys-Bogen (so benannt nach seinem antiken Namen) Kappadokien. Er hat mächtige Lagerstätten aus feinem Ton hinterlassen. Daher war die Töpferei in den flußnahen Orten traditionell weit verbreitet. In **Avanos**, der bekannten Töpferstadt, ist die Töpferei seit der Stadtgründung im 13. Jh. bekannt. Im 19. Jh. schrieb der türkische Volksdichter Seyrani: »sogar ein Blinder kann den Weg nach Avanos finden, denn er ist mit Scherben von Tonkrügen gepflastert . . .«. Mit dem Einzug moderner Materialien wie Plastik starb die Töpferei fast aus, erreicht aber derzeit im Zuge des Tourismus einen neuen Höhepunkt. So sind in Avanos wieder rund 300 Töpfer in 75–80 Werkstätten tätig.

Zwischen Derinkuyu und dem Tal von Ihlara liegt der **Nar Gölü**, der Granatapfelsee. Seine Wasserfläche liegt 70 m unter dem ihn umgebenden Land. Im östlichen und südlichen Uferbereich entspringen 50 °C heiße Quellen, denen Heilwirkung zugeschrieben wird. Daher kann man in dieser abgelegenen Ecke Kappadokiens oft rheumakranken Einheimischen begegnen.

Im westlichen Kappadokien ist die Tuffdecke weitgehend geschlossen, mit der Folge, daß hier weniger spektakuläre Feenkamine oder Tuffkegel zu finden sind. Lediglich bei Selimiye gibt es einige besonders schöne Erosionsformen. Tief in die geschlossene Tuffdecke hat sich hier aber das Tal des Melendiz Suyu, der dem Tuz Gölü zufließt, eingegraben und bildet einen eindrucksvollen Cañon mit etwa 150 m hohen Wänden. Das Zentralstück ist als »**Tal von Ihlara**« oder »Peristoma-Tal« bekannt. Die Breite der Schlucht ändert sich stark. Der Talboden ist von zahlreichen Bäumen bestanden, die dem Cañon ein farbiges Aussehen verleihen. Im Tal gibt es fast 150 Kirchen, von denen allerdings der größte Teil verfallen und – in Felsnischen versteckt – schwer zu finden ist.

In ganz Kappadokien wird man immer wieder auf in die Tuffwände eingeschlagene Taubenschläge stoßen. Die Taubenhaltung ist hier eine jahrhundertealte Tradition; der Mist der Tauben ist als Dünger sehr beliebt. Die Tauben sind der ursprünglichen Wildform der Haustaube, der Felsentaube, hier sehr ähnlich.

Das Tal von Göreme hat man als »historischen Nationalpark« ausgewiesen. Die UN-Organisation für Kultur und Bildung ist an einer Kampagne beteiligt, die das Wunder von Kappadokien retten soll. Die UNESCO unterstützt die Pflege und Erneuerung einzelner Bauwerke.

Pflanzen und Tiere

Die Hochflächen sind, wenn sie nicht in Kulturland umgewandelt wurden, von Dornpolstervegetation bedeckt *(Astragalus)*. Die geschützten Täler haben teils mediterrane Vegetation, z. B. mit Blasenstrauch, Feige, Granatapfel (S. 145) oder Kapernstrauch (S. 84). Die Bäche sind von Orientalischen Platanen (S. 68) gesäumt. Die Erosionsflächen sind mehr oder weniger vegetationslos, doch hat sich in den Tälern das fruchtbare Erosionsmaterial abgelagert und Weizen und Weinreben können angebaut werden. Mit Bewässerung entstehen fruchtbare Gärten mit Nuß-, Apfel-, Aprikosen- und Quittenbäumen. Im Tal von Ihlara wachsen Pistazien und Platanen. Die Weintrauben werden nicht nur zu einem bekannten trockenen Rotwein gekeltert, sondern auch zu sog. »Pekmez« verarbeitet, einem Traubensirup, der früher eine wichtige Winternahrung war.
Die kleinen Stauseen bieten einer zwar nicht sehr reichen, doch sehr interessanten Vogelwelt Brut- und Rastplatz. Schwarzhalstaucher, Kormorane (S. 51) und Stelzenläufer (S. 104) tauchen hier zu den Zugzeiten auf. Am Akköy-Staubecken im Soğanlı-Tal sind fast regelmäßig Schwarzstörche (S. 28) zu beobachten. Rostgänse (S. 29) ziehen am See ihre Jungen groß. Die Sand- und Kiesbänke am Kızılırmak sind der Lebensraum des Flußregenpfeifers und des Flußuferläufers. In alten Baumbeständen kann man zwischen April und Juni nachts das monotone Pfeifen der Zwergohreule hören. Auf den Leitungsdrähten am Straßenrand sitzen oft Blauracken (S. 74) und Bienenfresser, in den Gärten kann man Wiedehopf (S. 110), Blutspecht, Pirol und Blaßspötter beobachten. An den Stromschnellen in der Ihlara-Bachschlucht brüten Wasseramsel und Gebirgstelze, in den Steilwänden des Cañons der Adlerbussard (S. 161). Im Soğanlı-Tal hat man viele Gebirgsvogelarten oft direkt am Wegesrand. Dazu zählen u. a. Felsenschwalbe, Ohrenlerche, Steinrötel, Steinsperling, Schneefink und Ortolan.
An manchen Stellen Kappadokiens gibt es Hardune (s. S. 132); auch die Wechselkröte (S. 113) kommt vor. Der Seefrosch (S. 157) ist in allen Gewässern verbreitet. Der maikäferartige Walker ist an manchen warmen Sommerabenden häufig. Der Mai ist die Flugzeit des Schwalbenschwanzes (S. 84).

Im Gebiet unterwegs

Wer die Schönheit Kappadokiens wirklich begreifen will, muß es erwandern. Ein- oder zweitägige Besichtigungsfahrten können kaum einen Vorgeschmack bieten. Gerade frühe Morgenstunden, wenn noch lange Schatten vorhanden sind, geben der Landschaft ein plastisches Aussehen.
Die bekannten Orte Göreme ①, Ürgüp, Uçhisar, Zelve, Çavuşin, Soğanlı, Taşkınpaşa und Ortahisar bieten eindrucksvolle Erosionslandschaften, an denen auch historische Stätten liegen. Der Burgfelsen von **Ortahisar** hat 10 Stockwerke und von seiner Spitze hat man einen wunderbaren Rundblick, der bei klarer Sicht 100 km reicht. Auch in **Uçhisar** ② läßt sich ein mit Höhlen durchsetzter Felskegel im Ort erklimmen. Er ist die höchste Erhebung des Göremetales.

Die Kalanderlerche brütet in Zentralanatolien auf den landwirtschaftlichen Nutzflächen.

Der Bienenfresser gräbt seine Brutröhren in Steilwände.

Zur reichen Flora Kappadokiens zählt auch die Kaukasische Iris.

Zelve liegt am Ende eines Tals, das besonders schöne Feenkamine aufweist. Die ehemaligen Bewohner Zelves wurden 1950 umgesiedelt; heute ist es ein Freilichtmuseum mit eindrucksvollen Erosionsformen und zahlreichen Kirchen.

Avanos ③ liegt am Kızılırmak, dessen Tonablagerungen hier für die Töpferei verwendet werden. Am Fluß entlang sind herrliche Wanderungen möglich.

Das **Soğanlı-Tal** ④ läßt sich entlang einer wenig befahrenen Straße gut von oben bis Yeşilhisar am Talausgang durchwandern. Sehenswert sind besonders die Erosionsformen (Kirchen!) bei Güzelöz. Ein längerer Aufenthalt wird auch am kleinen Akköy-Stausee empfohlen.

Ein mit primitiven Mitteln arbeitendes Salzbergwerk liegt bei Tuzköy ⑤ nahe am Kızılırmak, etwa 10 km unterhalb Gülşehir. Die Stollen reichen bis 70 m unter die Erde.

Der **Nar Gölü** ⑥ ist schwer zu erreichen: In Derinkuyu folgt man der Schotterstraße nach Suvermez und Kuyutatlar. 3,5 km hinter dem Ort Gösterli biegt man links ab und gelangt an den Rand des Kessels, in dem der See liegt. Insgesamt hat man 30 km einfachen Weges auf einer Schotterstraße zu bewältigen.

Das **Ihlara-Tal** ⑦ läßt sich auf einer 11 km langen Strecke durchwandern. Ausgangspunkt ist der Ort Yapraklar, bei dem eine Brücke über das Gewässer führt (man kann auch schon beim 2 km flußabwärts liegenden Selimiye starten). Man beginnt am östlichen (rechten) Flußufer, wechselt aber bei Belisırma auf einer neuen Brücke auf die andere Seite. Hier bis zu einer breiten Betontreppe und einem Touristenpavillon, dem »offiziellen« Eingang zum Cañon. Weiter am westlichen Ufer bis zum Ort Ihlara, wobei der Pfad das letzte Stück aus dem Schluchttal herausführt. Diese etwa dreistündige Wanderung läßt sich auch umgekehrt, also von Ihlara nach Yapraklar bzw. Selimiye durchführen.

Kappadokische Eidechsen, die sich auf einem Felsvorsprung paaren.

In der Tuffdecke Kappadokiens wurden wie hier bei Göreme in frühchristlicher Zeit Behausungen angelegt.

Praktische Tips

Anreise
Von der Provinzhauptstadt Nevşehir führen Buslinien in alle größeren Städte der Türkei.

Unterkunft/Verpflegung
Man findet in fast jeder Ortschaft im Zentrum Kappadokiens Hotels und Pensionen (Avanos, Hacıbektaş, Ortahisar, Uçhisar, Göreme, Ürgüp, Mustafapaşa, Nevşehir usw.). Etliche Campingplätze stehen in Kappadokien zur Verfügung, so in Göreme, Ürgüp, Uçhisar, Nevşehir, Mustafapaşa und am »offiziellen« Eingang zur Ihlara-Schlucht, z. B.:

- ▷ Dinler Göreme Mokamp, zwischen Gülşehir und Ürgüp, Tel. 2075;
- ▷ Uçhisar Koru Mokamp, Uçhisar, Tel. 1488/185;
- ▷ Ortahisar Paris Mokamp, Ortahisar, Tel. 1435/99.

Der deutsche Reiseveranstalter Dr. N. Koch hat in einer historischen Villa im Zentrum Kappadokiens einen Club Natura eingerichtet und bietet ein intensives Wander- und Ausflugsprogramm an. Buchung vor Ort nicht möglich.

Information
Fremdenverkehrsämter gibt es in Ürgüp und Nevşehir, wo Prospekte und Übersichtskarten (keine Wanderkarten!) kostenlos erhältlich sind.
An verschiedenen Punkten (Göreme-Tal, Zelve, Ihlara-Schlucht) sind Eintrittsgebühren zu entrichten.

Klima/Reisezeit
Kontinentalklima mit heißen Sommern und kalten Wintern. Ein schneebedecktes Kappadokien bietet zweifelsohne die eindrucksvollsten Landschaften und Fotomotive.

18 Termessos-Nationalpark

Reservat für Bezoarziegen; Station zur Nachzucht des Damwildes; gut erhaltene mediterrane Pflanzengesellschaften; bis zu 600 m tiefer Cañon.

Termessos liegt nur 34 km westlich von Antalya, dem Zentrum der sog. »türkischen Riviera« am Mittelmeer. Das Bergmassiv steigt praktisch von Meereshöhe auf 1265 m.
Schon in der Antike war es besiedelt. Die Ruinen der lykischen Stadt Termessos, nach der der Park benannt ist, liegen in der Gipfelregion und sind von der Vegetation inzwischen fast völlig überwuchert.
Termessos liegt im westlichen Taurus, der überwiegend aus Kalkgestein aufgebaut ist. Es hat sich im Mesozoikum als Ablagerung auf dem Grund der Tethys, einem Meer mit ozeanischen Ausmaßen, gebildet und wurde zu Beginn des Tertiärs im Zuge der alpidischen Gebirgsbildung angehoben. Die leichte Löslichkeit des Kalkgesteins bewirkte, daß hier ein gigantisches Karstsystem entstehen konnte, vergleichbar mit dem jugoslawischen Karst. Ein beeindruckendes Karstphänomen ist ein Cañon bei Düzlerçamı (Güver-Schlucht), der sich bis 600 m tief in den Kalkuntergrund eingeschnitten hat. Karstseen, Poljen und Dolinen sowie karstische Höhlen und unterirdische Abflüsse finden sich überall in der weiteren Umgebung des Nationalparks.
Letztlich auch ein Karstphänomen sind mächtige Travertin-Terrassen zwischen Antalya und dem Park. Sie sind etwa 125 km^2 groß und mindestens 100 m mächtig. Sie staffeln sich in drei Terrassenniveaus von 30–80 m, 220–220 m und 260–300 m zwischen der Küste und dem Gebirgsland. Sie sind durch die Kalklösung im Gebirge an einem karstischen Abfluß entstanden, ähnlich den Sinterterrassen von Pamukkale (S. 56). Die genaue Entstehung ist allerdings noch umstritten. Die Terrassenbildung hat wohl im Pleistozän stattgefunden. Heute findet keine Kalkausfällung mehr statt.
Am Rand des Steilabfalls des Cañon wird man sog. »Wunschbäume« entdecken können. Es ist dies eine Art Wallfahrtsstätte der einheimischen Bevölkerung. An die Sträucher werden Stoffetzen und Taschentücher geknotet – wenn nichts anderes zur Hand ist selbst Plastikfetzen. Dadurch sollen Wünsche in Erfüllung gehen. Solchen auf lange Tradition zurückgehenden Aberglauben findet man bei jedem »Naturwunder«, sei es bei der Karstquelle von Ivriz, an der Einsturzdoline von »Cennet Cehennem« oder hier an diesem unvergleichlichen Cañon.

Die europäische Parkpopulation des Damwildes stammt von der anatolischen Wildpopulation ab.

Im Termessos-Nationalpark kann man manchmal noch hoch oben Gänsegeier kreisen sehen.

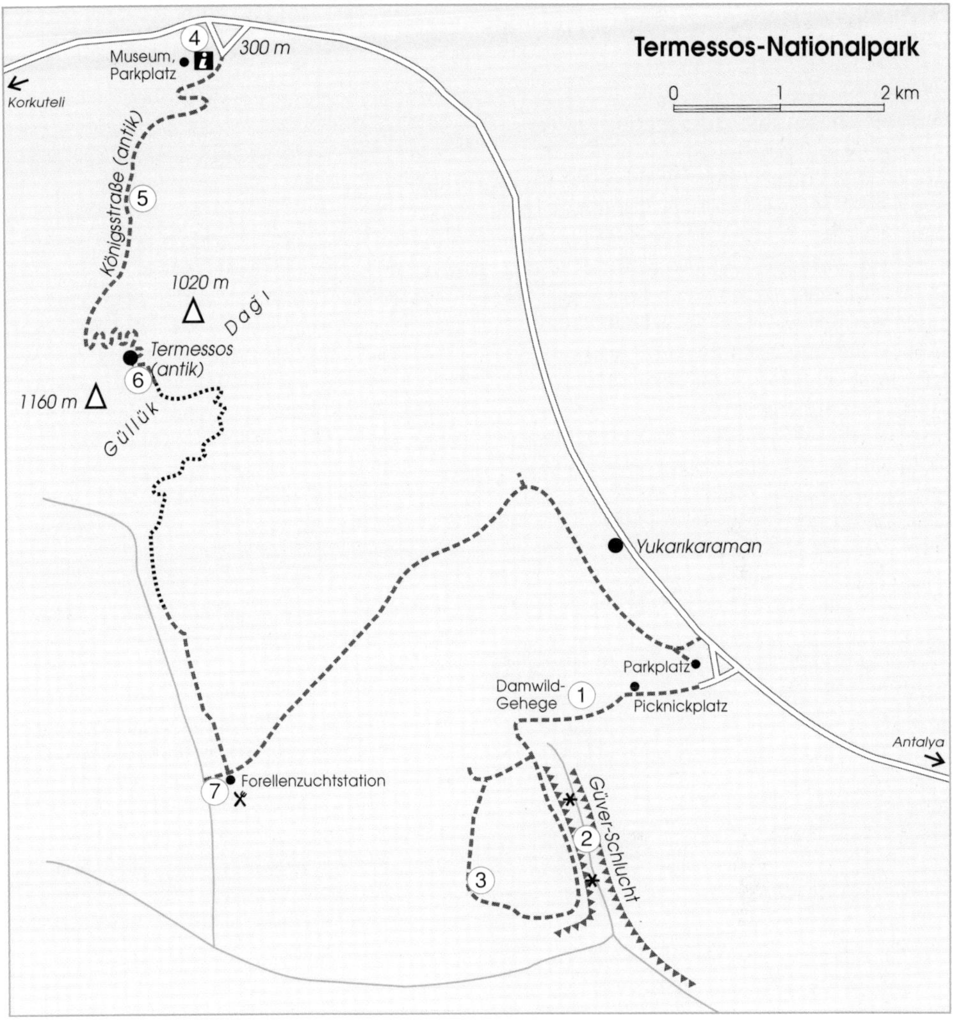

1970 wurde der Berg Güllük, auf dem Termessos liegt, zum Nationalpark erklärt. Er umfaßt 6736 ha.

Pflanzen und Tiere

Die ursprüngliche mediterrane Vegetation ist, vor Überweidung geschützt, gut erhalten, entweder als Macchie oder in Form von Wäldern aus Brutischer Kiefer. Wilder Ölbaum, Terebinthe, Östlicher Erdbeerbaum (S. 79), Breitblättriger Lorbeerliguster, Baumheide, Johannisbrotbaum, Styraxbaum, Färberginster und Judasbaum sind einige Gehölze, die man im Park entdecken kann. An feuchten Standorten treten dazu Oleander, Tamariske, Schwarzpappel, Orientalische Platane (S. 68) und Lorbeer, wobei die Bäume oft von Efeu überwachsen sind.

In den höheren Regionen hat die Bezoarziege ein bedeutendes Rückzugsgebiet. Die an ihren größeren Hörnern kenntlichen alten

Böcke durchstreifen meist einzeln oder in Gruppen von 2–3 das Gelände, während die Weibchen mit den Jungtieren größere Rudel bilden.
In den flacheren Teilen des Nationalparks und bei Düzlerçamı gibt es Damwild. Die Türkei ist das ursprüngliche Verbreitungsgebiet der Art und von hier wurden schon im Mittelalter die Parkpopulationen in England und Holland begründet, aus denen letztlich die gesamte europäische Population hervorging. Durch Schutzmaßnahmen in Düzlerçamı ist der Bestand, der in den 60er Jahren auf wenige Einzeltiere gesunken war, auf rund 500 Tiere angewachsen.
Der Gänsegeier bleibt auch in den Wintermonaten hier. Auch Schlangen- und Steinadler brüten im Gebiet. In niederen Lagen kann man abends am Rande der Kiefernwälder das Schnurren der Nachtschwalbe (S. 131) hören. In den Wäldern kommen Grünspecht, Buntspecht, Mittelspecht und Kleinspecht (S. 33) vor. Neben Kohl-, Blau- und Tannenmeise ist auf die unserer Weidenmeise ähnliche Trauermeise zu achten. Sie kommt in erster Linie in der Macchie vor. Türkenkleiber (S. 40) gibt es in den Kiefernwäldern, Felsenkleiber und Blaumerle an den Felsen und Ruinen. Die nicht seltenen Eichelhäher gehören zur südtürkischen Unterart *atricapillus* mit schwarzem Scheitel und blassen Wangen. Ein Steppenluchs wurde hier kurz vor Einrichtung des Nationalparks erlegt. Das präparierte Tier ist im kleinen Museum am Nationalpark-Eingang ausgestellt. Die Art dürfte heute aus dem Gebiet verschwunden sein.

Im zeitigen Frühjahr kann man im Termessos-Nationalpark wilde Narzissen finden.

Im Gebiet unterwegs

Die Anfahrt erfolgt über die Straße Antalya –Korkuteli. Kaum hat man Antalya verlassen, führt die Straße die mächtigen Travertin-Terrassen hoch. Von dort aus hat man einen wunderbaren Ausblick auf die Stadt und die Bucht von Antalya. An dieser Straße ist die Abfahrt nach **Düzlerçamı** ausgeschildert, wo sich Nachzuchtgehege für Bezoarziege und Damwild befinden ①. Das Damwild läßt sich in den ausgedehnten Gehegen am besten in der Dämmerung entdecken. Die Fortsetzung des Waldweges führt zur eindrucksvollen **Güver-Schlucht** ②, an der oberen Cañon-Kante entlang, so daß man wunderbare Einblicke gewinnt. Von zwei Aussichtsplattformen kann man einen eindrucksvollen Blick in die Tiefe werfen. Folgt man dem Weg auch nach Ende der Schlucht, hat man die Möglichkeit einer Rundwanderung ③, die wieder an der Einfahrt zur Schlucht (Parkplatz) endet (ca. 1,5 Stunden).
Ebenfalls ausgeschildert ist die Zufahrt zum **Nationalpark**. Am Eingang ④ befindet sich ein kleines Besucherzentrum, in dem im Park vorkommende Tiere und Pflanzen sowie volkskundliche Gegenstände ausgestellt sind.

Der Termessos-Nationalpark umfaßt den Güllük-Berg, auf dem auch die antike Stadt Termessos liegt.

Die Baumheide ist ein typischer Vertreter der ▷ mediterranen Vegetation.

Die Nationalparkstraße (Königsstraße) ⑤ führt teils in Serpentinen bis zum antiken Termessos ⑥ in der Gipfelregion. Entlang des Weges lassen sich zahlreiche Stops einlegen, von denen man wunderbare Ausblicke hat und die Möglichkeit, die Vegetation zu studieren. Im oberen Drittel besteht die Chance, auf einem dem Weg gegenüberliegenden Felsrücken Bezoarziegen zu entdekken. Es ist allerdings viel Geduld erforderlich, und die Felsformation muß sehr sorgfältig mit dem Fernglas oder besser dem Fernrohr abgesucht werden. Vom Endpunkt des Weges bei **Termessos** sind wieder Wanderungen möglich, wobei die Trampelpfade durch die antike Stadt als Leitlinie dienen können. Eine herrliche, wenngleich anstrengende Wanderung ist die Annäherung an die Ruinen von Termessos von Süden. Ausgangspunkt ist eine Forellenzuchtstation ⑦, an die

Die Bezoarziege

Die Bezoarziege *(Capra aegagrus)* ist eine nahe Verwandte unseres Steinbocks, manchmal werden beide sogar als eine Art aufgefaßt (»Kleinasiatisches Steinwild«). Die Bezoarziege ist wohl die Urform unserer Hausziege, die auf Darstellungen bereits im 5.–4. Jahrtausend im Vorderen Orient auftaucht. Vermutlich hat hier die Haustierwerdung stattgefunden. Wildziegen, wie sie noch an einigen Stellen Griechenlands leben, sind – vielleicht mit Ausnahme der Kretaziegen – mehr oder weniger mit Hausziegen durchmischt und damit nicht mehr reinblütig.
Die Bezoarziege war in der Türkei im gesamten Taurus (Südtürkei) und über ganz Ostanatolien verbreitet. Seit jeher war sie starker Bejagung ausgesetzt, die mancherorts einem Raubbau gleichkam. Durch die ständige Dezimierung sind die Bestände stark zurückgegangen und aus vielen Gebieten ist die Art ganz verschwunden. Im Gebiet von Termessos wurden 1967 noch 200 Tiere geschätzt.
Mit der Einrichtung eines Nationalparks 1970 waren intensive Schutzmaßnahmen für die Art verbunden. So konnte sich der Bestand bis 1975 auf 1200 Tiere erholen. Leider hat man heute die Jagd auf Bezoarziegen wieder teilweise freigegeben, und zwar für devisenbringende ausländische Jäger.

keine öffentlichen Verkehrsmittel heranführen (Taxi notwendig). Nach Norden führt von dort ein Weg durch eine Kalksteinschlucht und man erkennt an einzelnen Stufen, daß man sich auf einem antiken Weg befindet. Zurück geht es entweder den gleichen Weg oder besser über die Königsstraße zum Eingang des Nationalparks. Dauer der Wanderung von der Forellenzuchtstation bis zum Gymnasium von Termessos etwa 2,5 Stunden.

Praktische Tips

Anreise
Ausgangsort ist üblicherweise Antalya, von wo aus auch organisierte Fahrten nach Termessos angeboten werden (örtliche Reisebüros). Man kann aber auch den Linienbus nach Korkuteli besteigen und am Eingang zu Düzlerçamı bzw. zum Termessos-Nationalpark aussteigen.

Unterkunft/Verpflegung
Breites Angebot an Hotels, Pensionen und Restaurants in Antalya. Im Nationalpark ist Camping erlaubt. An die Forellenzuchtstation ist ein Fischlokal angegliedert.
Im Nationalpark und in Düzlerçamı zahlreiche Picknickplätze, am Nationalpark-Eingang ein Café. Es ist eine geringe Eintrittsgebühr zu entrichten.

Klima/Reisezeit
Das Klima ist rein mediterran mit sehr heißen Sommern. Die Winter sind meist mild, in den Hochlagen des Nationalparks muß man dennoch von November bis März mit Schneefall rechnen.

Blick in die Umgebung

Bei Yeniköy, 8 km nördlich des Punktes, wo die Straße nach Korkuteli von der Hauptstraße abzweigt, liegt die **Karstgrotte Kırkgöz** und die in prähistorischer Zeit bewohnt gewesene **Höhle Karain**. An der Straße nach Elmalı wird man viele interessante Karstformen entdecken können.
Etwas südlich von Antalya liegt der **Olimpos-Beydağları-Nationalpark**. Dessen Bergregion ist schwer zu erreichen und nur für geduldige und ausdauernde Besucher zugänglich. Ein Küstenstreifen liegt zwar ebenfalls innerhalb der Grenzen dieses Parks, doch hat die touristische Erschließung dieser Region Formen angenommen, die nach europäischen Maßstäben der Idee eines Nationalparks widersprechen.

19 Meketuzlası-Ringkrater

Zentralanatolische Vulkanlandschaft mit Ringkratersee und Explosionstrichtern; Sandwüste mit Sicheldünen im Windschatten der Vulkane; Rotflügelgimpel und Schmutzgeier als Brutvögel.

In Zentralanatolien begann im Oberen Miozän, etwa gleichzeitig mit der großräumigen Hebung der anatolischen Landmasse und dem Einbruch zahlreicher Sedimentationsbecken, eine Phase vulkanischer Tätigkeit. Sie erreichte im Pliozän einen Höhepunkt und erfuhr im Quartär eine nochmalige Belebung. Östlich der inneranatolischen Kleinstadt Karapınar liegen Zeugen dieses Vulkanismus, denen man lehrbuchhaften Charakter zusprechen mag.
Der **Krater Gölü** ist ein Explosionstrichter, dessen Wasserfläche ellipsenförmig ist und 35 m tiefer als seine Umgebung liegt. Seine Tiefe nimmt von Ost nach West zu. Die Kraterwände sind sehr steil, im Nordosten steht an der Oberfläche etwas Fels an.
Noch beeindruckender ist der **Meketuzlası-See**, ein Ringkratersee nur etwa 2 km südwestlich des Krater Gölü. Eingebettet in weiche vulkanische Asche liegt in einem 800 × 500 m großen Explosionskrater ein See, aus dessen Zentrum ein Vulkankegel herausragt. Der Maarsee hat also wegen des später entstandenen neuen Vulkankegels ringförmige Gestalt. Der etwa 50 m hohe Kegel ist völlig gleichförmig. Besteigt man ihn, kann man an seinem Gipfel einen Trichter von etwa 25 m Tiefe erkennen: Dies ist der Rest des Eruptionskanals. Er ist nicht mit Wasser gefüllt. Normalerweise kann man beim Ringkratersee nicht auf den Zentralkegel gelangen, nur in manchen trockenen Jahren sinkt der Wasserspiegel ab und der See ist dann auf die Westseite des Trichters beschränkt. Neben dem Hauptkegel liegen in der Südostecke sieben kleine Nebenkegel.
Im Gegensatz zum Krater Gölü ist also die vulkanische Tätigkeit am Meketuzlası nach dem Ausbruch nicht zum Stillstand gekommen; die fortgesetzte Aktivität hat den zentralen Vulkankegel und die parasitären Kegel hervorgebracht.
Beide Vulkanseen haben salziges Wasser, der Meketuzlası-See mit 150 g/l in weit stärkerem Maße als der Krater Gölü mit etwa 65 g/l. Der Salzgehalt wird im wesentlichen von postvulkanischer Tätigkeit bestimmt und leitet sich nicht von der Eindunstung von Flußwasser und nur z. T. aus Grundwasser her.
Die trockene rötliche Asche und der Tuff um den Meketuzlası-Krater saugt auch die heftigsten Regengüsse mühelos auf. So können sich keine Sturzbäche bilden, der Erosion ist der »Boden entzogen«. Nur so kann man sich erklären, daß die Gebilde über Jahrtausende ihre Ebenmäßigkeit behalten konnten.

Südlich der Kleinstadt Karapınar liegen ausgedehnte Binnensanddünen.

Auf der lockeren Asche um den Meketuzlası-Vulkan wächst eine Steppenvegetation.

Um den Meketuzlası finden sich weitere, sehr kleine Explosionsmulden. Südwestlich des Meketuzlası steht in der Ebene ein isolierter, imposanter Vulkan: der 1265 m hohe **Meke Dağı**, der etwa 250 m über das Flachland herausragt. Seine Hänge sind sehr steil, die Neigung beträgt 32–38 Grad. An seinem Gipfel ist ein Explosionskrater von fast 500 m Durchmesser, in dem sich ein Maarsee von etwa 100 m Durchmesser gebildet hat.
Durchquert man die Vulkanlandschaft von Meketuzlası nach Südwest, ändert sich die

Der Rotflügelgimpel brütet in der spärlich bewachsenen vulkanischen Asche.

Landschaft nach wenigen Kilometern schlagartig: Man gelangt plötzlich in eine Sandwüste. Diese Binnendünen sind eine Akkumulationsbildung im Becken eines eiszeitlichen Sees. Der feine, bewegliche Sand besteht zum großen Teil aus Kalk, enthält aber auch Zerfallsprodukte der Eruptivgesteine der angrenzenden Höhenzüge. Der dort abgeblasene Sand wird hier im Windschatten der Berge abgelagert und bildet Sicheldünen, die eine Höhe von 8 m erreichen und in Nordwest-Südost-Richtung stehen.
Die Existenz eines eiszeitlichen Sees in der Umgebung der Vulkanlandschaft läßt sich u. a. an den Ablagerungen zwischen Ereğli und Karapınar zeigen: Ablagerungen von Flüssen, die aus den Karaca-Bergen kamen, führten zur Bildung von Schwemmfächern. Hier lagen also ehemals Delten am Rande des pleistozänen Flachsees.

Pflanzen und Tiere

Die Lavafelsen mit ihren tiefen Rissen und Höhlen bieten einer Vielzahl von Vogelarten Brutmöglichkeiten. Adlerbussard (S. 161) und Schmutzgeier (S. 59) nutzen diese Gelegenheit zur Anlage ihrer Horste, daneben auch Turmfalken, Dohlen, Felsentauben und Blauracken (S. 74). Die steilen Hänge im Inneren der beiden Kraterseen sind ein Brutplatz des Rotflügelgimpels; dies ist ein klassisches Vorkommen, denn hier wurde diese Art erstmals für die Türkei brütend nachgewiesen. Die Männchen dieser Finkenvögel mit rosaroten Flügeln führen im Frühjahr oft kurze Singflüge auf, die schräg nach oben und dann zur Ausgangswarte zurückführen.
Der Kegel im Zentrum des Ringkraters ist ein bevorzugter Aufenthaltsort des dem Steinhuhn sehr ähnlichen Chukarhuhns. Oft kann man das Gegacker der Hühner hören und sie mit einiger Mühe mit dem Fernglas vom gegenüberliegenden Ufer aus entdecken.
An den Steilwänden kann man zur Brutzeit oft die lauten, nasal klingenden Rufe der Rostgänse (S. 29) hören. Sie nisten oft hoch

In der Südostecke des Meketuzlası-Ringkratersees liegen einige kleine Nebenvulkane.

oben im Fels und führen ihre Jungen später von dort ans Wasser herab. In der lockeren Vulkanasche und in den Sanddünen brüten Bergkalanderlerchen und Kurzzehenlerchen, deren Gesänge man von allen Seiten hören kann. Triele (S. 48) ziehen hier ihre Jungen groß und abends kann man das Schnurren der Nachtschwalbe (S. 131) hören. Pillendreher (S. 48) kann man hier bei ihrer faszinierenden Arbeit beobachten.
An den Ufern der beiden Kraterseen leben Stelzenläufer (S. 104) und Flußuferläufer. Nicht selten kommt es auch vor, daß große Trupps ziehender Weißstörche und Rosapelikane die Vulkanlandschaft überfliegen.
Die Vegetation der Sandwüste ist recht monoton. Die nackten, beweglichen Sicheldünen ausgenommen, wachsen auf den weniger beweglichen Sanden Salbei und Brandkraut, zwei Halbsträucher, die Anfang April austreiben und Ende Mai blühen. Im Juni steht die Wüste in leuchtend gelber Blütenpracht dieser beiden Pflanzen und bietet einen eigenartig schönen Anblick. In den nicht ganz so trockenen Gebieten ist die *Artemisia*-Steppe die ursprüngliche Vegetation, doch

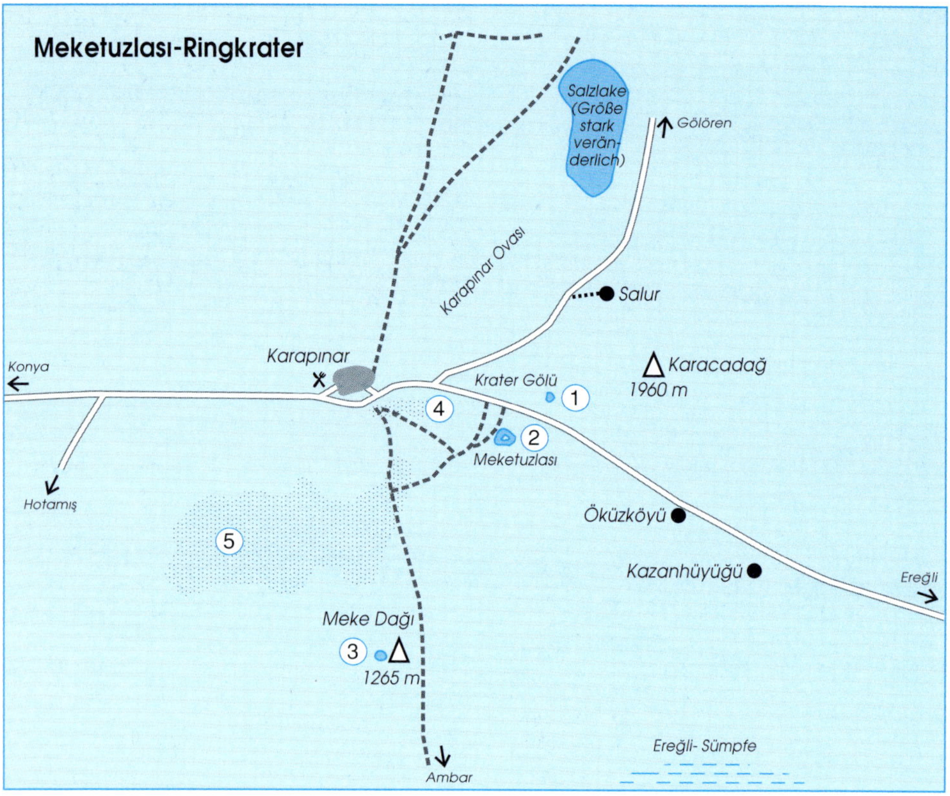

ist sie heute weitgehend in Ackerland umgewandelt. Wo sie sich halten kann, sind die Pflanzen durch den ständigen Viehverbiß meist nachhaltig geschädigt.

Im Gebiet unterwegs

Ausgangspunkt für Exkursionen ist die Kleinstadt Karapınar, die an der Straße Konya–Ereğli liegt. 8 km östlich des Ortes befindet sich an der Straße eine große Tankstelle, von der aus man in den tiefer liegenden **Krater Gölü** ① einsehen kann. Ein Weg, der auch mit dem PKW befahren werden kann, führt bis zur Wasserfläche hinab. Es lohnt sich aber zu laufen, da man so die interessante Tierwelt der Hänge beobachten kann (z. B. Pillendreher!). Der See kann nur mit Schwierigkeiten zu Fuß ganz umrundet werden, da einige Felsen am Steilufer das Fortkommen erschweren.

Etwa 2 km westlich der Tankstelle führt von der Asphaltstraße ein Schotterweg nach Süden ab. Folgt man ihm, kann man bald in der Ferne einen Geräteschuppen der Stadtverwaltung von Karapınar erkennen. Er steht am oberen Rande des **Ringkratersees** ② und in seiner unmittelbaren Nähe führt ein Weg zum Maar hinab. Folgt man diesem Weg, läßt sich der See ganz umrunden (etwa 2,5 Stunden). Auf den zentralen Vulkankegel ist schwer zu gelangen, es sei denn man watet oder schwimmt durch das Salzwasser. Es lohnt sich auch, auf der Hochfläche am Rande der Abhänge zum Ringkratersee zu beobachten.

Steigt man nicht zum Ringkratersee hinab, sondern setzt den Weg weiter nach Südwest fort, gelangt man nach einigen Kilometern in das **Dünengebiet** ⑤.
Über diese Straße gelangt man auch nahe an den **Meke Dağı** ③ heran. Einen Weg auf den Berg gibt es nicht und es sind wohl noch nicht viele Leute zum Kratersee auf seinem Gipfel hinaufgestiegen.
Einige Sanddünen gibt es auch am östlichen Stadtrand von Karapınar ④.

Die Dünnschnabelmöwe kommt von nahen Feuchtgebieten oft an die Kraterseen zur Nahrungssuche.

Praktische Tips

Anreise
Die Vulkanlandschaft liegt 104 km östlich von Konya, der Provinzhauptstadt, zu der eine gute Straßenverbindung (und Busverbindung) besteht. Von Ereğli aus gibt es direkte Buslinien nach Ankara und Istanbul, in die man in Karapınar zusteigen kann. Über die Kilikische Pforte sind es 248 km nach Adana, wo sich der nächste Flughafen befindet.

Unterkunft/Verpflegung
Reiche Auswahl an Hotels, Gaststätten usw. in Konya, Mittelklassehotel in Ereğli (45 km). In Karapınar nur einfache Übernachtungsmöglichkeiten und einfache Gaststätten.

Klima/Reisezeit
Kontinentalklima mit kalten Wintern und heißen Sommern; günstigste Reisezeit ist Mai.

Blick in die Umgebung

2 km östlich Karapınar zweigt nach Norden die Straße nach Gölören ab. In der Ebene von Karapınar (Karapınar Ovası), die zur linken Hand liegt, erstreckt sich ein äußerst flachgründiger **Salzsee**, der in manchen Jahren bzw. im Sommer und Herbst austrocknet und nur eine weiße Salzkruste zurückläßt. Artenarme, aber interessante spezialisierte Vogelwelt z. B. mit Flamingo, Lachseeschwalbe oder Sandflughuhn.
Westlich von Ereğli liegen die Ereğli-Sümpfe (s. Hauptreiseziel 15). Ähnlich aufgebaut sind die **Hotamış-Sümpfe**. Der Ort Hotamış liegt 25 km südwestlich Karapınar. Man biegt von der Straße nach Konya 13 km westlich Karapınar nach Süden ab. Das Gebiet ist mit dichtem Schilf bedeckt und nur an wenigen Stellen gut zugänglich. Trocknet manchmal ganz aus. Reiche Sumpfvogelwelt mit verschiedenen Reiher- und Rallenarten, Weihen, Bartmeise usw.
Eine Fortsetzung des Vulkangebiets von Meketuzlası ist der Gebirgsstock des **Karadağ**, in dessen Gipfelregion die »1001 Kirchen« (Binbirkilise) liegen. Anfahrt wie nach Hotamıs, aber weiter bis Dinek, dann Auffahrt bis Madenşehri.

Der Isabellsteinschmätzer ist ein Bewohner der Steppe.

20 Patara

Wanderdünen am Meeresstrand; Niststrand von Meeresschildkröten; Meeresgrotte.

Der Eşen-Fluß in Südwestanatolien hat seine Ursprünglichkeit weitgehend bewahren können. Sein Bett ist kiesig, sein Fluß ist reißend. Die letzten Kilometer vor der Mündung aber verlangsamt er seinen Lauf und windet sich in etlichen Mäandern gemächlich dem Meer zu. Kaum 100 km lang, hat der Eşen-Fluß im Gegensatz zu vielen anderen Flüssen Anatoliens kein Delta aufschütten können. Zu beiden Seiten seiner Mündung befindet sich ein feiner Sandstrand, an den sich große Dünen anschließen. Obwohl sie mit Faschinen und durch Bepflanzungen befestigt werden, sind sie nicht zum Stillstand gekommen. Um die Flußmündung sieht man abgestorbene Bäume, Reste eines ehemaligen Auwaldes, mitten auf dem Meeresstrand: Ein deutliches Zeichen dafür, daß sich die Küste landseitig verlagert hat.

Der Ova Gölü östlich bzw. nördlich der Straße Fethiye–Kaş ist zwar noch auf allen Straßenkarten als großer See eingezeichnet, doch wurde er schon in den 50er Jahren durch einen Kanal zum Eşen-Fluß weitgehend entwässert. Offene Wasserflächen fehlen, doch sind in der fruchtbaren Ebene noch zahlreiche Feuchtwiesen und versumpfte Gräben erhalten geblieben.

Westlich der Ortschaft Kalkan liegt die »Blaue Grotte« (»Kapıtaş Mağarası«). Man kann den Eingang von der Uferstraße aus sehen und sie mit Booten besuchen. Die Farben erinnern etwas an die »Grotta Azzura« bei Neapel.

Die antiken lykischen Orte Xanthos, Letoon, Pydnae und Patara liegen teilweise mitten im Gebiet und geben dem Gebiet einen besonderen Reiz.

Pflanzen und Tiere

Bis ins letzte Jahrhundert konnte der Löwe im Gebiet des Unterlaufs des Eşen-Flusses überleben. Der britische Archäologe Charles Fellows, der einen Großteil der Anlagen des antiken Xanthos ins British Museum schaffen ließ, berichtete, daß 1840 hier noch alljährlich 4–5 Löwen erlegt würden. Spätere Hinweise auf ein Vorkommen gibt es nicht. Daß sich der Löwe hier so lange halten konnte, zeigt die Wildheit und die Unerschlossenheit des Gebietes, was in gewissem Maße auch heute noch gilt.

Jedes Jahr kommen zahlreiche Meeresschildkröten der Art *Caretta caretta* zur Eiablage auf

Meeresschildkröten, die auf den Strand zur Eiablage kommen, hinterlassen im weichen Sand traktorähnliche Spuren.

Nach 50–60 Tagen schlüpfen aus den Eiern Schildkröten-Babys, die selbständig auf das Meer zulaufen.

Der Sandstrand von Patara zu beiden Seiten der Mündung des Eşen Çayı ist noch völlig unverbaut.

den Strand. Die Bedeutung des Niststrandes wurde erst in allerjüngster Zeit, 1988, bei einer Untersuchung durch den World Wide Fund for Nature (WWF) erkannt: Er ist eines der wichtigsten Nistgebiete dieser bedrohten Tierart im Mittelmeer. Obwohl er noch weitgehend ungestört ist, stellt die touristische Entwicklung, die teils planlos erfolgt, eine potentielle Gefahr für die Schildkröten dar, der durch Erstellung eines Schutzkonzeptes (Managementplanes) Rechnung getragen werden sollte. Die großen Sanddünen und Sandflächen sind der Lebensraum der Nachtschwalbe. In der Dämmerung wird ihr lautes, schnelles Schnurren hörbar, das ansteigt und abfällt und bis 5 Minuten pausenlos anhalten kann. In den Ruinen und an den felsigen Hängen lebt das Hardun (s. S. 132).

In den Sumpfwiesen des ehemaligen Ova Gölü suchen Weißstörche und Graureiher nach Nahrung. Selbst Purpurreiher kann man dort entdecken.
Zu den Brutvögeln des Waldes aus Brutischer Kiefer, der sich nördlich an das Gebiet anschließt, zählt neben den üblichen Kleinvögeln wie Tannenmeise und Wintergoldhähnchen auch der Türkenkleiber (S. 40).

Im Gebiet unterwegs

Den besten Zugang zum Strand hat man über das Dorf Gelemiş ①, das über die antike Stadt Patara gebaut ist. Kleine Tümpel zwischen dem antiken Gemäuer sind für zahlreiche Libellen und andere Wasserinsekten ein

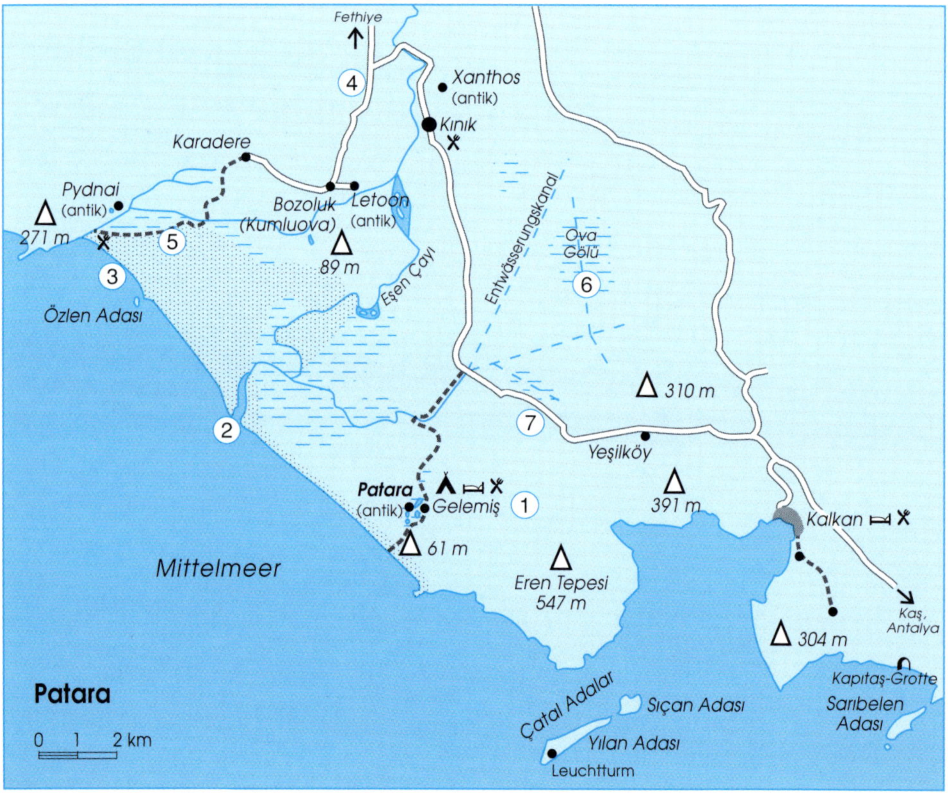

Der Ziegenmelker kommt in den ausgedehnten Dünengebieten vor, wo man in der Dämmerung sein Schnurren hören kann.

reichhaltiger Lebensraum. Den 12 km langen Strand kann man nur bis zur Mündung des Eşen-Flusses ② entlanglaufen, denn über das eiskalte Wasser führt keine Brücke.
Will man auf die nördliche Strandhälfte ③ gelangen, so biegt man von der Straße Fethiye–Kaş etwa 5 km nördlich des Dorfes Kınık (Xanthos) ④ in Richtung Kumluova ab. In den Kiefernwäldern kann man nach Türkenkleibern und anderen Kleinvögeln suchen.
Die letzten paar Kilometer des Weges ⑤ sind nur noch geschottert und führen durch Dünenlandschaft und Seggenfelder. Dort ist im Frühjahr auf den Gesang des Cistensängers zu achten, der sein monotones »dsip ... dsip ... dsip ...« im Flug vorträgt.
Die Ausdehnung der Sumpfwiesen des ehemaligen Ova Gölü ⑥ schwankt von Jahr zu Jahr und je nach Jahreszeit beträchtlich. Deshalb schafft man sich am besten von der Straße nach Kalkan–Kaş ⑦, die über einen Höhenzug führt, zuerst einen Überblick und wählt dann den besten Feldweg.

Praktische Tips

Anreise
Gute Busverbindung von Kalkan nach Antalya bzw. Fethiye. Von Kalkan nach Gelemiş nur unregelmäßiger Dolmuş-Verkehr. Man kann an der Abzweigung des Schotterweges nach Gelemiş aussteigen und die letzten 3 km laufen. Oft wird man von einem PKW mitgenommen.

Unterkunft/Verpflegung
Im Dorf Gelemiş befinden sich zahlreiche, meist einfache Pensionen sowie eine Möglichkeit für Camping. Andere Übernachtungsmöglichkeiten bieten die Orte Kalkan, 11 km, oder Kaş, 36 km westlich von Gelemiş. An der Nordspitze des Strandes von Patara gibt es einfache Lokale aus Schilfmatten.

Klima/Reisezeit
Wie überall am Mittelmeer sind die Sommermonate sehr heiß, was die Beobachtungen beeinträchtigt. Eine Kombination mit Badeurlaub ist hier möglich.

Exkursionen
Das nächtliche Begehen des Strandes ist untersagt und wird von Wächtern kontrolliert. Um jede Beunruhigung für die Meeresschildkröten zu vermeiden, sollte man sich unbedingt an diese Vorschrift halten.

Blick in die Umgebung

Die **Blaue Grotte**, etwa 6 km westlich der Ortschaft Kalkan, ist mit dem Boot von Kalkan aus zu erreichen. Die Inselwelt um Kaş und Kekova mit weiteren Grotten und historischen Stätten bietet lohnende Ausflugsziele. Für historisch Interessierte seien die nahegelegenen lykischen Städte Sidymae, Pinara und Tlos erwähnt. Eine andere Ausflugsmöglichkeit ist das Taurusgebirge. Ein kurz vor Kalkan abzweigender Weg führt bis auf 1545 m (Sineklibeli-Paß) hoch.

Den Segelfalter kann man besonders im Kulturland um die Dörfer sehen.

Das Hardun, eine urtümlich anmutende Agamenart, findet man an allen Ruinenstädten der Küste.

Das Chamäleon kann man in der Macchie aufgrund seiner guten Tarnung nur schwer entdecken.

Das Hardun

Das Hardun *(Agama stellio)* ist eine urtümlich anmutende Reptilienart. Die ganze Körperoberseite ist von stachelförmigen Schuppen besetzt, die im Nacken und am Schwanz besonders dornig sind. Mit bis zu 35–40 cm Gesamtlänge sind die Tiere eine auffällige Erscheinung, die man besonders häufig in den antiken Ruinen in der Ägäis und am Mittelmeer antrifft. Weiter im Landesinneren fehlen sie von wenigen Ausnahmen abgesehen ganz: Das Hardun ist nämlich extrem wärmeliebend, eine Bodentemperatur von 45 °C ist sein Temperaturoptimum und selbst wenn sich der Boden in der Sonne auf 60 °C aufgeheizt hat, ist es noch aktiv.

Das Hardun, das zur Gruppe der Agamen gehört, hat ein ausgeprägtes Sozialverhalten entwickelt. Die Tiere leben meist in kleinen Gemeinschaften zusammen, die 4–6 Individuen umfassen. Das dominante Männchen läßt sich in solchen Gruppen an der intensiveren Färbung erkennen, oder aber am Drohverhalten gegenüber seinen Artgenossen: Ein in schneller Folge wiederholtes Kopfnicken.

Während man das Hardun in der Türkei an fast jeder antiken Ruinenstätte am Mittelmeer und in der Ägäis findet, kommt es in Europa nur auf einigen griechischen Inseln und in einem kleinen Areal auf dem griechischen Festland vor.

21 Köprülü-Kanyon-Nationalpark

Eindrucksvoller Cañon; ursprüngliche Kulturlandschaft am Südhang des Taurusgebirges; Libanonzeder und größter zusammenhängender Zypressenwald des nahen Ostens; reicher Schatz an Karstformen.

Der Köprü-Fluß (Köprü Irmağı) entspringt südöstlich des Eğirdir-Sees: Sein Tal durchschneidet den Taurus in Nord-Süd-Richtung. Der Mittellauf des Flusses, der etwa 85 km westlich der Touristenmetropole Antalya liegt und sich tief in die Landschaft eingrub, wurde erst 1973 zum Nationalpark ausgewiesen.

Die Faltung des Taurusgebirges, das sich aus Sedimenten des ehemaligen Tethysmeeres aufbaut, läßt sich heute im Bereich des Köprü-Flusses gut demonstrieren: Die Region wird von zwei Sätteln (Antiklinalen) und einer dazwischenliegenden Mulde (Synklinale) geprägt. Am Ostrand der Mulde, parallel zum Lauf des Köprü, liegt eine tektonische Bruchstufe, die Bruchlinie von Kırkkavak. Sie ist an schroffen Felswänden, mit der die dahinterliegende Hochfläche abbricht, deutlich erkennbar. Während das hügelige Vorland aus tertiären Ablagerungen besteht, stammen die Kreide, der Dolomit, Sandstein und Mergel des Hinterlandes aus dem Erdmittelalter, sind also wesentlich älter. Den Westrand der Mulde bildet der Cañon des Köprü.

Im westlichen Sattel ist der Bozburun Dağı die höchste Erhebung. Mit 2505 m nimmt er eine zentrale Stelle im Nationalpark ein. Zwischen ihm und dem Cañon liegt das bis etwa 1000 m mächtige »Köprüçay-Konglomerat« aus grauem und graubraunem Nagelfluh. Kalksteingeröll ist mit kalkigem Binde-

Im Köprülü-Kanyon-Nationalpark gibt es den einzigen Zypressenwald der Türkei.

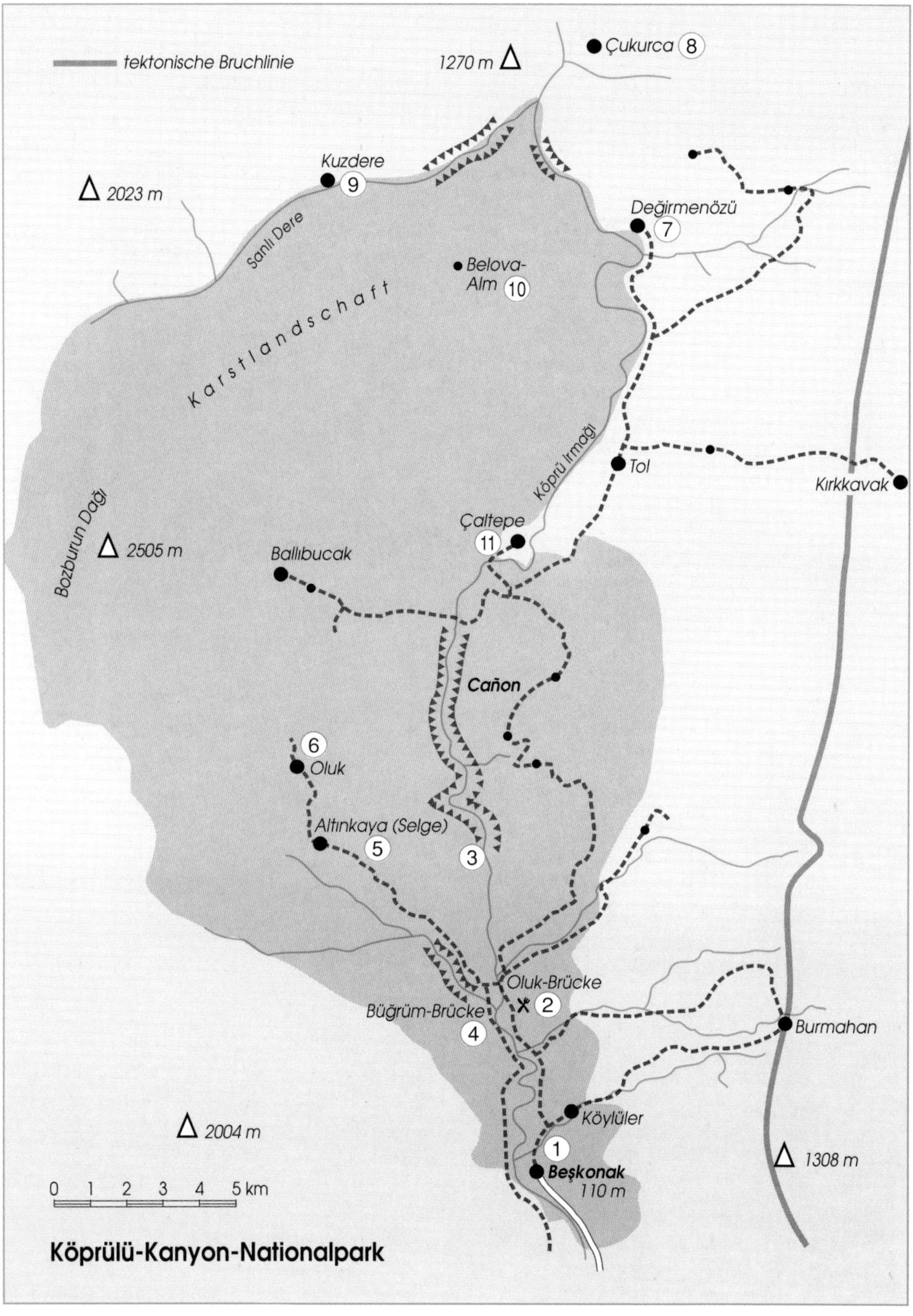

tektonische Bruchlinie
1270 m
Çukurca 8
Kuzdere
9
2023 m
Sanlı Dere
Değirmenözü
7
Belova-Alm 10
Karstlandschaft
Köprü Irmağı
Tol
Kırkkavak
Bozburun Dağı
2505 m
Çaltepe
11
Ballıbucak
Cañon
6
Oluk
Altınkaya (Selge)
5
3
Oluk-Brücke
2
Bügrüm-Brücke
4
Burmahan
Köylüler
2004 m
1
Beşkonak
110 m
1308 m
0 1 2 3 4 5 km
Köprülü-Kanyon-Nationalpark

mittel fest verkittet. Die unterschiedliche Härte des Gesteins hat mannigfache Verwitterungsformen hervorgebracht, so matratzen-, kissen- und wollsackartige Gebilde. Das Kalkplateau nördlich der Köprü-Schlucht, wo hauptsächlich mesozoisch-tertiäre Kalksteine den Untergrund bilden, hat einen reichen Schatz an Karstformen. Rillen-, Rinnen- und Kluftkarren, Trichter-, Schüssel- und Ponordolinen sind ebenso zu finden wie riesige Poljen.
Der Cañon hat eine Länge von 14 km und eine Tiefe von 100 m; stellenweise erreicht er sogar 400 m. Mit Ausnahme einiger Stellen ist die gesamte Durchbruchsschlucht von beiden Seiten des Flusses her praktisch unzugänglich. Als Folge der an Klüften und Fugen besonders schnell fortschreitenden Verwitterung und der Seitenerosion entstanden schroffe, durch kleine Schluchten und Felsrippen gegliederte Hänge, die nur an wenigen Stellen bis zum Tal hinab zu begehen sind. Nicht nur die Steilhänge, auch das Längsprofil des Tales verhindert den Zugang. Im Talboden befinden sich gelegentlich kesselartige Mulden, Wasserfälle bzw. Schwellen sowie Karstquellen.
Die Mulde zwischen dem westlichen und dem östlichen Höhenzug stellt die am intensivsten bewirtschafteten Nutzflächen dar. Zwischen Çaltepe am nördlichen Eingang zum Durchbruchstal und Değirmenözü weitet sich der Talboden und er wird der Anlage von Feldern zugänglich. Wo Bewässerungsmöglichkeiten bestehen, werden Baumwolle (S. 157) oder Mais angebaut, stellenweise auch Dauerkulturen angelegt.
Beim Köprülü-Kanyon-Nationalpark handelt es sich streng genommen um eine Kulturlandschaft. Dörfer und Weiler liegen im Gebiet und Land- und Forstwirtschaft werden betrieben. Man darf keinen Nationalpark nach europäischen oder amerikanischen Maßstäben erwarten. Strenge Schutzzonen existieren bislang nicht. Auch touristische Einrichtungen, von einem Picknickplatz abgesehen, fehlen völlig. Der Park ist nach dem »Kanyon« (so die türkische Schreibweise von Cañon) des Flusses Köprü benannt. Köprü heißt Brücke, der Park also übersetzt »Nationalpark des Cañons mit der Brücke«.

Der Felsensteinschmätzer kommt auf den überwiegend kahlen Hängen des Nationalparks vor.

Pflanzen und Tiere

Die montane und hochmontane Stufe wird von Gebirgsnadelwäldern aus Krim-Schwarzkiefer, Libanonzeder (S. 163) und Kilikischer Tanne eingenommen, die im Sommer beweidet werden. Dadurch sind viele Baumbestände stark gelichtet. Gerade an solchen Stellen kommt der Wacholder, vor allem der Griechische Wacholder, relativ häufig vor. Die Kilikische Tanne ist an etwas feuchte Standorte gebunden.
Eine Besonderheit des Gebietes ist ein **Zypressenwald** südlich von Selge (Altınkaya) an den Felshängen der Schluchten des Kocadere und seiner Quelläste. Wälder der breitwüchsigen Form *(»horizontalis«)* sind als Relikt einer tertiären Gebirgsflora anzusehen. Nur an wenigen Stellen des Nahen Ostens konnten sich zusammenhängende Reinbestände dieser Art halten. Mit etwa 425 ha stellt das Vorkommen im Köprülü-Kanyon-Nationalpark den einzigen Zypressenwald der Türkei dar und hat auch nicht zuletzt zur Ausweisung als Nationalpark geführt. Viele der bis zu 30 m hohen Bäume haben in Brusthöhe

Das Tal des Köprü-Flusses hat sich in einem tiefen Cañon in die Landschaft eingeschnitten; Blick von der Brücke bei Oluk.

Rindenverletzungen. Die Rinde ist nämlich als Dachbedeckung und zur Abdeckung von Bienenstöcken sehr beliebt.
Sehr reich entwickelt ist im Nationalpark die Felsspaltenvegetation, die sog. Chasmophytengesellschaften. Sie blieben von menschlicher Beeinflussung weitgehend verschont und konnten sich ungestört über Jahrhunderte entwickeln. Diese Vegetation zeichnet sich im Nationalpark durch eine hohe Anzahl von Endemiten aus. Verschiedene Arten wurden erst in den letzten Jahren entdeckt und für die Wissenschaft beschrieben.
Die Gipfel der Kalkhochflächen im Osten und Westen sind der Lebensraum der Bezoarziege (s. S. 122).

Im Gebiet unterwegs

Schon bei der Anfahrt kann man hinter dem Dorf Sağırını, wo die Straße den Berg hochführt, herrliche Kiefernwälder und eindrucksvolle Felswände, die zum Fluß hinabstürzen, bewundern. In Beşkonak ① endet nach Überqueren des Marktplatzes die Asphaltstraße. Weiter das Köprü-Tal aufwärts werden zwei Nebenbäche überquert und man gelangt zu einem Restaurant ② am Fluß, einem recht guten Ausgangspunkt für Exkursionen.

Folgt man dem Weg, der sich kurz hinter dem Restaurant gabelt, nach links, so gelangt man nach wenigen Minuten zur römischen Oluk-Brücke, die den Köprü überspannt. Gleich dahinter beginnt ein Wanderweg die Schlucht hinein ③. Er führt auf einem Felsvorsprung, an einem Wasserfall und einer kleinen Höhle vorbei, zum Flußufer hinab. Nach etwa einer halben Stunde Gehzeit von der Brücke aus wird der Weg so eng, daß man besser umkehren sollte.

Folgt man der Straße weiter nach Süden, gelangt man nach 1 km zu einer Brücke über den Kocadere, einem rechten Zufluß des Köprü. Wenig oberhalb überspannt eine weitere römische Brücke eine Schlucht, die »Büğrüm-Brücke« ④. Wanderungen am Kocadere möglich.

Biegt man nach der Oluk-Brücke die erste Straße rechts ab, so kommt man nach Altınkaya ⑤, einem Dorf am antiken Selge (türk.: »Zerk«). Diese herrliche Wanderung führt durch das »Körpüçay-Kongolomerat«, das aus Nagelfluh besteht und durch bizarre Verwitterungsformen und interessante Baumbestände (Zypressenwald!) besticht. Die Straße führt hinter Selge noch etwa 3 km weiter hoch bis zum Weiler Oluk (ca. 1100 m) ⑥,

Die Gottesanbeterin wird auf türkisch »Propheten-Insekt« (»Pergamber Böceği«) genannt. Im Nationalpark leben mehrere Arten, hier *Rivetina baetica*.

Mitte: Mit Ausnahme der Gebirgsregion kann man die Maurische Landschildkröte in allen Teilen des Nationalparks finden.

Die Gewelltblättrige Zistrose, die im Frühjahr blüht, kommt in der mediterranen Macchie vor.

dem Ausgangspunkt einer schwierigen Wanderung zum Bozburun Dağı.
Auf der Straße, die nach dem Forellenlokal nicht die Oluk-Brücke überquert, sondern geradeaus weiterführt, gelangt man zum etwa 30 km nördlich gelegenen Değirmenözü ⑦; ein guter Ausgangspunkt für Erkundungen der Schluchten und der Karstlandschaft am anderen Flußufer.
In einer anstrengenden **Dreitagestour** läßt sich das Taurusgebirge im Tal des Köprü-Flusses durchqueren. Von Eğirdir am gleichnamigen See mit einem einmal täglich verkehrenden Bus nach Kesme (3 Stunden), dann Wanderung nach Çukurca ⑧ (8 km). Überquerung des Köprü-Flusses und Wanderung auf einem Weg über leicht bewaldete Hänge nach Kuzdere ⑨ an einem Nebenfluß des Köprü. Am nächsten Tag zuerst wieder parallel zum Fluß an einer Schlucht entlang flußabwärts, dann auf einem Pfad nach Süden durch dichten Wald zur Belova Yaylası, eine Alm ⑩ (3 Stunden). Teils stark abschüssiger Weg bis Değirmenözü (3,5 Stunden), wo zuerst der Fluß an einer Furt durchwatet werden muß (ca. 0,5 m tief). Von hier am nächsten Morgen am besten mit dem nach Serik verkehrenden Dorf-Minibus (Dolmuş) nach Çaltepe ⑪, da in diesem Abschnitt nur landwirtschaftliche Felder liegen. Dann auf Trampelpfad nach Überqueren einer Brücke über Ballıbucak (2,5 Stunden) und Oluk ⑥ nach Altınkaya ⑤, dem modernen Dorf am antiken Selge (4 Stunden). Von hier aus auf Schotterstraße bis Beşkonak und weiter nach Serik.

Praktische Tips

Anreise
Man verläßt die Hauptverkehrsstraße Antalya–Alanya 10 km östlich Serik bei Taşağıl, das etwas nördlich des Weges liegt. Von hier sind es 34 km bis Beşkonak, der Siedlung am Südeingang des Nationalparkes, wo auch die Asphaltstraße endet. Mit öffentlichen Verkehrsmitteln ist der Park nur schwer zu erreichen. Von Serik aus regelmäßiger Dolmuş-Verkehr bis Beşkonak, einmal täglich bis Değirmendere und ggf. in andere Dörfer.

Unterkunft/Verpflegung
Keine Hotels, Pensionen oder dergleichen im Park oder seiner näheren Umgebung. Somit Übernachtungsmöglichkeiten erst in den Küstenorten (z. B. in Belek). Im Nationalpark ist Camping erlaubt.

Exkursionen
Organisierte Touristenreisen besuchen in letzter Zeit zunehmend den Park, beschränken sich aber ausschließlich auf die beiden römischen Brücken.

Klima/Reisezeit
Reines Mittelmeerklima, das zwar auch im Winter gute Beobachtungs- und Wanderbedingungen bietet, in den Sommermonaten aber wegen der Hitze solche Aktivitäten begrenzt.

Blick in die Umgebung

Unterlauf des Köprü
Herrliche Flußlandschaft mit großen Kiesbänken, auf denen z. B. Flußregenpfeifer brüten, nahe dem antiken Aspendos. Der Ausschilderung zwischen Serik und Taşağıl folgen!

Manavgat-Wasserfälle
Der Manavgat-Fluß ergießt sich östlich des Köprü ins Mittelmeer. Wenn er aus dem Taurusgebirge heraustritt, muß er einige Kaskaden überwinden. Die Fälle liegen etwa 8 km oberhalb der Stadt Manavgat. Der Weg ist in der Stadt ausgeschildert (»şelale«).

Wälder bei Akseki
12 km östlich Manavgat biegt eine Straße nach Norden ab, die den Taurus-Hauptkamm überwindet und eindrucksvolle Landschaften durchquert. Zahlreiche ornithologische Beobachtungsmöglichkeiten, so in den Wäldern bei Akseki eines der wenigen türkischen Brutvorkommen des Weißrückenspechtes.

22 Göksu-Delta

Lagunen am Mittelmeer mit ausgedehnter Dünenlandschaft; letzter Brutplatz des Purpurhuhns in der Türkei; eines der wichtigsten Rast- und Brutgebiete für Wasservögel im östlichen Mittelmeer.

Ähnlich anderen türkischen Flußdelten ist das Göksu-Delta erst in historischer Zeit aufgeschüttet worden, ist also in geologischer Hinsicht äußerst jung. Die Entwaldung Anatoliens hatte eine erhöhte Erosion zur Folge, die die Flußdelten rasch anwachsen ließ. An der Stelle, wo der Göksu, was soviel wie »Blaues Wasser« heißt, aus dem Taurusgebirge austritt, liegt die Stadt Silifke, das antike Seleucia. Davor dehnt sich ein etwa 15000 ha großes Schwemmland aus. Größtenteils ist es heute landwirtschaftlich genutzt, doch liegen in den küstennahen Zonen noch sehr ursprüngliche Küstenlandschaften, die der Lebensraum zahlreicher bedrohter Tierarten sind.
In der rechten Deltahälfte liegen zwei Lagunen: Der etwa 1100 ha große Akgöl und der etwa 400 ha große **Paradeniz-See**, der einen Ausfluß zum Meer besitzt und daher von großer fischereiwirtschaftlicher Bedeutung ist. Es sind dort Fischwehre angebracht, mit denen der Aus- und Einfluß insbesondere von Meeräschen kontrolliert werden kann. Die Lagune selber hat nur wenig Vegetation. Völlig anders gestaltet ist der **Akgöl**, der auf der Nord- und Südwestseite von einem dichten Gürtel aus Schilf umgeben ist. Im Gegensatz zum Paradeniz Gölü ist er nur leicht brackig.
Die beiden Lagunen sind seit einigen Jahren durch einen künstlichen Durchstich oberflächlich verbunden. Vom Meer sind beide

Der Spornkiebitz ist eine Charaktervogelart des Göksu-Deltas.

Um die Lagunen des Göksu-Deltas wächst eine üppige Salzvegetation.

durch Sanddünen unterschiedlicher Breite getrennt. Besonders die älteren Dünen südwestlich des Akgöl sind von dichter Vegetation bedeckt und bilden interessante Habitate für zahlreiche Tierarten. Eine Landzunge nach Süden ist sehr flach und wird bei Winter- und Frühjahrsstürmen teils von hohen Wellen überflutet. Die Vegetation ist daher spärlich oder fehlt ganz. An der Spitze der Landzunge steht ein Leuchtturm.
Der Göksu hat im Unterlauf zahlreiche Mäander sowie Sand- und Kiesbänke. Auf der linken Deltaseite liegen mehrere Altwässer mit dichter Vegetation.
Im Schwemmland wird in erster Linie Reis angebaut. Auch Erdnüsse, Sesam und Hülsenfrüchte sowie um die Ortschaften Zitrusfrüchte nehmen eine wichtige Stellung ein. Die Bewässerung wird durch ein komplexes System von Kanälen bewerkstelligt, die Wasser aus dem Göksu heranleiten und zusätzlich Grundwasser einspeisen.

Pflanzen und Tiere

Auf den Salzschlickfeldern nahe der Fischereistation und südlich des Akgöl treten holzige, niedrige Zwergsträucher auf: *Halocnemum strobilaceum* und die Gänsefußgewächse *Arthrocnemum glaucum* und *A. furticosum*. Fehlen diese Halbsträucher, finden sich oft Wiesen aus Strandflieder *(Limonium serotium* und *L. oleifolium)*.
Auf den alten Dünen zwischen dem Akgöl und dem Meer wächst die Myrte, ein wärmebedürftiger Strauch mit aromatischen Blättern, der auch einen etwas salzigen Boden toleriert. Dazu kommt dort *Thymelaea hirsuta*, ein Seidelbastgewächs, der Oleander (S. 60) und Tamarisken (S. 44). Hier wächst auch der Affodil (S. 84), der im Sommer an seinen gut 1 m hohen vertrockneten Stengeln auffällt, eine Schwertlilie *(Iris sisyrinchium)* und die blauviolett blühende Gemeine Ochsenzunge.

Direkt am Strand sind es meist Pflanzenarten, die den Sand befestigen, darunter z. B. der Meerknöterich, ein Flachsandspezialist mit langen Wurzelausläufern, oder das Gras *Aeluropus litoralis*. Dazu kommt die auch von der Nordsee her bekannte Stranddistel sowie der dicht behaarte Meeresschneckenklee.
Die Dünenlandschaft stellt ein enorm wichtiges Rastgebiet für viele Singvögel auf dem Zug dar. Gerade in den Frühjahrsmonaten nutzen viele Rotschwänze, Grasmücken, Laubsänger, Fliegenschnäpper und Würger dieses Gebiet als ersten Rastplatz nach dem Zug über das Mittelmeer. Im Dünengelände brütet das Halsbandfrankolin, der Triel (S. 48) und nicht selten auch die Streifenprinie (S. 143).
Der Schilfgürtel auf der Südwest- und Nordseite des Akgöl ist der Brutplatz des Purpurhuhns (s. S. 143). Auf dem See sind regelmäßig Rosapelikane und Krauskopfpelikane (S. 53) zu beobachten, dazu kommen Zwergscharbe (S. 104), Zwergdommel und Purpurreiher. Über dem Schilf sieht man regelmäßig Rohrweihen gaukeln. In den Flachwasserzonen kommen fast alle europäischen Reiherarten vor, dazu Sichler und Löffler. Rostgans (S. 29), Brandgans (S. 96), Löffelente, Spießente und andere Schwimmvögel kann man auf der offenen Wasserfläche entdecken.
Einige Lacken nordöstlich des Paradeniz Gölü stellen wichtige Rastgebiete für Watvögel dar. Hunderte von Strandläufern kann man hier sehen, dazu Dünnschnabelmöwen (S. 127) und Seeschwalben. Dies ist auch der Lebensraum des Spornkiebitz, der hier seine Jungen großzieht.
Die Lagunen sind ein wichtiges Wintergebiet für Wasservögel. Neben Bläßhühnern verbringen hier vor allem Krick-, Pfeif- und Tafelenten in großer Zahl die kalte Jahreszeit. Regelmäßig kommt auch der Kranich als Wintergast vor.
Die Lagunen sind ein bedeutendes Vorkom-

Der Paradeniz Gölü, die kleinere der beiden Lagunen im Göksu-Delta, hat eine Verbindung mit dem Meer.

men der Blauen Schwimmkrabbe, die hier auch wirtschaftlich genutzt wird (s. S. 158).

Im Gebiet unterwegs

Etwa 2 km östlich Taşucu führt eine Asphaltstraße zwischen dem Gelände der Papierfabrik und einem trockenen Bachbett zu einer Feriensiedlung ①, die Ausgangspunkt für Exkursionen an den Akgöl ist. Den besten Blick auf den See hat man von den Sandhügeln zwischen Lagune und Meer. Ein befestigter Weg entlang einer Abwasserleitung ist bis zu einer Pumpstation am Meer auf der südöstlichen Deltaseite befahrbar.

Kommt man von Westen nach Silifke, ist gleich hinter dem Ortseingang, noch vor der ersten großen Straßenkreuzung, der Weg nach Kurtuluş ausgeschildert. Dort endet der Asphalt, doch geht der gute Schotterweg zu-

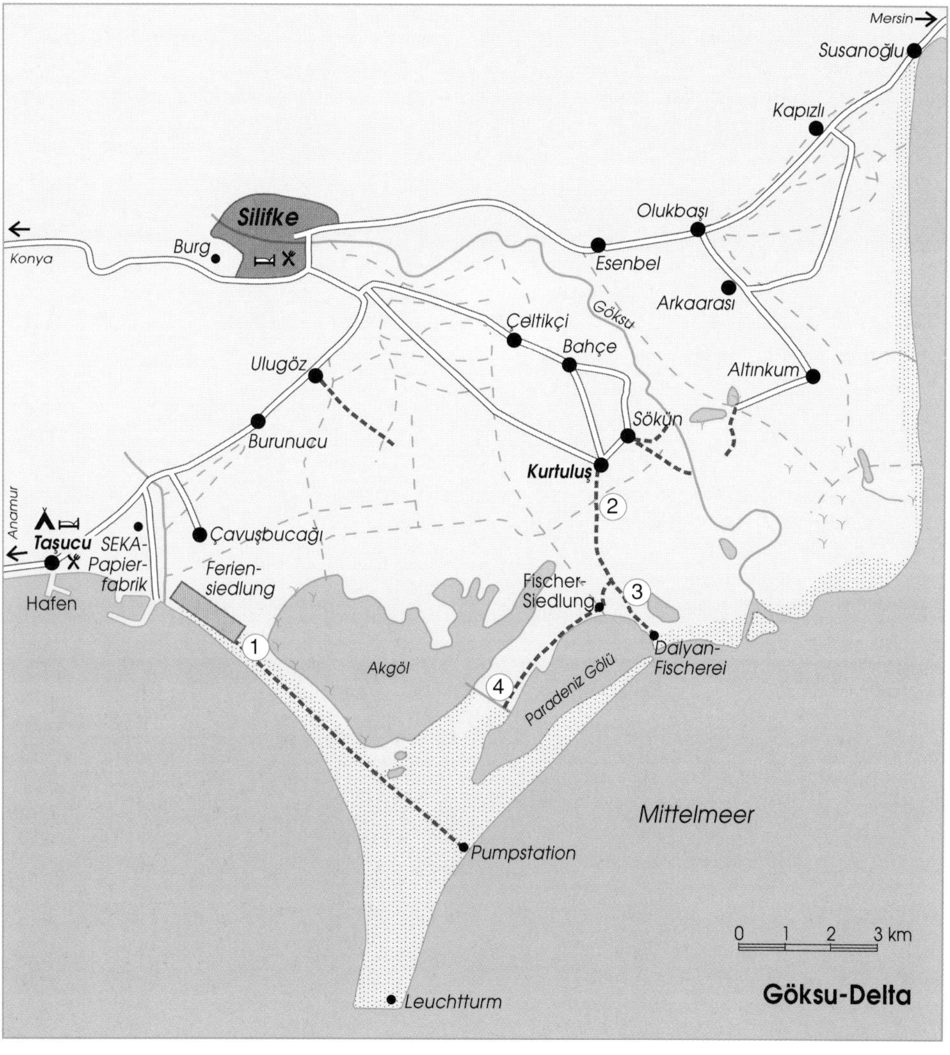

Das Purpurhuhn

Einst war das Purpurhuhn *(Porphyrio porphyrio)* im Mittelmeerraum weit verbreitet. Im alten Griechenland wurde das zarte, weiße Muskelfleisch hoch geschätzt. Gaius Plinius Secundus (Plinius der Ältere) fand es erwähnenswert, daß die »besten« Purpurhühner von den Balearen kämen, die »zweitbesten« aus dem Königreich Kommagene am oberen Euphrat. An beiden Plätzen ist das Purpurhuhn heute ausgestorben, ebenso wie an vielen anderen Brutplätzen im Mittelmeergebiet. Überjagung und Trockenlegung von Feuchtgebieten sind die Hauptursachen für das Verschwinden.
Nach dem Verlust von Brutplätzen am ehemaligen Amik Gölü und in den ehemaligen Aynaz-Sümpfen erst in den 60er bzw. 70er Jahren stellt das Göksu-Delta den letzten türkischen Brutplatz dar. Die Göksu-Vögel gehören einer grauköpfigen Unterart an, für die das Göksu-Delta nun sogar der einzige Brutplatz im Mittelmeerraum ist. Der Bestand, der weniger als 30 Paare beträgt, bedarf also des dringenden Schutzes.
Die trompetenden, gackernden und gluckenden Rufe lassen sich im Göksu-Delta von März bis Mai besonders nachts vernehmen. Will man die Vögel auch zu Gesicht bekommen, so sucht man am frühen Morgen aus einiger Entfernung mit dem Fernglas die Schilfränder ab. Vor Beginn der Revieraufteilung, etwa Ende Februar, verlassen die Purpurhühner in den Abendstunden oft das Schilf gemeinsam zur Nahrungssuche.

erst über einen Entwässerungskanal ② und dann weiter bis zur Fischereistation am Meer (Dalyan). Ohne den Weg verlassen zu müssen, hat man eine sehr gute Einsicht in die Lagune Paradeniz und auf einige Salzlacken,

Im Göksu-Delta befindet sich der letzte Brutplatz des Purpurhuhns in der Türkei.

die sich östlich des Weges befinden ③. Will man die Paradeniz-Lagune näher erforschen, so kann man auch einen Feldweg (nach Regen nicht befahrbar!) entlang dem Nordufer wählen, wo man zuerst durch eine kleine Fischersiedlung gelangt. Der Weg endet an dem neuen Kanal, der beide Lagunen verbindet ④.
Von Altınkum aus in der östlichen Deltahälfte führen verschiedene Feldwege zu den Altwässern und ans Meer.
Die Hafenmole von Taşucu ist, besonders außerhalb der Brutzeit, oft für Überraschun-

In den mit Sträuchern bewachsenen Sanddünen brütet die zierliche Streifenprinie.

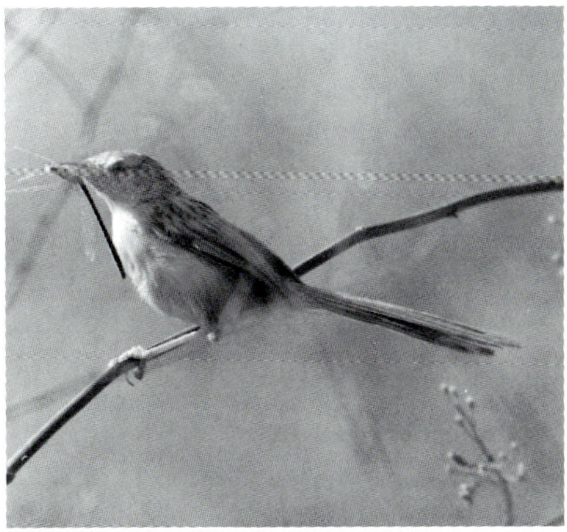

Rosapelikane kann man zur Zugzeit oft in großen Trupps sehen.

gen gut. Man kann dort manchmal Krähenscharben sehen, vielleicht auch sogar einmal eine Korallenmöwe.
Nicht versäumen sollte man einen Besuch der Burg von Silifke, die einen guten Überblick über das Schwemmland gestattet. Am Burghügel kann man auch Blaumerle, Samtkopfgrasmücke usw. entdecken. Die Ruine ist ein Wintergebiet des Mauerläufers. Oberhalb Silifke bietet das Göksu-Tal mit seinen steilen Talseiten herrliche Landschaften. Wandermöglichkeiten z. B. zu beiden Seiten einer Göksu-Brücke ca. 15 km oberhalb Silifke.

Praktische Tips

Anreise

Nach Adana, der viertgrößten Stadt der Türkei, sind es 160 km. Dort ist auch der nächste Flughafen.

Information

Informationsbüros gibt es in Taşucu und Silifke:

▷ Turizm Bürosu, Silifke, Atatürk Cad. 1/2, Tel. 1289/151;

▷ Turizm Bürosu, Taşucu, Gümrük Mey. 18/A, Tel. 7593/1234.

Unterkunft/Verpflegung

Unterkunft in Silifke oder besser noch in Taşucu, wo es drei Hotels gibt:

▷ Taştur Oteli, Tel. 7593/1045;

▷ Olba Oteli, Tel. 7593/1222;

▷ Lades Oteli, Tel. 7593/1008.

Dazu mehrere Pensionen, darunter

▷ Arısoy Pansiyon, Tel. 7593/1601;

▷ Sevimli Pansiyon, Tel. 7593/1091.

Campingplätze gibt es in Taşucu und Susanoğlu. Weitere Hotels und Campingplätze östlich Susanoğlu entlang der Küste.

Fährverbindung

Von Taşucu aus besteht eine Fährverbindung mit dem nordzyprischen Städtchen Girne. Im Sommer tägliche Verbindung, im Winter fast tägliche.

Klima/Reisezeit

Reines Mittelmeerklima, das Sommerbeobachtungen wegen der hohen Temperaturen sehr erschwert, doch Winterbeobachtungen angenehm macht. Günstigste Jahreszeit März bis Mai. Im Delta oft Fallwinde vom Taurus.

23 Cennet Cehennem

Einsturzdolinen »Himmel und Hölle«; unterirdischer Fluß; Tropfsteinhöhle; mediterrane Macchie als Winterweidegebiet von Nomaden; Karstlandschaft des Taurusgebirges mit Blaumerle und Grauortolan, in Hochlagen mit Rotstirngirlitz und Gänsegeier; tiefe Schluchten.

Das Taurusgebirge ist ein riesiges Karstgebiet. Östlich von Silifke besteht das Gebirge bis zur Küste herunter aus ungefalteten Miozänkalken. Das weiche Kalkgestein ist im Wasser leicht löslich und daher konnte sich ein reicher Formenschatz des Karstes bilden, ähnlich dem klassischen jugoslawischen Karst.

Durch unterirdische Ausspülung sind große Hohlräume entstanden, die im Laufe der Zeit in sich zusammenbrachen. So entstanden Einsturzdolinen riesigen Ausmaßes, von den Einheimischen »obruk« genannt. In der Nähe der Mädchenburg (Kızkalesi) liegen zwei solche Einsturzdolinen dicht nebeneinander. Die Türken nennen sie »Cennet Cehennem«, was »Himmel und Hölle« bedeutet. Der »Himmel«, die größere der beiden Dolinen, ist etwa 200 m lang, fast 100 m breit und etwa 80 m tief. Der Boden der Doline ist mit Humus bedeckt und von Sträuchern und Kräutern bewachsen. In einer Ecke liegt der Ausgang einer etwa 70 m langen, abwärts ins Erdinnere gerichteten Karströhre. An ihrem Ende befindet sich ein Fluß, der letztlich die Ursache für das Entstehen der Doline ist. Der unterirdische Wasserfluß konnte das Kalkgestein auslösen und die gelösten Teile abtransportieren.

Schon der griechische Geograph Strabo, der um die Zeit von Christi Geburt lebte, erwähnte in seiner Erdbeschreibung den »stikkigen und finsteren Ort«. Nach der Mythologie soll hier, am Grund der Doline am Eingang zur Karströhre, das Ungeheuer Typhon gelagert haben. Es hatte Schlangenfüße und hundert Drachenköpfe und war der Vater des Höllenhundes Zerberus, der den Eingang zur Unterwelt bewachte.

Der unterirdische Fluß unter dem »Himmel« ergießt sich bei Narlıkuyu auf dem Meeresboden ins Meer. Dies gab in der Spätantike (4. Jh. n. Chr.) Anstoß zur Errichtung eines Badehauses. Der Statthalter Poimenion hatte die Quelle entdeckt und stiftete die noch heute erhaltenen Mosaike der »Drei Grazien«.

In nur geringer Entfernung vom »Himmel« liegt die »Hölle« und 15 km nordwestlich von Cennet Cehennem eine weitere Einsturzdoline, **Kanlıdivane**. Beide Dolinen haben die gleiche Entstehungsgeschichte wie der »Himmel«. Sie sind etwas kleiner und ein unterirdischer Fluß ist dort heute nicht mehr

Der Granatapfelbaum kommt in der Mittelmeerregion vor.

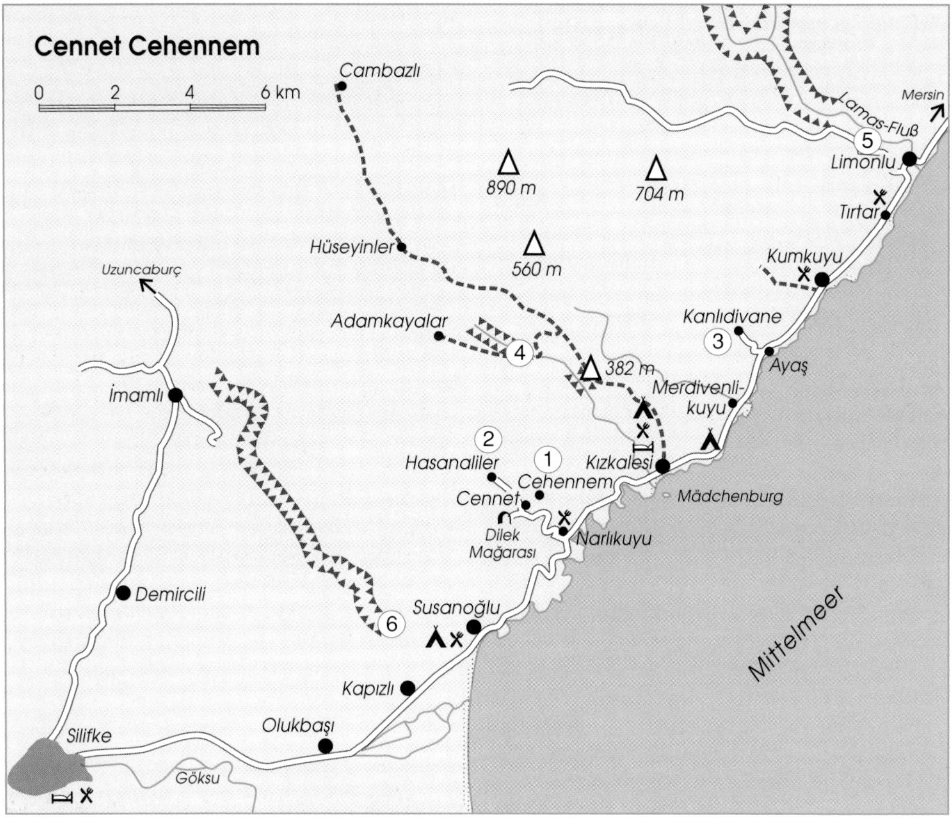

erkenntlich. In der Antike sollen auf dem Grund der Doline Löwen gehalten worden sein, denen Häftlinge zum Fraß vorgeworfen wurden.

Auch eine Karsterscheinung ist die Tropfsteinhöhle **Dilek Mağarası** (oder Narlıkuyu Mağarası), die nur 300 m vom »Himmel« entfernt ist. Man kann über einen senkrecht nach unten führenden Schacht einsteigen.

Pflanzen und Tiere

Das Pflanzenkleid der Region ist rein mediterran. Entlang dem Küstenstreifen werden viele Zitrusfrüchte wie Orangen, Pampelmusen und Zitronen, Maltapflaumen, Granatäpfel und etwas Bananen angebaut. Türkische Bananen, deren Anbauzentrum Anamur ist, sind wesentlich kleiner als die bei uns erhältlichen und sehr aromatisch.

Macchie ist die ursprüngliche Vegetation. Durch Beweidung leidet sie wie vielerorts stark, so daß manche Pflanzenarten, die eigentlich häufig sein sollten, sehr selten sind. Meist dominieren stachelige und stark aromatische Arten. Johannisbrotbäume sind häufig. Man kann verschiedene Arten von Zistrosen (S. 137), Anemonen, Affodil, Meerzwiebel, Mäusedorn (S. 160), Judasbaum, Kermeseiche und mehrere Orchideenarten finden. In höheren Lagen besteht die Vegetation aus Wäldern der Brutischen Kiefer, in ausgesprochenen Hochlagen auch aus Kilikischer Tanne und Schwarzkiefer.

Ein ständiger Begleiter in den Ruinenstätten ist der Felsenkleiber. Mit seinem selbst im Winter vorgetragenen auffälligen Gesang ist er unübersehbar. Die Blaumerle trifft man an den felsigen Stellen an, so brütet sie in den Steilwänden des »Himmels«. Hier horstet auch der Turmfalke, und gelegentlich findet sich der Schmutzgeier (S. 59) ein. Vereinzelt kann man hier auch Felsenhörnchen entdecken.

In der Macchie nistet die Samtkopfgrasmücke und etwas seltener die Maskengrasmücke. Hier, aber auch in den Gärten um die Dörfer und in den Zitrusplantagen kommt der Graubülbül (S. 157) vor. Der Grauortolan brütet an Stellen der Macchie, wo die Vegetation etwas aufgelockert ist. Dies ist auch ein bevorzugter Lebensraum der Trauermeise.

In höheren Lagen des Taurus kann man Felsen- und Mittelmeersteinschmätzer antreffen. Selbst Rotstirngirlitze kann man dort entdecken. Bis Anfang Mai halten sie in kleinen Schwärmen zusammen.

Im Gebiet unterwegs

Die Auffahrt zu den korykischen Grotten Cennet Cehennem ① bei Narlıkuyu ist an der Straße Mersin–Silifke gelb ausgeschildert. Am oberen Rand des »**Himmels**« ist ein Parkplatz und eine Treppe mit 300 Stufen führt auf den Grund der Doline. Man kann ohne weiteres, etwas Vorsicht wegen glitschiger Steine vorausgesetzt, die dortige Karströhre bis zum unterirdischen Fluß vordringen.

Ein paar hundert Meter östlich des »Himmels« liegt die »**Hölle**«. Wegen seiner nach innen gewölbten Felswände empfiehlt es sich nicht, hinabzusteigen. Die Asphaltstraße führt bis zum Eingang der **Tropfsteinhöhle Dilek Mağarası**, in die eine 15 m hohe Wendeltreppe hinabführt. Die Wege unterhalb der Tropfsteinhöhle sind mit Beton etwas befestigt, so daß ein Rundgang ohne Schwierigkeiten möglich ist.

Ein holperiger Weg führt durch die von Johannisbrotbaum dominierte Macchie den Hang hoch bis zum Dorf Hasanaliler ②. Die Yürükensiedlung ist im Sommer fast ausgestorben, denn ihre Bewohner ziehen größtenteils mit ihren Herden in die kühleren Hochlagen des Taurus. Auf den Almen (»yayla«) leben sie in Ziegenhaarzelten. Im Winter kann man in der Macchie gelegentlich Kamele sehen; sie spielen für den Almauftrieb und -abtrieb als Transporttiere noch eine wichtige Rolle.

Beim Baden in der Bucht von Cennet Cehennem wird man sofort den raschen und deutlichen Wechsel zwischen kalten und warmen Wasserströmungen bemerken. Dieses Phänomen findet seine Erklärung im unterirdischen Fluß des »Himmels«. Er hat seine Mündung auf dem Meeresboden und das eiskalte Süßwasser aus dem Erdinneren vermischt sich nur langsam mit dem warmen Salzwasser des Meeres.

Von Ayaş aus führt ein 3 km langer Weg durch mediterranes Buschland nach **Kanlıdivane** hoch ③. In den Karstkessel kann man über enge Pfade hinabsteigen. Am oberen

Die Meerzwiebel ist wegen ihrer herzwirksamen Stoffe schon seit der Antike bekannt.

Rand der Doline liegen die Ruinen des antiken Kanytelis, die von der Vegetation völlig überwuchert sind. Daher hat man hier auch gute Möglichkeiten für Kleinvogelbeobachtungen.
Von Kızkalesi führt eine gute Schotterstraße nach Hüseyinler. Nach 7 km zweigt ein Weg ab, der mit Adamkayalar ausgeschildert ist. Nach wenigen Minuten erreicht man die Teufelsschlucht, das Steiltal des Şeytan Deresi ④.
Bei Limonlu mündet der Lamas-Fluß ins Meer. Folgt man seinem Lauf aufwärts, so gelangt man, nachdem man den Ort hinter sich gelassen hat, in eine faszinierende, tiefe Schlucht ⑤. Der Lamas-Fluß hat hier den Taurus auf eine Länge von über 25 km tief eingeschnitten. Der Weg ist an manchen Stellen sehr beschwerlich und man muß den gleichen Weg zurück nehmen. Auch nördlich Kapızlı befindet sich eine beeindrukkende Schlucht ⑥.

Praktische Tips

Jugendliche und Kinder, die sich am Eingang zum »Himmel« mit Petroleumlampen als Führer anbieten, sind nicht notwendig, da die Karströhre ohnehin leicht zugänglich und neuerdings sogar (leider!) elektrisch beleuchtet ist.

Anreise
Nach Adana, der nächsten Stadt mit Flughafen, sind es 130 km. Es bestehen gute Busverbindungen. Von Mersin aus verkehren regelmäßig Sammeltaxis (Dolmuş).

Unterkunft/Verpflegung
In Narlıkuyu, der am Meer gelegenen Ortschaft unterhalb von Cennet Cehennem, gibt es mehrere Hotels, Pensionen und Gaststätten. Dies gilt auch für Kızkalesi (Mädchenburg), das wenige Kilometer östlich davon

Der Grund der Einsturzdoline Cennet (»Himmel«) ist von dichter Vegetation bestanden.

Das unserem Eichhörnchen sehr ähnliche Felsenhörnchen lebt um die Dolinen.

liegt. Der Badestrand von Kızkalesi ist meist total überfüllt. An der Küste einige Campingplätze, z. B. BP-Mocamp Kervansaray etwa 1 km östlich Kızkalesi.

Klima/Reisezeit
Mediterranes Klima mit sehr heißen Sommern (mittlere Juli-Temperatur 27,8 °C). Günstigste Jahreszeit März bis Mai, wenngleich es im März/April in den Hochlagen des Taurus noch sehr kalt sein kann.

Blick in die Umgebung

Nahe der Karstlandschaft um Cennet Cehennem liegt das Göksu-Delta (s. Hauptreiseziel 22). Man sollte nicht versäumen, das landschaftlich äußerst reizvolle **Durchbruchstal des Göksu** oberhalb Silifke aufzusuchen. Der Fluß hat den Taurus hier senkrecht durchschnitten und die steilen Talhänge sind großteils mit Kiefernwäldern bedeckt. Verschiedene Wandermöglichkeiten an der Straße Silifke–Karaman.
In die **Taurusberge** hoch gelangt man am besten über die Straße von Silifke nach Uzuncaburç, dem antiken Olba. Oberhalb Demirçili Wandermöglichkeit in einem Kiefernwald (Türkenkleiber, Versteinerungen, eventuell Stacheln des Stachelschweines). Bei Uzuncaburç Wandermöglichkeit z. B. zum Dorf Ura, wo sich ein mächtiges Aquädukt befindet. Die Asphaltstraße führt weiter bis Kırobası, das auf etwa 1400 m liegt. Bis Ende April herrschen hier oft winterliche Temperaturen.

24 Tarsus-Delta

Eukalyptuswald; Altwässer des Tarsus-Flusses; Braunliest am Brutplatz; Alexander-Wasserfälle.

Das Tarsus-Delta ist ein Teil der riesigen südanatolischen Tiefebene, die von den Flüssen Tarsus, Seyhan und Ceyhan gemeinsam angeschwemmt wurde. Das Delta des Tarsus- oder Berdan-Flusses ist noch sehr jung, es ist erst nach der letzten Eiszeit entstanden und trägt keine prähistorischen Siedlungsreste. Der Zuwachs des Deltas lag in einer Größenordnung von 100–300 m pro Jahrhundert. Die Stadt Tarsus lag in der Antike nur 2–3 km vom Meer entfernt und hatte einen wichtigen Hafen, der über den Unterlauf des Tarsus-Flusses vom Meer aus zugänglich war. Heute ist die Stadt etwa 15 km vom Meer entfernt und ist durch die Verschlammung des Flusses natürlich längst keine Hafenstadt mehr.

1948–1953 wurde der Tarsus-Fluß reguliert, so daß er nur innerhalb von Hochwasserdämmen relativ kleine Mäander bilden kann. Danach wurden große Sumpfgebiete trokkengelegt, zuletzt die Aynaz-Sümpfe nahe der Flußmündung. Bis Anfang der 70er Jahre brüteten dort noch Purpurhuhn und Marmelente. Südlich der Stadt Tarsus hat man große Eukalyptusplantagen angelegt. Diese Bäume entziehen dem Boden viel Wasser und Nährstoffe. Da sie sehr raschwüchsig sind, wächst auf Kahlschlägen innerhalb weniger Jahre wieder ein neuer Wald nach. Das Holz wird für die Papierproduktion, als Grubenholz und für die Herstellung von Obstkisten verwendet. Die Alexander-Wasserfälle, an denen der Tarsus mehrere Meter hinabstürzt, sind im Frühjahr beeindruckend. Im Sommer und Herbst ist die Wasserführung gering.

Pflanzen und Tiere

Der Eukalyptuswald ist die größte zusammenhängende Eukalyptusanpflanzung der Türkei. Die ursprünglich in Australien beheimateten Bäume gehören zum Flußeukalyptus, also nicht zum weitverbreiteten *Eucalyptus globulus*.

Der Tarsus- oder Berdan-Fluß kurz vor seiner Mündung ins Mittelmeer.

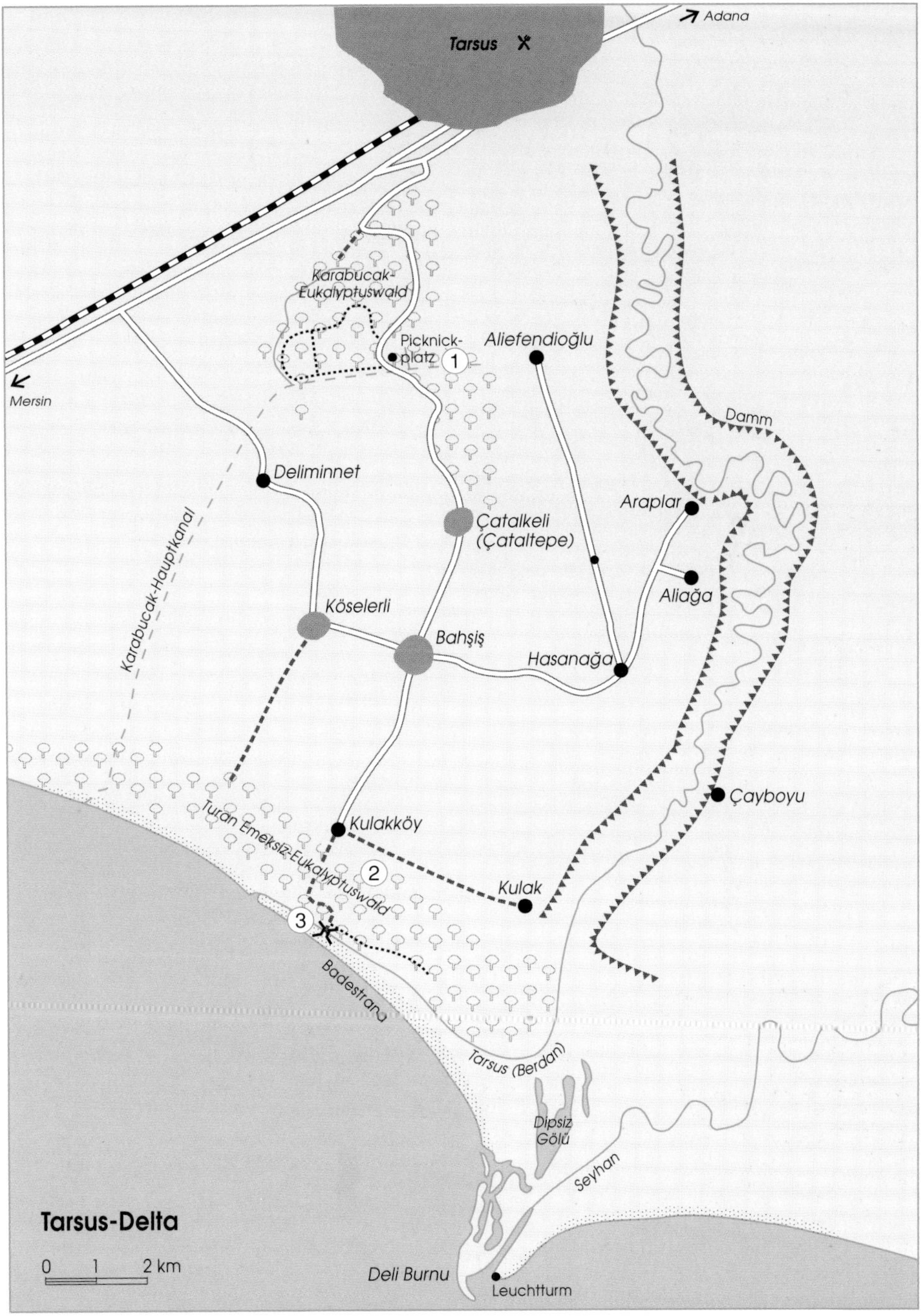

Adana
Tarsus
Karabucak-
Eukalyptuswald
Picknick-
platz
1
Aliefendioğlu
Mersin
Damm
Deliminnet
Araplar
Çatalkeli
(Çataltepe)
Aliağa
Karabucak-Hauptkanal
Köselerli
Bahşiş
Hasanağa
Çayboyu
Turan Emeksiz-Eukalyptuswald
Kulakköy
2
Kulak
3
Badestrand
Tarsus (Berdan)
Dipsiz
Gölü
Seyhan
Tarsus-Delta
0 1 2 km
Deli Burnu
Leuchtturm

Der Braunliest, eine exotisch anmutende Eisvogelart, brütet im Tarsus-Delta.

Der Eukalyptuswald wird von zahlreichen Wildschweinen bewohnt. Weidensperlinge haben zusammen mit Haussperlingen in den Kronen der Bäume eine riesige Kolonie. An den offenen Stellen, am Waldrand oder an Kahlschlägen, kommt der Heckensänger (S. 87) vor.
Zahlreiche Entwässerungsgräben durchziehen den Wald. Im glasklaren Wasser kommt die dunkelbraune bis schwarze Kronenschnecke äußerst häufig vor. Neben Tieren mit glattem Gehäuse gibt es, allerdings weit seltener, eine Morphe mit geripptem Gehäuse. In den Gewässern lebt auch eine Flußkrabbe *(Potamion potamios)*. Sie verläßt manchmal sogar das Wasser und wandert über Land.
An einigen Stellen der Entwässerungsgräben lebt die Gebänderte Prachtlibelle, die wohl schönste Kleinlibelle der Türkei und Europas. Sie ist ebenso wie die Krabbe an klares Wasser gebunden und zeigt den guten Zustand der Gewässer an. Unter den Libellen, deren Larven sich in den Gräben des Tarsus-Deltas entwickeln, ist auch die Südliche Binsenjungfer, die als Wanderlibelle in warmen Sommern die Bundesrepublik Deutschland erreicht, und der Südliche Blaupfeil, dessen Verbreitungsschwerpunkt der Mittelmeerraum ist. Er ist hier ziemlich häufig, während er z. B. in der BRD vom Aussterben bedroht ist.
Die wohl größte Besonderheit des Eukalyptuswaldes ist der Braunliest. Von dieser Eisvogelart brüten in der Türkei weniger als 150 Paare und dies hier ist das wichtigste Vorkommen. Der Braunliest ist weniger als unser Eisvogel an Wasser gebunden. Dementsprechend besteht die Nahrung vorwiegend aus Eidechsen, Maulwurfsgrillen usw.

Im Gebiet unterwegs

Von der Hauptstraße Tarsus–Mersin zweigt kurz nach Verlassen der Stadt Tarsus ein Weg in den Eukalyptuswald und weiter zum Meer ab. Zuerst führt er durch eine Eukalyptusallee, dann durch den Wald. Ein öffentlicher Picknickplatz ① ist ein guter Ausgangspunkt für Exkursionen. Von dort führen mehrere Waldwege weg.
Um den Braunliest zu finden, achtet man am besten auf seine Stimme. Schrille und trillernde Rufe gehören ebenso zu seinem Repertoire wie spechtartige Rufreihen. Ganz anders als unser Eisvogel hält er sich auch oft weitab vom Wasser auf, sitzt hoch in Bäumen oder Telegrafenmasten und fliegt über die Baumwipfel hinweg.
Der Weg vom Picknickplatz zum Strand führt durch Streusiedlungen und landwirtschaftlich genutzte Flächen, vorbei an einem Altwasser und an Seggenbeständen. Nachdem man eine mit Eukalyptus bepflanzte Sanddüne ② überquert hat, endet der Weg an einer Hängebrücke über den Tarsus ③. Exkursionen entlang der Flußufer sind stets lohnend. Man kann u. U. Beutelmeisen und Streifenprinien (S. 143) entdecken. Der Kleinasiatische Laubfrosch gibt in den

Abendstunden ein Konzert. Der Strand selber ist arm an Lebewesen. Selten schwimmen einige Enten auf dem Meer oder halten sich einige Limikolen im Spülsaum auf.

Praktische Tips

Anreise
Die Entfernung nach Adana, einer Großstadt mit Flughafen, beträgt 41 km. Man gelangt am besten in den Eukalyptuswald, wenn man an der Straße Adana–Mersin bei Tarsus der Beschilderung nach Karabucak und Bahşiş folgt.

Unterkunft/Verpflegung
In der Stadt Tarsus gibt es nur sehr einfache Hotels. Für höhere Ansprüche muß man auf die Städte Adana oder Mersin ausweichen. Der Picknickplatz im Eukalyptuswald ist an Wochenenden meist überfüllt. Am Strand nahe der Tarsus-Mündung befinden sich einige einfache Strandeinrichtungen, an denen man in der warmen Jahreszeit Erfrischungen bekommen kann. Der Weg zu den Alexander-Wasserfällen ist schon innerhalb der Stadt Tarsus ausgeschildert (türk. Wasserfall = »şelale«).

Klima/Reisezeit
Wie Mittlere Çukurova (s. S. 159).

Blick in die Umgebung

In der Umgebung des Tarsus-Deltas liegen zahlreiche lohnende Ziele für Naturfreunde: Im Schwemmland die Lagunen Akyatan und Tuzla und das Gebiet um Yumurtalık, im Taurus der Aladağ-Gebirgsstock und in Richtung Silifke die Karsteinbrüche von Cennet Cehnnem und Kanlıdivane und das Göksu-Delta (s. Haupttreiseziele 25, 26 und 23 sowie Nebenziel 19).

Die Alexander-Wasserfälle oberhalb der Stadt Tarsus sind ein beliebter Picknickplatz der einheimischen Bevölkerung.

Mitte: Die Kronenschnecke ist ein auffälliger Bewohner der Gräben im Tarsus-Delta.

Im Tarsus-Delta wird in großem Maßstab Eukalyptus angebaut, um dem Boden Wasser zu entziehen.

25 Mittlere Çukurova

Eines der größten Flußdelten im Mittelmeer mit mehreren Lagunen, die größte so groß wie der Chiemsee; herrliche Dünenlandschaften; Rastgebiet für Watvögel und Überwinterungsgebiet für Wasservögel; Graubülbül als verstädterte Art.

Die Flüsse Ceyhan, Seyhan und Tarsus schütteten in Südanatolien ein Delta auf, in seiner Größe mit dem Nildelta vergleichbar. Im Zentrum reicht es 50 km weit ins Meer; die Länge der Küstenlinie beträgt etwa 120 km. Es gibt, vereinzelte kleine Tertiärhügel ausgenommen, keine wesentlichen Höhenunterschiede. Entlang der Mittelmeerküste reihen sich Dünenzüge, auf der Landseite von Strandseen und Lagunen begleitet. Im Zentrum sind dies der Tuzla Gölü, Akyatan Gölü und Akyayan (Ağyatan) Gölü; die östliche Çukurova wird vom Tarsus-Delta (s. S. 150) gebildet, im Westen liegen die Lagunen von Yumurtalık (s. S. 207). Es handelt sich um eine Haffküste, wie man sie auch an der Ostsee findet. Bei Karataş tritt eine Tertiärscholle zutage, die nach Nordost streicht und der man auch bei Yumurtalık begegnet. Auf eine Länge von ca. 10 km reicht sie bis ans Meer und bildet eine Küste mit teils steilen Abbruchkanten.

Limikolen bei der Nahrungssuche.

Die Tiefe des Meeres nimmt vor der Küste nur ganz langsam zu. Die 10-m-Tiefenmarke wird oft erst 3–4 km vor dem Strand erreicht. Das Delta verfügt also über ausgedehnte, biologisch höchst bedeutsame Flachwasserzonen.

Die Deltaaufschüttung liegt in einer Größenordnung von 5 m pro Jahr. Durch verschiedene Wasserbaumaßnahmen, vor allem durch den Bau des Seyhan-Staudammes in den 50er Jahren, hat die Aufschüttung aber heute deutlich abgenommen.

Die Çukurova liegt an der Grenze zum subtropischen Klimabereich. Die Sumpfgebiete bzw. das komplexe Netz aus Be- und Entwässerungskanälen sind die Ursache einer hohen sommerlichen Luftfeuchtigkeit. Eine schwül-heiße Witterung ist die Folge. Da zudem die Sümpfe seit jeher als malariaverseucht galten, wurde die Ebene erst relativ spät besiedelt; viele Reiche aus Adana verlassen auch heute noch in den Sommermonaten die Stadt und ziehen in kühlere Gebirgslagen, wie Pozantı oder Çamlıyayla, wo sie Sommerresidenzen besitzen.

Die Çukurova wurde seit alters her von Nomaden als Winterweide genutzt, die den Sommer im Taurusgebirge verbrachten. Im Schutz des Gebirgsrandes bildeten Nomadensippen praktisch unabhängige Fürstentümer. Erst nach deren militärischer Befriedung durch den Osmanischen Staat in der 2. Hälfte des 19. Jh. wurde eine umfassende Besiedlung der Ebene möglich, in deren Verlauf sie entwaldet und entwässert wurde. Die Nomaden wurden an den meerseitigen Rand der Ebene abgedrängt.

Der Bau der ersten nennenswerten Bewässerungsanlagen begann 1937. 1948–53 wurden an den drei Flüssen erste Hochwasserdämme angelegt. 1956 wurde der Seyhan-

Staudamm oberhalb Adana in Betrieb genommen, der dem Hochwasserschutz, der Energiegewinnung und der Bewässerung von über 100 000 ha Land dient. Zusammen mit dem Massenimport von Traktoren im Rahmen des Marshall-Planes in den 50er Jahren führten diese Maßnahmen zur totalen Umwandlung der Çukurova in ein Gebiet mit Intensiv-Landwirtschaft.

Ein Boom des Baumwollanbaus war die Folge: Anfang der 70er Jahre wurde auf 70% der landwirtschaftlichen Flächen Baumwolle angebaut, zu deren Ernte alljährlich etwa 400 000 Tagelöhner aus den Gebirgsprovinzen in die Ebene ziehen und unter primitivsten Verhältnissen arbeiten. Epidemieartige Ausbreitung von Baumwollschädlingen (Weiße Fliege) und deren zunehmende Resistenz gegen Insektizide hat in den letzten Jahren zu einer Diversifizierung der landwirtschaftlichen Produkte geführt. Insbesondere Zitrusfrüchte gewinnen zunehmend an Bedeutung.

Während der Großteil der Çukurova heute eine ausgeräumte Agrarlandschaft darstellt, sind die dem Meer zugewandten Teile noch weitgehend unerschlossen. Mit 8000 ha ist der Akyatan Gölü, die größte der Lagunen, so groß wie der bayerische Chiemsee. Doch liegt keine einzige Siedlung in ihrer unmittelbaren Umgebung; über Wege ist sie nur an wenigen Punkten erreichbar; der mehrere Kilometer breite Dünenstreifen zwischen der Lagune und dem Meer ist über Wege gar nicht zu erreichen. Bei den beiden anderen großen Lagunen, dem Tuzla Gölü (3000 ha) und dem Akyayan Gölü (2600 ha) liegen ähnliche Verhältnisse vor. Die Lagunen haben brackiges Wasser und nur eine ganz spärliche Vegetation. Lediglich an Süßwasserzuflüssen (Kanäle!) wächst etwas Schilf.

Trotz der in der Çukurova so intensiv betriebenen Landwirtschaft mit einer Fülle daraus entstehender Probleme wie Drainage, Pestizid- und Düngereinsatz ist sie immer noch eine der ganz großen Naturlandschaften am Mittelmeer.

Die Lagunen sind durch ausgedehnte Dünengebiete vom Mittelmeer getrennt.

Pflanzen und Tiere

Aus alten Reiseberichten kann man entnehmen, daß die zentrale Çukurova bis Mitte des letzten Jh. große Waldungen hatte.

J. N. Kinneir beschrieb 1810 große Wälder zwischen Adana und Karataş, in denen Bauholz geschlagen wurde, und der Wiener Botaniker Kotschy erwähnte 1858 einen Eichenwald aus *Quercus infectoria*, der sich auf 10 Wegstunden zwischen dem Seyhan und dem Ceyhan erstreckt. Durch die Besiedlung der Ebene verschwanden die Wälder vollständig. Heute versucht man, mit verschiedenen Anpflanzungen wieder etwas Wald zu bekommen. Erwähnenswert sind insbesondere die Eukalyptuswälder südwestlich der Akyatan-Lagune und östlich Karataş. Daneben werden weitere Park- und Zierbäume verwendet wie Robinie, Säulenzypresse, Kasuarine, Mi-

Der Tuzla Gölü, eine der größeren Lagunen der Çukurova, wird im Süden von Dünen begrenzt.

mose, verschiedene Palmenarten, Feigenkaktus usw. Gerade auf älteren Friedhöfen sieht man immer wieder die amerikanische Agave. Als Wirtschaftspflanzen werden Feige, Granatapfel (S. 145), Maulbeere, Pflaume, Mandel, Aprikose, Zitrusfrüchte usw. angebaut.
In der ersten Hälfte des letzten Jh. zählte der britische Reisende Ainsworth u. a. noch Gazellen, Großtrappen und Zwergtrappen zu den »bemerkenswerten Bewohnern« der Ebene und erlegte sogar einen Tiger (oder Leoparden?). Die Entwaldung und landwirtschaftliche Kultivierung der Ebene führten zum Verlust dieser Arten.
Eine der interessantesten Säuger der Sumpfgebiete ist die Manguste. Diese Schleichkatzenart ist nicht selten, wenngleich man sie wegen ihrer heimlichen Lebensweise nur ausnahmsweise zu Gesicht bekommt. Da sie als Schlangenvertilger bekannt ist, schätzt die lokale Bevölkerung sie sehr. Sie nennen sie »Kuyruksüren«, was so viel bedeutet wie »das Tier, das seinen Schwanz nachzieht«. Tatsächlich sind ihre Spuren daran zu erkennen, daß sich im weichen Untergrund neben ihren Pfoten auch eine Schleifspur des Schwanzes abdrückt.
Die größte türkische Population des Frankolins mit vermutlich über 300 Paaren lebt in der Çukurova. Dieser Hühnervogel bevorzugt das abseits gelegene, schwer erreichbare Dünengelände zwischen den Lagunen und dem Meer. Die dreisilbigen, monotonen Rufe können in den Kernzonen des Vorkommens ein ständiger Begleiter werden.
In den Dünen brütet der Triel (S. 48); in den Salzwiesen um die Lagunen legen Brachschwalben (S. 103) ihre Kolonien an. Seeregenpfeifer nisten sowohl am Meeresstrand wie an den Lagunenrändern. Auch der Spornkiebitz (S. 139) zieht an den Lagunen und Austrocknungsflächen seine Jungen groß.
Rötelschwalben nisten neben Rauchschwalben in allen Ortschaften der Çukurova. Wo etwas Gebüsch vorhanden ist, kann man mit etwas Glück den Heckensänger (S. 87) finden und an Gräben, in Dünen usw. ist die zierliche Streifenprinie (S. 143) eine Charak-

Die Baumwolle ist das wichtigste Anbauprodukt der Çukurova, das auch viele Umweltprobleme verursacht.

terart, die im Frühjahr durch ihren nähmaschinenartigen Gesang auffällt. In den Obstgärten um die Dörfer lebt der Graubülbül; selbst in Adana kann man ihn antreffen. Seine Verstädterung ist etwa ebensoweit fortgeschritten wie die unserer Amsel.
Große Bedeutung hat das Delta als Raststätte für Watvögel. Die Çukurova liegt auf einer der Hauptzugrouten vieler Limikolenarten, dem »zentraleurasischen Zugkorridor«. 11 000 Zwergstrandläufer und etwa ebenso viele Alpenstrandläufer, 3000 Sichelstrandläufer, 1400 Rotschenkel oder 125 Teichwasserläufer wurden hier schon gleichzeitig gezählt und untermauern die Bedeutung als Rastgebiet. Man hat errechnet, daß z. B. 70 000–75 000 Zwergstrandläufer im Laufe einer Zugperiode das Delta zur Nahrungsaufnahme nutzen.
Das Lagunensystem der Çukurova ist das

Mitte: Der Graubülbül kommt vorwiegend in den Ortschaften vor.

Der Seefrosch ist die häufigste Froschart der Türkei, die an praktisch allen Gewässern vorkommt.

Blaue Schwimmkrabbe

Die eigentliche Heimat der Blauen Schwimmkrabbe *(Callinectes sapidus)* ist die atlantische Küste Amerikas vom St. Lorenzstrom bis zum Rio de la Plata. Durch die Handelsbeziehungen mit Europa wurde sie schon zu Beginn unseres Jahrhunderts an verschiedene Stellen Nord- und Mitteleuropas verschleppt, wo es jedoch zu keiner dauerhaften Ansiedlung kam.
Fest einbürgern konnte sie sich jedoch im östlichen Mittelmeer, wo sie erstmals 1948 in der Ägäis erschien und Anfang der 50er Jahre in Israel auftauchte. In den folgenden Jahren konnte sie sich so stark vermehren, daß sie heute hier ähnlich häufig wie in ihrer ursprünglichen Heimat Amerika ist. Sie besiedelt dort wie hier ausschließlich flache, schlickige Küsten in der Nähe von Flußmündungen sowie Lagunen mit mehr oder weniger brakkigem Wasser und einer Tiefe von 0–2 m. Mit Vorliebe hält sie sich auch in überfluteten *Salicornia*-Rasen auf.
Der Neubürger ist ein bekanntes und begehrtes Marktobjekt, das hohe Preise erzielt. Der derzeitige Verbreitungsschwerpunkt in der Türkei ist neben der Dalyan-Region die Çukurova und das Göksu-Delta, wo eine Firma für Verarbeitung und Export gegründet wurde.
Der Carapax des »Mavi Yengeç« (so die türkische Bezeichnung) sowie die Flächen der Beinglieder und Scheren sind lebhaft blaugrau bis himmelblau gefärbt. Dazu kontrastiert ein helles Rot, das die Gelenke der Beine, die Enden der mächtigen Scheren und die Dornenspitzen des Carapax überzieht. Die Krabben werden sehr groß; der Carapax erreicht eine Breite bis zu 25 cm.

Überwinterungsgebiet einer großen Zahl von Wasservögeln. Pfeifenten, Krickenten und Tafelenten zählen zu den häufigsten Arten, doch kann man immer auch mit Raritäten wie Brandgans (S. 96), Rostgans (S. 29) oder Weißkopfruderente (S. 95) rechnen. Besonders nach Kälteeinbrüchen im anatolischen Hochland taucht regelmäßig eine größere Anzahl von Bläßgänsen auf. Auch für den Flamingo (S. 96) ist die Çukurova ein bedeutendes Wintergebiet mit regelmäßig einigen tausend Vögeln. Ringfunde zeigen, daß es sich hier wohl größtenteils um die Brutvögel des iranischen Urmia-Sees handelt.
In den Lagunen lebt die Blaue Schwimmkrabbe (s. links).

Im Gebiet unterwegs

Von Adana führt eine Straße nach Süden zum Küstenstädtchen **Karataş** ① (in Adana Abfahrt von der Hauptverkehrsstraße ca. 1 km östlich der Seyhan-Brücke. Schlecht ausgeschildert!). Etwa 7 km nördlich Karataş erreicht man ein interessantes Sumpfgebiet ②, in dem sich ein längerer Aufenthalt lohnt. Die Süßwasservegetation ist sehr üppig und bietet gerade für Rallen und Rohrsänger ideale Habitate. Zwischen diesem Sumpfgebiet und Karataş fährt man über die Tertiärscholle, die sich von hier aus nach Yumurtalık hochzieht.
Eine Schotterstraße führt von Karataş nach Westen an die **Lagune Akyatan** ③, und zwar zum »dalyan«, dem Verbindungskanal zum Meer. An diesem Kanal liegen Fischerwehre, mit denen eine Rückwanderung mancher Fischarten (Meeräsche!) ins Meer verhindert werden kann. Wandermöglichkeiten bestehen u. a. am nordöstlichen Rand der Lagune. Hier ist aber kein Weg vorhanden, und es ist teilweise anstrengend, sich zwischen landwirtschaftlichen Flächen, Salzwiesen und trockengefallenen Schlickflächen ständig einen Durchgang suchen zu müssen.
Schöner ist zweifelsohne eine Wanderung durch die Dünenlandschaft, doch muß man

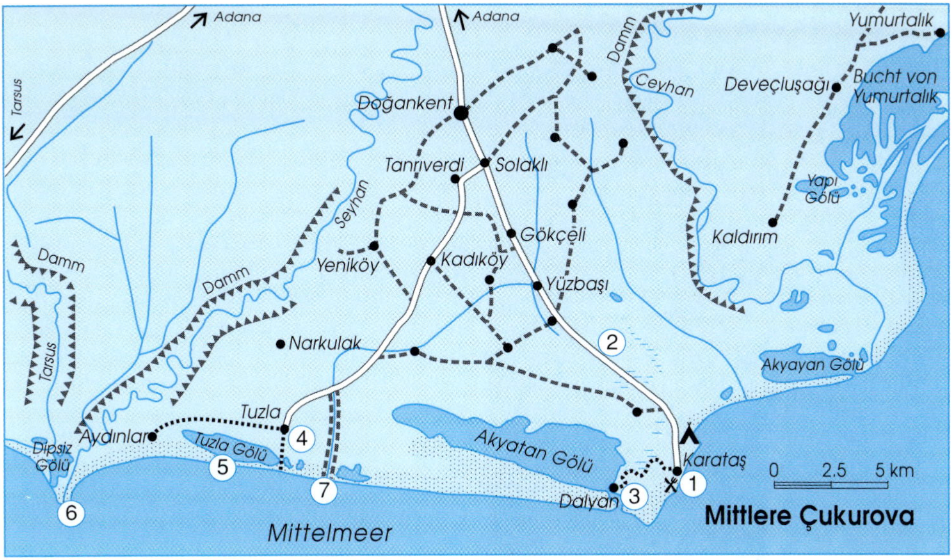

dazu einen Fischer finden, der einen auf die andere Kanalseite übersetzt (keine Brücke!). Der feine Dünensand hat viele landschaftliche Reize und fordert zum Lesen der zahlreichen Vogel- und Säugerspuren auf. Von den Sandhügeln hat man einen guten Überblick über die Wasserfläche der Lagune. Man kann den Weg so wählen, daß man zuerst am Lagunenrand entlangläuft, den Rückweg aber der Küste entlang nimmt.
Biegt man von der Straße Adana – Karataş 2,5 km südlich Doğanbey nach Südost ab, so erreicht man auf einer Asphaltstraße **Tuzla** ④. Die gleichnamige Lagune ⑤ erreicht man entweder über eine Stichstraße zum Meer oder über einen nach Osten führenden Weg, der parallel zum Lagunenrand, in einiger Entfernung dazu, verläuft. In der Fortsetzung des Weges kann man, durch ausgedehnte Dünengebiete (sandige, nicht befestigte Wege!) fast bis an die Seyhan-Mündung ⑥ herankommen.
Will man zum Meer, so biegt man schon einige Kilometer vor Tuzla an der Brücke über einen großen Drainagekanal nach Süden ab. Der Schotterweg läuft am Kanalufer entlang direkt auf das Meer zu ⑦.

Praktische Tips

Anreise
In Adana Flughafen mit Verbindung nach Ankara und Istanbul. Busverbindung in alle türkischen Städte.

Klima/Reisezeit
Da die Winter im allgemeinen sehr mild sind, bieten sie auch gute Voraussetzungen für Beobachtungen der überwinternden Wasservögel. Mittelmeerklima, doch von Juni bis Anfang September fast unerträglich schwülheiß.
Wenngleich selten, so kommt doch noch gelegentlich Malaria vor (Gefahr nur in den Sommermonaten).

Unterkunft/Verpflegung
In **Adana**, das 49 km von Karataş entfernt ist, zahlreiche Hotels, auch der Luxusklasse. Östlich **Karataş**, etwas in einem Eukalyptuswald versteckt, Campingplatz, der von der staatlichen Forstbehörde verwaltet wird (Adresse: Karataş Orman Kampı, Karataş/Adana, Tel. 73/441602). In Karataş und einigen Dörfern nur sehr einfache Lokale.

Die Kappenammer ist ein typischer Bewohner des Kulturlandes.

Blick in die Umgebung

Der westliche und östliche Deltateil (Tarsus-Delta, s. S. 150, bzw. Lagunen von Yumurtalık, s. S. 207), die Schlangenburg (s. S. 208) sowie der nördlich der Çukurova gelegene Aladağ-Gebirgsstock des Taurusgebirges (s. S. 161) wurden an anderer Stelle beschrieben. Hier nur zwei weitere Hinweise für Exkursionen:

Seyhan-Stausee

In der Umgebung des Staubeckens sind schöne Spaziergänge möglich. Hier, am Fuß des Taurusgebirges, eine Vielzahl interessanter Kleinvögel und Lebensraum des Stachelschweines.
Anfahrt von Adana entweder von Osten, wo auch der Universitätscampus liegt, oder von Westen, wo man der Ausschilderung nach Karaisalı folgt. Auf der Straße nach Çatalan kann man den See ganz umrunden.

Karatepe-Nationalpark

Das Gebiet um Karatepe wurde als »historischer« Nationalpark ausgewiesen, in dem die hethitischen Städte Karatepe und Domuztepe (gegründet um 1750 v. Chr.) lagen. Am Ceyhan gelegen, sind die Waldgebiete im Park interessante Ausflugsziele. Mediterrane Wälder und Macchien und das Oleander- und Tamariskengestrüpp am Ceyhan sind interessante Lebensräume.
Anfahrt über Osmaniye, 85 km östlich von Adana. Zuerst dem Weg nach Kadirli folgen, nach 5 km aber bei Çevdetiye zum Nationalpark abbiegen. Weg besonders nach Regenfällen, die im Frühjahr häufig sind (Steigungsregen am Aufstieg zum Amanus-Gebirge!), schlecht.

Beim Mäusedorn sind die eigentlichen Laubblätter zu einigen Millimeter großen Schuppen verkümmert. Was wie Blätter aussieht, sind die verbreiterten Seitensprosse, auf denen die Blüten sitzen.

26 Aladağlar

Hochgebirge des Taurus; Karseen auf ehemals vergletscherten Hochebenen; Kilikische Pforte; vorderasiatische alpine Vogelwelt mit Kaspischem Königshuhn, Steinadler und Gänsegeier; Relikte des Zedernwaldes.

Die Aladağlar sind ein Kernstück des Taurusgebirges. Sie bestehen aus einer Reihe von über 3000 m hohen Bergen, darunter Demirkazık (3756 m) und Küçük (= Kleiner) Demirkazık (3400 m), Kaldı (3688 m), Direktaş (3510 m) und Karanfil Dağı (3059 m). Damit ist das Aladağ-Massiv der höchste Gebirgsstock des Mittleren Taurus. Morphologisch läßt es sich in einen nördlichen Teil aus sanften Ketten gliedern, und einen südlichen, der aus leuchtend weißen, schroffen Gipfel besteht. Der nördliche Teil wird »**Schwarze Aladağlar**« genannt, der südliche »**Weiße Aladağlar**«. Die höchste Erhebung Demirkazık wird auch oft als **der Aladağ** bezeichnet, im Gegensatz zur Pluralform **die Aladağlar**, die den ganzen Gebirgszug benennt. In der Türkei gibt es zahlreiche Gebirgsstöcke mit dem gleichen Namen.

Die Aladağlar sind aus Meeresablagerungen entstanden: Im Erdaltertum (Paläozoikum) war das Gebiet der heutigen Türkei von der Tethys, einem Meer mit ozeanischen Ausmaßen, das den Atlantik mit dem Indischen Ozean verband, bedeckt. Im Bereich des heutigen Taurusgebirges kam es zu gewaltigen Sedimentablagerungen, die insgesamt absanken (Geosynklinale) und ein Flachmeer mit zahlreichen Korallenriffen bildeten. Das heutige Zentralanatolien hob sich aus dem Meer und teilte es. Im Erdmittelalter (Mesozoikum) kam es in diesem Flachmeer zu gewaltigen Kreideablagerungen, die eine Mächtigkeit bis zu 2000 m erreichten. Erst mit Beginn des Tertiärs, vor 67 Mio. Jahren, zeichneten sich in ganz Anatolien als Folge der alpidischen Gebirgsfaltung die Umrisse der heutigen Landkarte ab. Die ehemaligen Sedimente der Tethys wurden nach oben gedrückt und bildeten den Taurus: Die paläozoisch entstandenen Algen- und Korallenriffe bildeten die Schwarzen Aladağlar, die Kreideablagerungen aus dem Mesozoikum die Weißen Aladağlar.

In der Eiszeit war das Aladağ-Massiv vergletschert. An allen Ausgängen der größeren Täler sind Moränen zu erkennen; Rundhöckerlandschaften, Hängetäler, Trogtäler und Kare entstanden. Während der Schwarze Aladağ verhältnismäßig wasserreich ist, handelte es sich beim Weißen Aladağ um ein typisches wasserarmes Karstgebirge. Lediglich im sog. »Sieben-Seen-Tal« (Yedigöller) kommt es in einer glazial überformten Landschaft mit wasserundurchlässigen Böden zu einer reichen Seenbildung.

Das westliche Vorland der Aladağlar wird vom Tal des **Ercemiş** eingenommen, der von Nord nach Süd fließt. Ausgedehnte, bis 6 km breite Fußflächen entlang des Gebirges kennzeichnen den Talboden, dessen Schotter eiszeitliche Relikte darstellen.

Im Gebiet der Aladağlar liegt auch die **Kilikische Pforte**, der wichtigste Taurusübergang. Von den Türken wird sie »Gülek Boğazı«

Der Adlerbussard ist eine in Anatolien verbreitete, charakteristische Greifvogelart.

An der Kilikischen Pforte finden sich oft, wie hier nördlich Ulukışla, von der Erosion stark in Mitleidenschaft gezogene Hänge.

genannt, also »Schlucht von Gülek«. Sie wurde schon von Alexander dem Großen benutzt. Ihr höchster Punkt liegt auf 1268 m. Auch die Bahnlinie, einst als Teil der Bagdadbahn für deutsche Interessen errichtet, überquert hier den Taurus.
Die Aladağlar sind ein hervorragendes Gelände für Bergsteiger mit Touren aller Schwierigkeitsgrade. Der 3756 m hohe Gipfel wurde erstmals am 17. 7. 1927 von dem Deutschen Dr. Georg Kühne bestiegen. Heute wird das Gebiet viel vor allem von türkischen Bergsteigern genutzt.
Die Aladağlar sind seit alters her bekannt für ihre Bodenschätze. Das Gebirge wurde daher von Europa aus schon seit Mitte des 19. Jh. immer wieder von sog. »Expeditionen« aufgesucht, die der geologischen, geographischen, aber auch botanischen Erforschung dienten. Heute wird in den Aladağlar mit primitiven Mitteln Blei, Chrom und Zink abgebaut.

Pflanzen und Tiere

Die Flora der Aladağlar umfaßt etwa 560 Arten. 11 Arten kommen hier vor, die völlig auf diesen Gebirgszug beschränkt sind, also endemisch sind. Darunter ist 1 Steinkresseart *(Alyssum trapeziforme)*, 2 Flockenblumenarten, von denen die eine auch nach den Aladağlar benannt ist *(Centaurea aladaghensis)*, 1 Hauhechelart *(Ononis sessilifolia)* und 1 Ehrenpreisart *(Veronica tauricola)*. Etwa die Hälfte der Pflanzenarten sind irano-turanische Florenelemente, die andere Hälfte eurosibirische oder mediterrane Arten.
Der Kern der Aladağlar ist weitgehend waldlos. Ein großes zusammenhängendes Waldstück befindet sich in der Emli-Schlucht, die den Demirkazık-Gebirgsstock vom Kaldı-Gebirgsstock trennt. Ausgedehnte Wälder finden sich auch am Karanfil Dağı und dessen südlichen Ausläufern. Neben der Brutischen Kiefer und der Schwarzkiefer tritt die Kilikische Tanne und die Libanonzeder auf. Dazu kommen besonders an der Baumgrenze über dem Zedernwald verschiedene Wacholderarten (z. B. Griechischer Wacholder). Über 2000 m ist meist Igelpolsterheide vertreten, mit *Astragalus* und *Acantholimon* als Charakterarten.
Für den mitteleuropäischen Besucher wird zweifelsohne das Kaspische Königshuhn die größte Aufmerksamkeit beanspruchen, das die Hochgebirgsregion bewohnt. Diesen im Nahen Osten endemischen Hühnervogel

wird man in der Regel zuerst hören, dann erst sehen. Steinadler sind im Gebirge noch relativ häufig, auch Gänsegeier kann man fast regelmäßig sehen. Auch der Schmutzgeier (S. 59) lebt im Taurus, doch hält er sich vorwiegend in der offeneren Landschaft, etwa an den zur Kilikischen Tiefebene abfallenden Hängen auf. Von der seltensten Geierart, dem Bartgeier (S. 40), gibt es im Aladağ-Gebirgsstock einige Paare. An Greifvögeln brüten außerdem Adlerbussard, Schlangenadler und Zwergadler.
Ohrenlerchen sind oberhalb von etwa 2000 m nicht selten. Nach der Brutzeit schließen sie sich zu Trupps mit bis zu 100 Vögeln zusammen. Schneefinken (S. 175) kann man in der gleichen Höhenstufe beobachten. In der Wacholderzone der Hochgebirge ist auch der Rotstirngirlitz nicht selten. Geröllfelder, in denen einzelne niedere Büsche stehen, sind der Lebensraum der Steinbraunelle. Hier kommt auch der Weißkehlsänger (S. 89) vor, der außerdem bis in die Talböden vordringt. An den Bächen brütet die Wasseramsel und die Gebirgsstelze. Alpenkrähen sieht man häufig in Trupps kreisen, etwas seltener auch Alpendohlen. Im Juli fliegen in den Hochlagen der Apollofalter und der Feuerfalter.

Im Gebiet unterwegs

Durch die **Kilikische Pforte** führt eine der wichtigsten Fernverkehrsstraßen der Türkei, die letztendlich Europa mit Syrien und dem Libanon verbindet. 6 km nördlich der Kleinstadt Pozantı zweigt von ihr ein Weg ab, der über Kamışlı nach **Çamardı** ①, der größten Siedlung der Aladağlar, führt. Es ist auch möglich, Çamardı über Niğde von Norden aus zu erreichen.
Das Dorf Demirkazık ② ist der Ausgangspunkt einer Wanderung zum **Dipsiz Gölü** ③, einem kleinen Karsee. Der Pfad führt zuerst nach Südwest auf den höchsten Gipfel der Aladağlar zu, biegt dann aber nach Nord ab um den Berg herum. Die Schlucht Cimbar ④ nördlich des Kleinen Demirkazık markiert etwa die Hälfte des Weges. Um den Karsee zu erreichen, muß man sich strikt an den Trampelpfad halten. Die Wanderung vom Dorf bis zum See dauert etwa 3,5 Stunden. Alpinistische Erfahrung oder Ausrüstung ist nicht erforderlich.
Der Pfad zum Plateau der **Sieben Seen** ⑤ führt südlich um den Demirkazık herum. Allerdings ist dies eine Tageswanderung (einfacher Weg etwa 12 Stunden), die zwar nicht schwierig ist, aber ein Übernachten im Zelt auf dem Plateau nötig macht.
Vom Dorf Çukurbağ führt eine schmale Straße nach Osten an die **Emli-Schlucht** ⑥ heran. Am Eingang befindet sich ein großes Nomadenlager und eine ganzjährig wasserführende Quelle.
Zum **Karanfil Dağı** sind Touren direkt von der Straße Pozantı–Çamardı aus möglich.
Von Yahyalı aus, einer Kleinstadt am Südrand der Sultanssümpfe, ist es möglich, von der Ostseite an die Aladağlar heranzukommen. In einer etwa 5½-stündigen Fahrt auf sehr schlechtem Weg kann man die Siedlung Ulupınar (Barazama) erreichen. Der Weg wird nicht von öffentlichen Verkehrsmitteln befahren, regelmäßig aber von LKWs (Bergbau!).
Wunderbare Landschaftseindrücke lassen

Die Libanonzeder kann man z. B. am Karanfil Dağı noch finden.

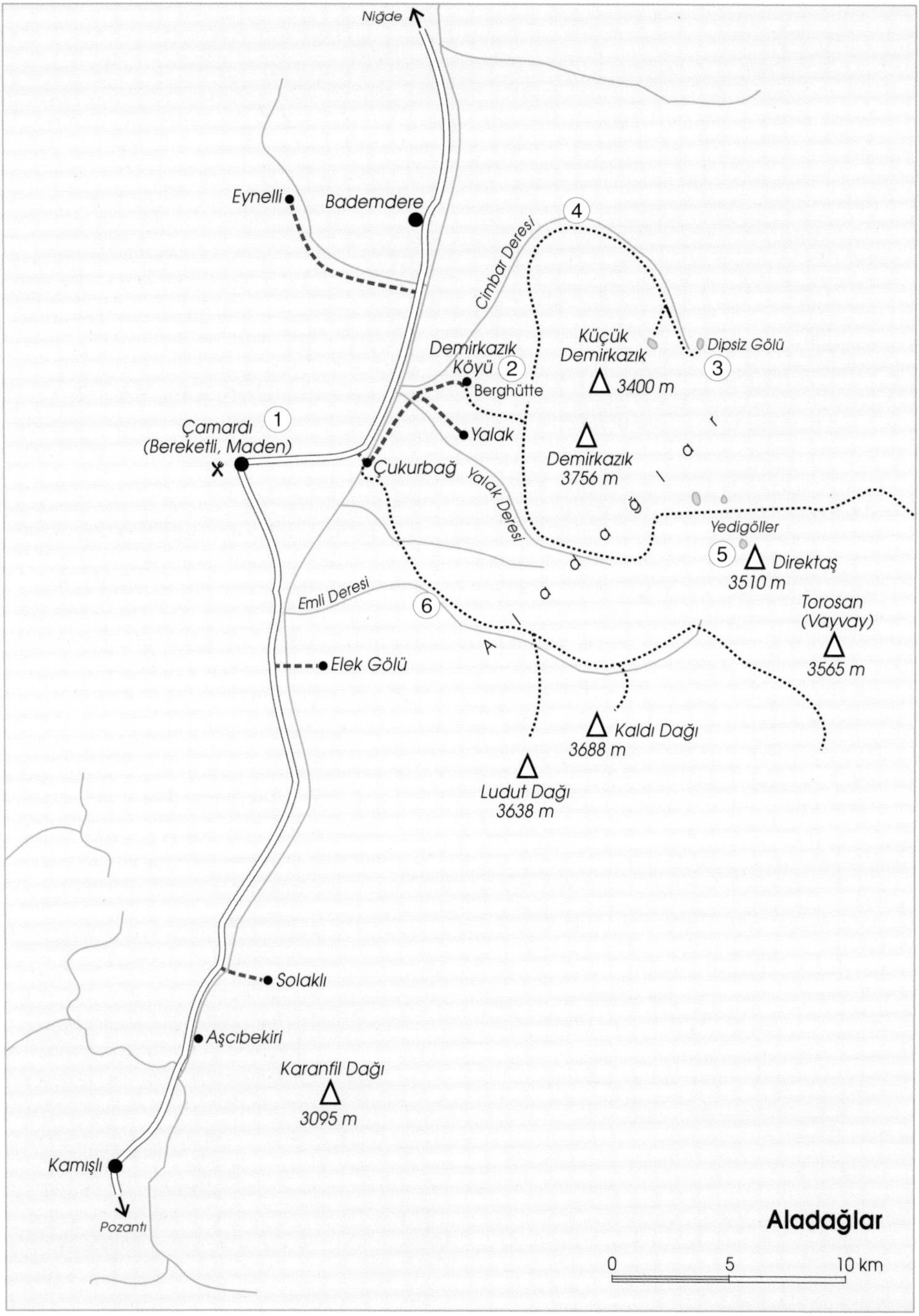
Niğde
Eynelli
Bademdere
Cimbar Deresi
4
Küçük Demirkazık
3400 m
Dipsiz Gölü
3
Demirkazık Köyü
2
Berghütte
Yalak
1
Çamardı (Bereketli, Maden)
Çukurbağ
Yalak Deresi
Demirkazık
3756 m
A l a d a ğ l a r
Yedigöller
5
Direktaş
3510 m
Emli Deresi
6
Torosan (Vayvay)
3565 m
Elek Gölü
Kaldı Dağı
3688 m
Ludut Dağı
3638 m
Solaklı
Aşcıbekiri
Karanfil Dağı
3095 m
Kamışlı
Pozantı
Aladağlar
0
5
10 km

Die Libanonzeder

Die Libanonzeder *(Cedrus libani)*, ein (bezüglich der Benadelung) lärchenartiger, immergrüner Nadelbaum (s. Foto S. 161), wurde schon im 3. Jahrtausend v. Chr. im alten Ägypten für den Schiffbau verwendet. David und Salomon benutzten das Holz der Libanonzeder für das Dach und die Innenausstattung des Tempels in Jerusalem. Als begehrtes Holz erlitten die Bestände schon früh große Einbußen, so daß das Verbreitungsgebiet der Art, das sich einst über die ganze Levante erstreckte, inzwischen sehr lückenhaft ist.

In der Türkei gibt es neben einem Reliktvorkommen in der Nordtürkei noch ansehnliche Bestände im West- und Zentraltaurus sowie im Amanus-Gebirge. Zedernwälder kommen in der montanen Gebirgsstufe vor, meist über 1600 m, oft am Rande der Baumgrenze. Wo gleichzeitig die Kilikische Tanne auftritt, wird die Libanonzeder auf Steilabbrüche, felsige Standorte sowie Gipfellagen abgedrängt.
Als Parkbaum kam die Libanonzeder 1638 nach Europa und ist hier in Gegenden mit wintermildem Klima zu finden.

sich bei einer **Zugfahrt durch die Kilikische Pforte** gewinnen. Die Bahnlinie führt abseits der Verkehrsstraße auf einer anderen Trasse und überspannt mit ihren Brücken unzählige Schluchten.
Entschließt man sich zur Bahnfahrt durch die Kilikische Pforte, so sind Verspätungen bei Abfahrt und Ankunft und ein gemütliches Fahrtempo einzukalkulieren. Achtung: In manchen Jahren sind die Verbindungen so, daß die Kilikische Pforte nur nachts durchfahren wird.

Praktische Tips

Anreise
Von Niğde aus Busverbindung nach Çamardı (65–70 km) und Kleinbusse (Dolmuş) direkt in die Dörfer Demirkazık und Çukurbağ. Ebenso gibt es von Pozantı aus Busse und Kleinbusse nach Kamışlı und Çamardı.

Unterkunft/Verpflegung
Übernachtungsmöglichkeiten sind sehr begrenzt. Sieht man von ganz einfachen Hotels in Çamardı oder Pozantı ab, sind die nächsten Möglichkeiten ein Motel an der Straße bei Niğde und ein Hotel in Bor. Der etwas anspruchsvolle Reisende wird aber immer auf Hotels in Kappadokien, Mersin oder Adana ausweichen und dafür lange Anfahrtswege in Kauf nehmen müssen.
In begrenztem Maße besteht auch die Möglichkeit, in einem für Bergsteiger eingerichteten geräumigen Haus in Demirkazık unterzukommen. Hier aber keine Bewirtung! Die für die Aladağlar optimale Möglichkeit ist immer noch das eigene Zelt.

Bergführer
In Demirkazık und Niğde gibt es ein paar Einheimische, die sich als Bergführer verdingen. Deren Preise sind relativ sehr hoch.

Klima/Reisezeit
Im Hochgebirge herrscht ein sehr rauhes Klima; bis Ende Mai liegt Schnee. Die zweifelsohne schönste Jahreszeit ist Anfang Juni bis Anfang Juli, die hier als Frühjahr zählt. Überall finden sich dann kleine Quellen und Pfützen als Folge der Schneeschmelze. Der bis Ende September dauernde Sommer ist sehr heiß; die Sonne ist sehr stechend und bei Wanderungen kann man kein Quellwasser finden. Selbst die Karseen auf dem Plateau der Sieben Seen trocknen dann, mit Ausnahme des sog. »Büyük Göl« aus. Ab Anfang Oktober muß man bereits mit den ersten Wintereinbrüchen rechnen.

27 Euphrat um Birecik

Tief in die Landschaft eingeschnittenes Euphrattal; mächtige Kalkfelsen; Waldrappzuchtstation; Flughuhntränke; Blauwangenbienenfresser, Moabsperling und Klippenkleiber als Vogelarten, die in der Türkei nur hier vorkommen; enge Wadis mit hohen Kalksteinwänden; Euphrat-Weichschildkröte als Flußbewohner.

Südostanatolien ist eine Übergangsregion zwischen den Faltengebirgen Kleinasiens und dem Tafelland der syrisch-arabischen Halbinsel. Hier liegen auf kristallinem Grund mehrere, meist leicht gewellte Platten auf, die aus tertiären Kalken und aus Mergel bestehen. Der mächtige Euphrat hat sein Bett bis zu 300 m tief in die Schichttafel eingegraben. Sein Bett verläuft in einem breiten, weithin von Schotterterrassen begleitetem Tale. Einer der wenigen Euphratübergänge liegt bei Birecik. Früher war hier eine wichtige Fährstelle. In den späten 50er Jahren wurde eine Brücke errichtet. Die Stadt steigt malerisch über dem steilen Ostufer des Flusses an. Große Kalksteinfelsen treten hier zutage, die der Stadt ihr unverkennbares Aussehen verleihen. Das Ostufer stellt die fast horizontal liegende Kalkplatte des Urfa-Plateaus dar, während das Westufer dem Hügelland von Gaziantep zuzurechnen ist.

Der 2700 km lange Euphrat entsteht im ostanatolischen Gebirge durch Vereinigung der beiden Quellflüsse Karasu und Murat Nehri. Er ist die Lebensader der sonst ariden Zone. Zur Bewässerung und zur Energiegewinnung wurden riesige Staustufen errichtet. Eines der gigantischsten Projekte ist der Atatürk-Stausee, der gut 50 km oberhalb von Halfeti beginnt und der erst 1990 in Betrieb genommen wurde.

Noch in der ersten Hälfte dieses Jahrhunderts wurde der Euphrat um Birecik beschifft, und zwar mit Flößen, die aus aufgeblasenen Ziegenhäuten zusammengesetzt waren. Heute

Der Euphrat hat sich, wie hier bei Rumkale, tief in die Landschaft eingeschnitten.

Bei der Rumkale, die einst die Ostgrenze des römischen Reiches markierte, findet man ein reiches Tier- und Pflanzenleben.

gibt es an einigen Stellen noch einen mittelalterlich anmutenden Fährverkehr mit einfachen kistenartigen Holzkähnen.
Ausgesprochener Wald fehlt heute in diesem Teil Obermesopotamiens ganz. Man findet höchstens einige Pappelanpflanzungen oder entlang des Flusses dichtes Tamariskengestrüpp. Auch die meisten Kiesbänke, die aus dem Fluß ragen, sind größtenteils von Tamarisken (S. 44) bestanden. Die Hochfläche des Kalkplateaus ist äußerst karg und nur sehr dürftig bewachsen. Wo aber der Grundwasserspiegel hoch ansteht oder wo künstlich bewässert wird, entwickelt sich rasch eine üppige Vegetation.

Pflanzen und Tiere

Dieser Teil Südostanatoliens ist ein wichtiges Herkunftsgebiet der Pistazie. Ihre türkische Bezeichnung »Antep Fıstığı« leitet sich sogar davon ab, nämlich von Gaziantep, der nächsten größeren Stadt.
Die Gegend um Birecik und Halfeti gehört zoogeographisch bereits zur syrisch-arabischen Region. Viele Arten sind in der Türkei nur hier zu finden, ihr Verbreitungsgebiet erstreckt sich aber andererseits weiter nach Süden oft bis auf die Arabische Halbinsel.
Die Waldrapp-Kolonie (s. S. 169), die in den Kalksteinwänden im Stadtzentrum lag, und die Birecik unter Zoologen berühmt machte, ist heute auf eine Volierenpopulation geschrumpft. Am Euphrat kann man den Graufischer (S. 86) selbst mitten in der Stadt, z. B. an der Euphratbrücke, oft zu mehreren beisammen, rüttelnd über dem Wasser beobachten. Seine Brutröhren legt er in den Steilwänden am Ufer an. Neben dem Bienenfresser (S. 116) tritt hier auch der Blauwangenbienenfresser auf, der seine Eier ebenfalls in selbstgegrabene Röhren in Steilwänden legt.
Im Tamariskengestrüpp am Euphrat sieht man immer wieder auffällige Kugelnester. Sie gehören dem Moabsperling, der im Winter hier wegzieht. Wenn man aufmerksam die Schwalben und Segler durchmustert, wird man sicher einmal auf den Haussegler stoßen. Diese kleine Seglerart brütet hier an

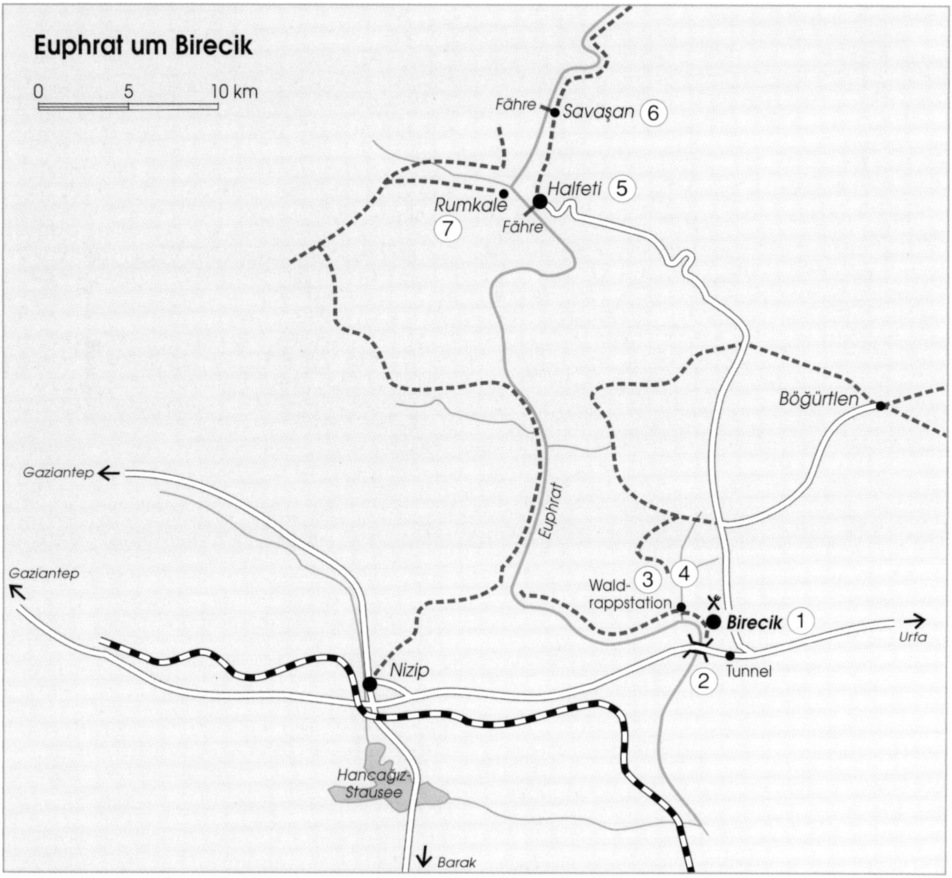

Erst in den 50er Jahren wurde in Birecik eine Euphratbrücke errichtet.

mehreren Stellen. An Greifvögeln sind besonders Habichtsadler (S. 67) und Schmutzgeier (S. 59) erwähnenswert.

In den felsigen Partien und in den Blockfeldern kommt neben dem Felsenkleiber, der über die ganze Türkei verbreitet ist, der Klippenkleiber vor. Nur mit viel Geduld und Erfahrung wird es gelingen, diese beiden sich sehr ähnlichen Zwillingsarten auseinanderzuhalten.

Im Stadtpark von Birecik hat die Streifenohreule ein bekanntes Brutvorkommen. Unbeeindruckt von der lautstarken Musik und der bunten, grellen Beleuchtung zieht diese Kleineule alljährlich hier ihre Jungen groß.

An den Häusern der Stadt lebt der Blattfinger-

gecko *Phyllodactylus elisae*. Bisher wurde die Art in der Türkei erst an ganz wenigen Stellen gefunden. Hier ist sie aber durchaus nicht selten.
Den Euphrat nutzen zahlreiche Flughühner als Tränke. Es sind Sand- und Spießflughühner, die in diesem trockenen Land oft von weit her kommen, um hier ihren Wasserbedarf zu stillen. Bis über 1000 Vögel hat man an einer Tränke pro Tag schon gezählt.
Im Euphrat lebt die seltene Euphrat-Weichschildkröte. Diese bis knapp 1 m lange Art trifft man besonders an ruhigen Flußstellen an, wo sie gelegentlich auch zum Sonnen ans Ufer kommt. Sie ist aber nicht mit den durchaus häufigen Kaspischen Wasserschildkröten (S. 181) zu verwechseln.

Der Waldrapp ist in freier Wildbahn ausgestorben, wird aber in Gehegen noch gehalten.

Der Waldrapp

Als der britische Reisende William F. Ainsworth 1839 auf seiner Vorderasienexpedition nach Birecik am Euphrat kam, vermerkte er in sein Tagebuch: »Die Kalksteinwände sind vollgepfropft mit grünen Ibissen.« Doch erst 40 Jahre später, als der erste Ornithologe nach Birecik kam, wurde erkannt, daß sich hier ein Brutplatz des sagenumwobenen Waldrapps befand; jenes Vogels also, der im Mittelalter noch im Alpenraum brütete. Berichte darüber waren bis zu seiner Wiederentdeckung als Sagen abgetan worden.
Nachdem einige syrische Brutplätze schon zu Beginn dieses Jahrhunderts aufgegeben wurden, war die Kolonie in Birecik die einzige in Vorderasien. Bis in die 50er Jahre brüteten im Stadtzentrum über 500 Paare. Die Bevölkerung schützte die Kolonie, denn der Waldrapp galt als halb-heilig, wohl nicht zuletzt deshalb, weil sein Zugweg weitgehend identisch mit dem Pilgerweg nach Mekka ist.
Drei Pestizideinsätze zwischen 1957 und 1960 brachten einen Verlust von 70% aller Vögel. Der in den folgenden Jahren steigende kontinuierliche Pestizideinsatz verhinderte eine Regeneration der Population. So führte eine zu geringe Nachwuchsrate zur Überalterung der Population und damit zum allmählichen Rückgang. 1971 war die Population auf 30 Paare geschrumpft, 1980 auf 6 Paare. 1989 schließlich gab es keine freilebenden Brutpaare mehr.
Ein Projekt, Waldrappe in Birecik in Volieren nachzuzüchten und in Freiheit zu entlassen, wurde vom WWF (World Wide Fund for Nature) initiiert und von den türkischen Behörden durchgeführt. Obwohl eine stabile Volierenpopulation aufgebaut werden konnte, ist das Projekt gescheitert, da es nicht gelang, Waldrappe nachzuzüchten und auszubürgern, die sich wie ihre freilebenden Artgenossen verhalten. Die ausgesetzten Vögel ziehen z. B. im Winter nicht mehr weg. Immerhin sind aber die Bireciker Volierenvögel heute die letzten lebenden Waldrappe der Ostpopulation. Wildvögel gibt es nur noch in kleiner Zahl in Marokko.

An geschützten Stellen entfaltet sich an den Euphratufern im Frühjahr eine reiche Blütenpracht.

Im Gebiet unterwegs

Bereits innerhalb der Stadt **Birecik** ① lassen sich die ersten Beobachtungen machen: Graufischer über dem Fluß oder in der Nacht Blattfingergeckos an den Gebäuden. Der kleine Stadtpark unterhalb der Euphratbrücke, der einen Teegarten beherbergt, ist der Brutplatz von Waldohreule und Streifenohreule.

Auf dem linken Euphratufer liegt unterhalb Birecik eine **Baumschule** ②. Deren Gelände bietet zahlreichen Kleinvögeln Lebensraum. Hier kann man Blauwangenbienenfresser, Tamariskengrasmücken und Moabsperlinge entdecken.

Etwa 2 km oberhalb Birecik liegt am Ostufer des Euphrats am Ausgang eines Wadis die **Waldrappzuchtstation** ③. Eine Sandbank gegenüber der Station ist ein guter Platz, um Flughühner an der Tränke zu beobachten.

In dem engen, von Steilwänden eingefaßten Wadi ④ hinter der Station kann man gut wandern. Das Tal ist etliche Kilometer lang und hat einige Seitentäler. Es ist vollständig aus Kalkstein aufgebaut, so daß es auch völlig vegetationslos ist. In den Steilwänden kann man Mehlschwalben-Kolonien sehen und mit viel Glück in einer der zahlreichen Nischen einen Uhu am Tagesschlafplatz entdecken.

Wildtulpe auf dem kargen Kalkplateau oberhalb Birecik.

Birecik ist eine der wenigen Stellen der Türkei, wo man den Blauwangenbienenfresser beobachten kann.

Der Moabsperling legt seine Kugelnester in den Tamarisken am Euphratufer an.

Etwa 1 km östlich Birecik biegt nach Norden die Straße nach **Halfeti** ⑤ ab, das nach 36 km erreicht wird. Der Asphalt endet dort, die Straße führt aber weiter den Euphrat entlang. Besonders reizvoll ist das Wegstück von Halfeti bis zum 8 km nördlich davon gelegenen Dorf **Savaşan** ⑥. Man kommt durch Blockfelder mit einer reichen Busch- und Krautvegetation und durch Pistazienhaine. Rotkopfwürger (S. 61), Tamariskengrasmücke, Weißkehlsänger (S. 89) und Weißflügelgimpel sind hier typische Arten.

Am gegenüberliegenden Euphratufer baut sich die mächtige **Rumkale** ⑦ auf, die einst den östlichsten Punkt des römischen Reiches markierte. Man kommt mit einer der primiti-

Die Einheimischen benutzen zur Überquerung des Flusses noch urtümliche, kistenartige Flöße.

Die Euphrat-Weichschildkröte kann man im Sommer manchmal auf Steinen beim Sonnen beobachten.

Die Kopfbinden-Zwergnatter ist eine kleine, völlig ungiftige Schlange.

ven Fähren bei Halfeti oder bei Savaşan ans andere Euphratufer. Um zur Burg hochzugelangen, geht es zuerst in ein enges, landschaftlich reizvolles Bachtal. Wenn der Bach seichter wird, watet man durch sein Bett und klettert auf Ziegenpfaden zur Burg hoch. Auch wenn der Weg also etwas beschwerlich ist, entschädigen eine herrliche Aussicht und im Frühjahr bunt blühende Wiesen für die Strapazen.

Die Rumkale läßt sich über Nizip (16 km westlich Birecik) auch über den »Landweg« erreichen, doch muß man in diesem Fall eine Schotterpiste von über 30 km Länge in Kauf nehmen.

Praktische Tips

Anreise

Birecik liegt an der Verbindungsstraße von Gaziantep nach Urfa (Şanlıurfa) und ist dementsprechend mit öffentlichen Bussen leicht zu erreichen. Nach Halfeti gibt es von Birecik aus nur einen unregelmäßigen Dolmuş-Verkehr.

Unterkunft/Verpflegung

In Halfeti keine Unterkunftsmöglichkeit. In Birecik nur ein sehr einfaches, lautes Hotel im Zentrum. Auch ein Motel bei Birecik am westlichen Euphratufer sowie eines in Nizip (Belediye Oteli) sind nur eingeschränkt empfehlenswert. Somit liegen die nächsten besseren Hotels in Gaziantep (62 km von Birecik) und Urfa (80 km). In Birecik mehrere Restaurants.

Klima/Reisezeit

Arides Klima mit Winterniederschlägen im Dezember/Januar. Die Sommer sind völlig niederschlagslos und sehr heiß. So beträgt die mittlere Juli-Temperatur 31,7 °C! Die angenehmste Reisezeit ist daher der April. Wegen einiger spät ankommender Vogelarten (z. B. Blauwangenbienenfresser) ist aber die Beobachtungsausbeute im Mai oft noch besser. Gelegentlich treten Sandstürme auf, die tagelang anhalten können und die Sand aus der syrischen Wüste herantragen.

Blick in die Umgebung

Interessante Feuchtgebiete liegen am Euphratufer bei Barak (Kargamış) direkt an der syrischen Grenze. Wegen militärischer Restriktionen ist aber ein Besuch derzeit nicht lohnend.

28 Nemrut-Vulkan

Riesiger Kratersee; Austritt von heißen Quellen und von Gasen; Gepolter aus Felsspalten; Lavamassen stauten Ur-Van-See auf und ließen ein abflußloses Becken entstehen; Brutvorkommen der Samtente als Eiszeitrelikt; Geierwände.

Ursprünglich war der **Van-See** bedeutend größer als heute: Er dehnte sich noch etwa 100 km weiter nach Westen aus. Bei einem Ausbruch des Nemrut-Vulkans wurde der Ur-Van durch die Lavamassen in zwei Teile gespalten: Während der westliche Teil bei Bitlis rasch mit Alluvionen aufgefüllt wurde, wurde die östliche Seehälfte durch den Lavastrom aufgestaut und bildete den Van-See in seiner heutigen Form. Die Oberfläche des heutigen Sees liegt durch die Tätigkeit des Nemrut somit bedeutend über jener des Ur-Van-Sees. Ein Abfluß, der bis zu Beginn des Pleistozäns noch bestand, wurde durch Lavamassen blockiert. Der natürliche Zufluß des Sees reicht in der Gegenwart nicht aus, um ein Überfließen zu bewirken. In den Kaltzeiten des Pleistozäns ist der Seespiegel zwar jeweils angestiegen, aber zu einem Überlauf kam es nie. Damit waren die Bedingungen gegeben, durch welche sich der nun abflußlose See durch Anreicherung von Salzen auch chemisch verändern konnte. Wie lange der Van-See in seiner abflußlosen Form existiert, läßt sich schwer sagen. Man nimmt an, daß sich der Lavadamm von Tatvan vor etwa 100 000 Jahren gebildet haben mag.
Der Gipfel des **Nemrut-Berges** wurde bei der Eruption des Vulkans weggeschleudert. So entstand eine riesige Caldera, ein gewaltiger Kraterkessel. Durch einen nochmaligen Ausbruch wurden Teile des Kraters mit vulkanischem Gestein aufgefüllt. So kommt es, daß der Kratersee nur gut ein Drittel des Kraters einnimmt. Der höchste Punkt der Kraterwände liegt auf 3030 m.

Der Nemrut war bis in jüngste Zeit noch aktiv. Letztmalig brach er in den Jahren 1441 und 1443 aus. Er hat einige parasitäre Vulkane. Der größte von ihnen liegt auf der Südseite, genau westlich der Stadt Tatvan: der Kirkor Dağı mit 2478 m Höhe.
Der **Nemrut-Kratersee** ist der größte Kratersee der Türkei und einer der größten der Welt. Mit 5 km Länge und 2,5 km Breite nimmt er eine Fläche von 12 km^2 ein. Er ist 150 m tief. Der Hauptsee, Großer See (Büyük Göl) oder einfach Nemrut-See (Nemrut Gölü) genannt, ist ein reiner Hochgebirgssee mit kristallklarem Wasser und äußerst spärlichem Plankton. Er ist oligotroph, also nährstoffarm.
Neben dem Hauptsee, der halbmondförmig in der Westhälfte des Kraters liegt, gibt es auf dem Nemrut zwei kleinere Nebenseen: Im Norden des Kraters liegt **Ilıgöl**, dessen Wasser – wie sein türkischer Name schon verrät – warm ist. Er mißt rund 500 m im Durchmesser und ist 7–8 m tief. An den Rändern liegen heiße Quellen, in deren Bereich die Wassertemperatur auf über 80 °C ansteigt. Ein dichter Vegetationsgürtel aus Binsen, Schilf und anderen Wasserpflanzen ist hier zu finden. An einer felsigen Stelle oberhalb des Ilıgöl, in Richtung Hauptsee, strömen aus einer Spalte im Gestein heiße, schwefelhaltige Gase aus.

Das Federgras hat unter der Überweidung stark zu leiden.

Der Nemrut-Krater hat einen der größten Kraterseen der Welt.

Aus dem Inneren des Berges klingt lautes Gepolter. Zusammen mit den heißen Quellen zeigt dies, daß der Vulkan noch bis in nahe Zeit aktiv war und sich erst in der Abkühlungsphase befindet.
Der zweite Nebensee, der **Küçük Göl** (»Kleiner See«), im Osten des Kraters, ist ein flaches Schmelzwasserbecken, das in manchen Jahren austrocknet. Seine Oberfläche ist 35 m höher als die des Hauptsees bzw. des Ilıgöl. Er hat keinerlei Bewuchs; der Seeboden besteht aus lockerem Geröll und Schlamm.

Die Samtente (vorn das Männchen) kommt als Relikt der letzten Eiszeit im Kratersee vor.

Der Nemrut war ursprünglich offenbar bewaldet. Als der österreichische Zoologe V. Pietschmann wohl als erster Europäer zu Beginn des 1. Weltkrieges den Berg bestieg, traf er noch Holzfäller an. Heute findet sich nur noch an den unzugänglichen Steilrändern des Kraterrandes und auf den kleinen Inseln niederes Gebüsch aus Pappeln und Birken. Leicht erreichbare Flächen sind dagegen völlig des Waldes entblößt und größere Bäume überall abgeholzt.
Am Fuße des Berges liegt die Stadt **Tatvan**. Ein Bachtal erreicht den Van-See am südlichen Stadtrand. Es ist dicht mit Büschen bestanden. Der Bach ist sehr reißend. In Richtung Hizan verbreitert sich das Tal mit herrlichen Flußmäandern und ungedüngten Wiesen, die im Frühjahr überflutet sind. An den Hängen stehen teils alte Nußbäume.

Der Nemrut-Kratersee, hier vom Teehaus an der Westseite gesehen, ist ein nährstoffarmer Hochgebirgssee.

In Tatvan selber gibt es nahe dem Van-See einen kleinen Park mit einem alten Baumbestand.

Pflanzen und Tiere

Die Flora des Nemrut ist relativ arm. Dies ist nicht zuletzt eine Folge der menschlichen Nutzung durch Beweidung und Abschlagen von Bäumen und Sträuchern zur Feuerholzgewinnung. Die ursprünglich bewaldeten Ost- und Südhänge sind heute vollständig von Steppenvegetation bedeckt. Dornpolstergesellschaften mit dem Schmetterlingsblütler *Astragalus* als typischem Vertreter herrschen vor. Dazwischen sind einige Gräser und Doldenblütler der Gattung *Prangos* sehr häufig.
Die steilen Nord- und Westhänge hingegen sind von niederem Gebüsch bestanden, Relikte des ursprünglichen Waldes. Die vorherrschenden Arten sind Hängebirke, Zitterpappel, Spitzahorn und 3 Ebereschenarten: *Sorbus umbellata, S. tamamschjanae* und *S. torminalis*. In Gipfellagen wird dieses Gebüsch durch den höchstens 1 m hohen nichtstechenden Zwergwacholder ersetzt. Diese niederliegende Wacholderart zeigt im alpinen und polaren Bereich die Baumgrenze an. Am Nemrut kann er nur noch zeigen, wie weit der Wald unter natürlichen Bedingungen reichen würde.

Der Schneefink ist eine für das anatolische Gebirgsland typische Vogelart.

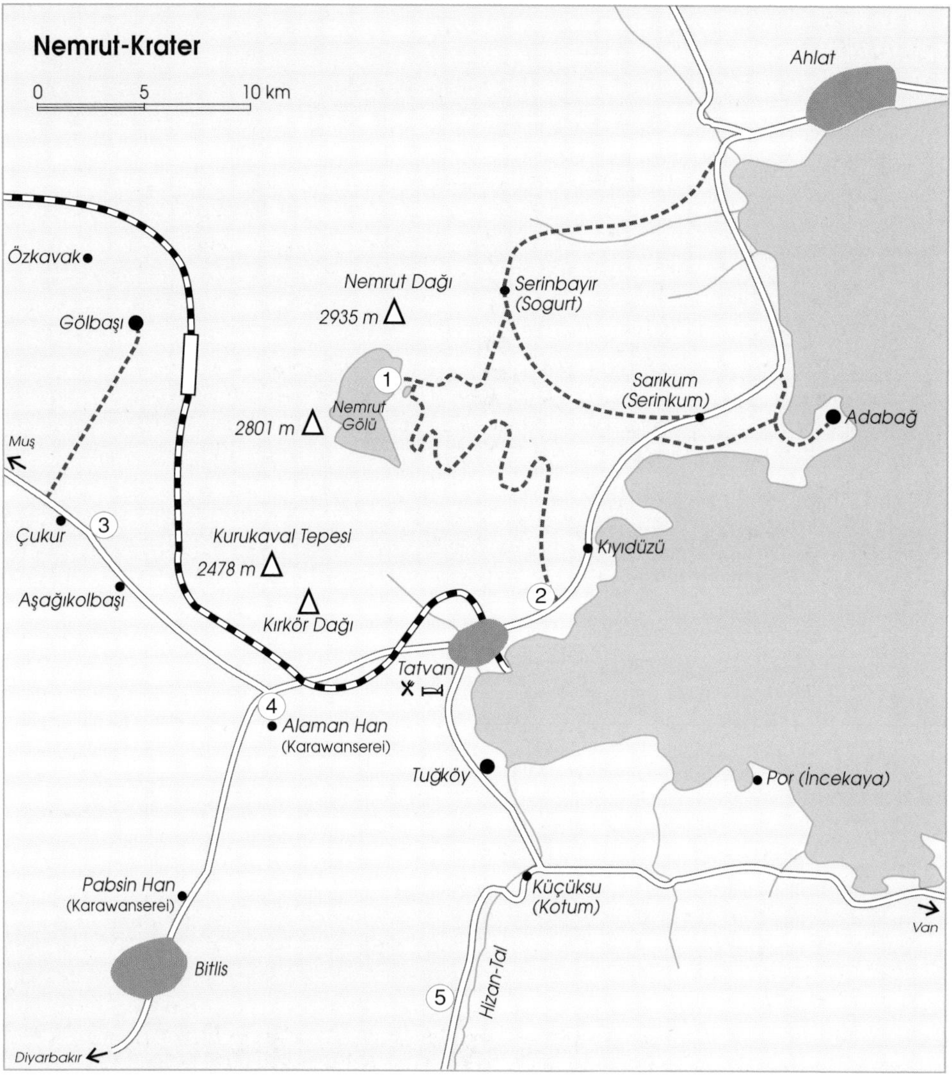

Unter 2300 m tritt an verschiedenen Stellen Eichengebüsch auf. Es besteht aus 3 Arten: *Quercus pedunculiflora, Q. infectoria* und *Q. pinnatiloba.* Am Südhang nahe dem Gipfel existieren Reste eines Waldes aus Griechischem Wacholder.

An Orchideen kommen am Nemrut die Breitblättrige Sumpfwurz, das Kaukasische und das Persische Knabenkraut vor.

Trotz der relativen Armut der Flora sind es fast 500 Pflanzenarten, die bisher gefunden wurden. Zum größten Teil (49%) gehören sie der irano-turanischen Florenregion an bzw. sind (47%) weitverbreitete, keiner bestimmten Florenregion zuzurechnende Arten. Nur 4% der Arten sind euro-sibirischen Typs.

2 Arten, der Hahnenfuß *Ranunculus crateris* und der Lein *Linum triflorum* wurden sogar

vom Nemrut erstmals für die Wissenschaft beschrieben.
In den Flachsee Küçük Göl kommt die Wechselkröte zum Ablaichen. Am Hauptsee kommt der Kleinasiatische Bergfrosch *Rana camerani* vor. An Eidechsen tritt die Kappadokische Eidechse und selten auch eine Smaragdeidechse der Art *Lacerta media* auf. Dazu tritt besonders an den Hängen die Europäische Schlangenaugeneidechse (S. 60). Um den Kratersee lebt die Schlanknatter und die zwar aggressive, aber ungiftige Ravergiers Zornnatter.
Der warme Ilıgöl mit seiner reichen Vegetation ist auch der Lebensraum einer reichen Kleintierwelt. Im Wasser leben Flohkrebse. An den Ufern haben im Sommer zahlreiche Große Blaupfeile ihre Reviere. Die Männchen dieser Großlibelle, deren Hinterleib blau bereift ist, tragen oft heftige Revierkämpfe aus. An den Binsen- und Schilfhalmen ist die Mond-Azurjungfer, eine in Mitteleuropa stark gefährdete Kleinlibelle, häufig. Gelegentlich wird man auch die Große Königslibelle sehen können. Diese größte türkische Libellenart geht besonders gerne gegen Abend auf die Jagd, wo sie Schmetterlinge und gelegentlich auch Große Blaupfeile erbeutet.
Ornithologisch ist ein Brutvorkommen der Samtente bedeutsam. Diese sonst hochnordische Art hat sich bei der auf die Eiszeit folgende Klimaerwärmung am hochgelegenen Nemrut-Krater halten können. Neben dem Nemrut kommt die Samtente nur an ganz wenigen Stellen des türkischen und sowjetisch armenischen Hochlandes vor.
Die steilen Felswände oberhalb des Kratersees sind ein Schlaf- und wohl auch Brutplatz des seltenen Gänsegeiers. Die Weidewirtschaft am Nemrut selber und in den umliegenden Bergen bietet ihm eine ausreichende Lebensgrundlage. Auch Schmutzgeier (S. 59) kommen hier vor. Tagsüber streifen die Geier durch ein großes Revier. An Greifvögeln brüten auch der Steinadler und der Adlerbussard (S. 161) im Krater.
Zur interessanten Kleinvogelwelt des Vulkans zählen u. a. Bergkalanderlerche, Ohrenlerche, Weißkehlsänger (S. 89), Steinrötel, Ringdrossel, Schneefink und Rotstirngirlitz. Dazu kommen sehr selten noch Blaukehlchen und Wüstengimpel. Die Steinbraunelle lebt im niederen Pappel-Birken-Gebüsch in höheren felsigen Habitaten.
Der reißende Bach bei Tatvan bietet mit Wasseramsel und Gebirgsstelze ein fast europäisches Bild. In der Ufervegetation leben Amsel und Eichelhäher. Völlig »un-europäisch« ist jedoch der Weißkehlsänger (S. 89) und die osttürkische Unterart des Schwarzkehlchens, die hier gleichfalls brüten. Hier, noch häufiger aber in den alten Bäumen in Tatvan, lebt auch der Pirol. Mit viel Glück können Halbringschnäpper und Weißrückenspecht entdeckt werden. An den Hängen des Nemrut lebt das Ziesel (S. 101).

Im Gebiet unterwegs

Eine mit dem PKW befahrbare, staubige Straße führt in den Krater, vorbei an den Nebenseen, bis zum Rand des großen Kratersees ①. Sie zweigt 7 km nördlich von Tatvan ② von der Straße Tatvan–Ahlat ab (ausgeschildert!). Die beiden Nomadenstämme, die im Krater ihr Sommerquartier haben, stehen Touristen nicht immer sehr aufgeschlossen gegenüber. Am Rande des Kratersees befindet sich ein sehr einfaches Café, wo Getränke verkauft werden. Die Stelle, an der Gase und Gepolter aus einer Felsspalte drin-

Die nachtaktive Walzenspinne sieht zwar gefährlich aus, hat aber keine Giftdrüsen.

Der Van-See wurde durch die Lavamassen des Nemrut-Vulkans aufgestaut.

gen, läßt man sich am besten von Einheimischen zeigen. Der Kratersee ist zwar kalt, doch sei auf die Möglichkeit eines erfrischenden Bades im glasklaren Wasser im Sommer hingewiesen.

ACHTUNG: Die Erosion, die auf Entwaldung und Überweidung folgte, ist so stark, daß in jedem Frühjahr nach der Schneeschmelze die Straße in den Krater mit Planierraupen neu geschoben werden muß. Sie ist wegen Schnee bzw. der Schneeschmelze folgenden Erdrutschen manchmal bis Mitte Juni nicht befahrbar.
Entlang der Straße Tatvan–Muş kann man den Berg teilweise umrunden. Die Ebene nordwestlich der Abzweigung nach Bitlis ③ ist ein gutes Beobachtungsgelände für Greife. Neben Gänse- und Schmutzgeier ist mit Zwergadler und Weihen zu rechnen. Eine enge, tief in die Ebene eingeschnittene Schlucht und die Strauchvegetation, die hier beginnt und sich den Nemrut hochzieht, sind interessante Eindrücke. In der Karawanserei Alaman Han ④ an der Straßenkreuzung brütet der Steinsperling. Auch Rötelfalken (S. 102) kann man hier oft beobachten.

Der Bach am Südrand Tatvans setzt sich ins Hizan-Tal ⑤ fort. Man kann es erreichen, wenn man 8 km südlich Tatvan bei Küçüksu einen schmalen nach Süden führenden Weg einschlägt.

Praktische Tips

Anreise
Von Tatvan führt eine Fähre, die auch die Eisenbahn aufnimmt, quer über den Van-See nach Van. Die Stadt Van (auf dem Landweg von Tatvan 139 km entfernt) kann mit dem Flugzeug erreicht werden (Inlandsflüge von bzw. nach Ankara und Istanbul).

Unterkunft/Verpflegung
Übernachtungsmöglichkeit in einfachem Mittelklassehotel in Tatvan; touristisches Hotel an der Straße Richtung Ahlat im Bau.

Klima/Reisezeit
Das Klima des Berges ist sehr rauh. Kalte, lang anhaltende Winter (Tatvan am Fuß des Berges liegt auf 1720 m!) und heiße, trokkene Sommer. Günstigste Reisezeit Ende Mai bis Juli/August.

29 Bendimahi-Fluß

Imposanter Wasserfall; Basaltlandschaft mit dem tief eingeschnittenen Tal des Bendimahi; Van-See-Ukeleien, die über Stromschnellen den Fluß aufwärts wandern; Teufelsschlucht; vogelreiches Delta am sodahaltigen Van-See; Knabenkrautwiesen; Mineralquellen.

Der Van-See ist mit 3700 km^2 der größte See der Türkei. Seine Meereshöhe wird nach verschiedenen Karten mit 1646 bis 1720 m angegeben. Der See ist heute abflußlos, nachdem die Lavamassen des Nemrut den Abfluß zum Bitlis-Graben verschütteten (s. S. 173). Andererseits aber hat der See zahlreiche Zuflüsse, die ihm Schwebstoffe und darin gelöste Salze zuführen, so daß innerhalb der letzten 100000 Jahre ein Sodasee entstand. Das Wasser hat einen so starken Gehalt an Natriumkarbonat, daß in ihm ohne Seife gewaschen werden kann.

Einer der mächtigsten Zuflüsse ist der Bendimahi-Fluß in der Nordostecke des Sees. Obwohl er nur gut 50 km lang ist, kann er soviel Wasser vereinigen, daß er zum reißenden Fluß wird. Seine Quellen liegen am Fuße des Tendürek, eines 3533 m hohen Vulkans, dessen mächtige Lavaströme einen lebhaften Eindruck von seiner vulkanischen Tätigkeit vermitteln. Basaltkuppen, -decken und -gänge, Lavaströme sowie Solfatare, also eine Aushauchung schwefelhaltiger Dämpfe mit einer Temperatur von 100–200 °C, legen ein beredtes Zeugnis davon ab, daß die vulkanische Tätigkeit erst im Abklingen ist. Orts-

Ein paar Kilometer oberhalb des Bendimahi-Wasserfalls gibt es einige nur von Schwindelfreien begehbare Stege.

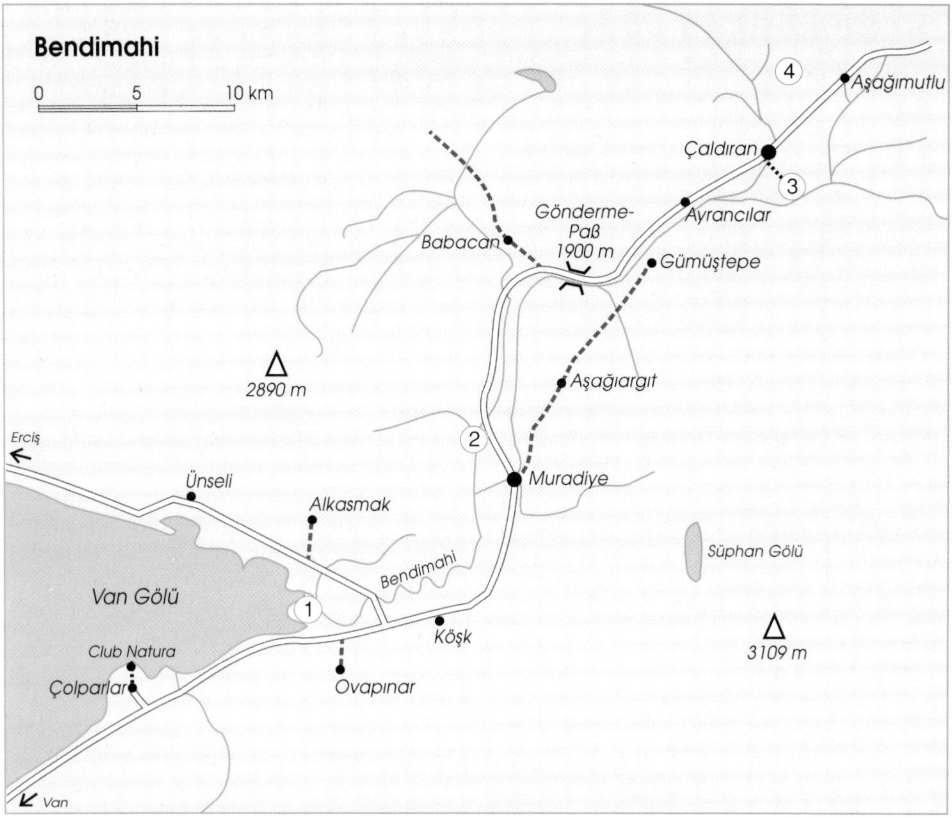

namen wie »Yanıktaş« (brennender Stein) unterstützen dies. Wie aktiv hier die Erdkruste ist, zeigen auch Erdbeben, die noch relativ häufig auftreten. In einem furchtbaren Beben am 24. 11. 1976 öffnete sich eine 50 km lange Erdspalte, die sich genau durch Çaldıran und etliche andere Dörfer zog. Die Katastrophe kostete 4000 Menschen das Leben und ihre Folgen sind in Form zerstörter Häuser noch immer zu sehen.
In der Ebene von Çaldıran, am Fuße des Tendürek, entspringen Mineralquellen, die unter hohem Druck senkrecht aus dem Boden sprudeln. In der Ebene und am Unterlauf des Flusses, kurz vor seiner Mündung, bildeten sich ausgedehnte Feuchtwiesen, durch die sich der Fluß in unzähligen Mäandern schlängelt.

Pflanzen und Tiere

An den Ufern des Bendimahi gedeihen prächtige Blumenwiesen. Die Sumpfwiesen bei Çaldıran und im Unterlauf des Flusses sind oft vollbestanden mit Knabenkräutern und anderen Orchideen. An den etwas trockeneren Basalthängen im Mittellauf des Flusses fällt besonders die Sommerwurz auf, deren blutrote Blüten im Mai/Juni erscheinen. Diese Art lebt als Schmarotzer auf der Schafgarbe.
Die Feuchtwiesen von Çaldıran sind der Lebensraum einer reichen Vogelwelt: Trauer- und Weißflügelseeschwalbe, Knäk- und Moorente, Kiebitz, Rotschenkel und Rohrweihe brüten dort. Blauflügel-Prachtlibellen zeigen die Sauberkeit des Gewässers an.

An den kahlen Hängen nahe den Mineralquellen trifft man eine eigenartige Gebirgsvogelwelt, die sich aus Ohrenlerche, Schneefink (S. 175), Rotflügelgimpel (S. 124) und Berghänfling zusammensetzt. Hier kommt auch die bis zu 40 cm lange Kaukasische Agame vor. Herrliche Knabenkrautwiesen mit einem vielfältigen Insektenleben gibt es hier. Auf Lavafelsen in den Dörfern brüten Weißstörche.
Im Van-See lebt eine einzige Fischart, die hier endemische Van-See-Ukelei. Sie ist häufig und wandert im Frühjahr und Sommer (bis etwa Ende Juli) aus dem sodahaltigen See zum Laichen in den Bendimahi und andere Flüsse und Bäche (Süßwasser!). Wenn die Fische Stromschnellen und Wasserfälle überwinden, werden sie von Einheimischen in großer Zahl (bis zu 40–50 t täglich!) mit einfachsten Methoden gefangen.
Das Delta des Bendimahi ist ornithologisch eines der bedeutendsten Feuchtgebiete der Osttürkei. Schnatter-, Moor- und Knäkenten, verschiedene Möwen und Seeschwalbenarten sowie zahlreiche Rohrsänger und Reiher zählen zur Vogelwelt des Deltas. Regelmäßig rasten im Sommer im Van-See vor dem Delta oft Hunderte von Rosapelikanen.

Im Gebiet unterwegs

Die Straße von Van über Muradiye und Çaldıran nach Doğubayazıt führt mal mehr, mal weniger weit entfernt vom Fluß durch das Bendimahi-Tal.
Ein guter Ausgangspunkt für Beobachtungen im **Delta** ① ist die Straßenbrücke kurz vor der Flußmündung. Je nach Wasserstand kann man von hier aus direkt am Fluß entlang in das Delta vordringen, oder man muß sich mehr am Rande der Feuchtwiesen, an der Grenze zu den landwirtschaftlich genutzten Flächen halten. Bis zur Mündung gelangt man nur bei extremem Niederwasserstand. Zu den blumen- und vogelreichen Feuchtwiesen an den Flußmäandern hat man oberhalb der Brücke guten Zugang. Zweckmäßigerweise hält man sich am rechten Flußufer

Rosenstare tauchen in Ostanatolien in manchen Jahren in Massen auf und brüten dann auch.

auf. Wandert man konsequent am Flußufer entlang, kommt man wieder bis zur Hauptstraße nach Muradiye.
Nördlich Muradiye liegt der große **Bendimahi-Wasserfall** ②. Eine Hängebrücke überspannt den Fluß und von der Terrasse eines einfachen Teehauses hat man einen guten Ausblick auf die herabstürzenden Wassermassen.
Ein paar Kilometer oberhalb des Wasserfalls gibt es einige primitive Brücken über die **Bendimahi-Schlucht**, die nur für Schwindelfreie passierbar sind. Wagt man sich doch hinüber, kann man auf der anderen Flußseite bis zum Teehaus am Wasserfall wandern. Man hat hier immer wieder schöne Einblicke in die Schlucht des Bendimahi und kann am Wegesrand viele Pflanzenarten (Sommerwurz!) und Tiere (z. B. Weißkehlsänger!) beobachten.

Die Kaspische Wasserschildkröte lebt in den Süßgewässern um den Van-See.

Der mehrere Meter hohe Bendimahi-Wasserfall ist ein eindrucksvolles Naturschauspiel.

Die leuchtend rot blühende Sommerwurz ist ein Parasit auf der Schafgarbe.

Nicht weit entfernt vom Wasserfall liegt die **Teufelsschlucht,** die von der »Teufelsbrücke« (Şeytan Köprüsü) überspannt wird. Die Felsen sind am Grunde der Schlucht stärker erodiert, so daß sie weit überhängen. Nordöstlich der Erdbebenstadt **Çaldıran,** in der zahlreiche Weißstörche ihre Horste auf den zerstörten Häusern errichteten, liegen zu beiden Seiten des Bendimahi interessante Feuchtgebiete ③ mit Knabenkrautwiesen und einer reichen Vogelwelt. Nördlich des Ortes kommt man über eine Schotterstraße zu den **Sodaquellen** ④. Sie liegen in der Ebene am Fuße eines Hanges und sprudeln mächtig mit hohem Druck aus dem Boden. Nicht weit entfernt davon ist ein Dorf in die dortigen schwarzen Basaltkegel völlig hineingebaut. Die Häuser verschmelzen mit der Landschaft.

ACHTUNG: Wie überall in Ostanatolien muß damit gerechnet werden, daß man im Gelände von Kindern umringt und ständig begleitet wird. Ein ruhiges Beobachten ist dann manchmal nicht mehr möglich.

Praktische Tips

Anreise

Das Bendimahi-Delta liegt 85 km nördlich der Provinzhauptstadt Van, in der es einen Inlandsflughafen gibt. Von dort regelmäßige Busverbindung nach Erciş, seltener auch nach Muradiye und Çaldıran.

Unterkunft/Verpflegung

Am Bendimahi gibt es keine Unterkunftsmöglichkeiten, auch nicht im nahen Städtchen Erciş. Von wildem Campen sei abgeraten. Die nächsten Hotels sind in Van (85 km) und Doğubayazıt (102 km). Nur 15 km entfernt vom Delta liegt der Club Natura Van-See des deutschen Reiseveranstalters Dr. Koch. Buchung vor Ort nicht möglich.

Klima/Reisezeit

Kalte, oft schneereiche Winter. Beobachtungszeit Mai bis September, optimal sind Juni und Juli. Die Sommer sind wegen der großen Höhelage (fast 2000 m) erträglich heiß.

Blick in die Umgebung

Herrliche **Vulkanlandschaften am Tendürek** bei Soğuksu nördlich Çaldıran an der Straße nach Doğubayazıt,
Flußlauf mit interessanter Tier- und Pflanzenwelt auch am Deliçay östlich Erciş.
Strandseen mit einer vielfältigen Vogelwelt bei Çelebibağ südwestlich Erciş sowie der Sodalı Göl bei Göldüzü.

Das Delta des Bendimahi am Van-See ist sehr vogelreich: hier Rosapelikane, Kraniche, Weißstörche und Armeniermöwen.

Am Fuße des Tendürek-Vulkans sprudeln stark kohlensäurehaltige Quellen aus dem Boden.

Die Van-See-Ukelei steigt zum Laichen die Zuflüsse aufwärts. Dort wird sie in großer Zahl gefangen.

30 Kaçkar-Gebirge

Hochgebirge im äußersten Nordosten Anatoliens; Blütenpracht von ausgedehnten Rhododendronbeständen; Revier von Braunbär, Bartgeier, Kaspischem Königshuhn und Kaukasischem Birkhuhn; Thermalbad; Land der hundert Seen.

Das Kaçkar-Gebirge erstreckt sich im äußersten Nordosten Anatoliens zwischen der Küstenstadt Trabzon und der sowjetischen Grenze im Norden bis zum Nordrand des anatolischen Hochlandes im Süden. Der tief eingeschnittene Çoruh-Graben grenzt das küstennahe Gebirge, das auch oft als »Ostpontisches Gebirge« bezeichnet wird, vom Nordrand der anatolischen Hochfläche ab. Ausgedehnte Becken, breite Flußdelten oder Küstenvorländer fehlen. Meist steigt das Gebirge unvermittelt von der Küste aus auf 2000–3000 m an und schon 25–30 km hinter der Küste werden Höhen von 2500 m erreicht. In etwa 2000 m Höhe wird der Anstieg oft von ausgedehnten Verebnungen unterbrochen. Der höchste Gipfel des Gebirges, der fast 4000 m hohe Kaçkar Dağı, liegt nur 35 km von der Küste entfernt. Nicht weniger steil ist der Abfall zum Çoruh-Graben nach Süden.

Das gesamte Kaçkar-Gebirge stellt eine große, nach Norden geneigte Scholle dar, die sich in Staffelbrüchen zur Küste hin abdacht. Es besteht größtenteils aus vulkanisch entstandenen Gesteinen, die einem stark gefalteten Untergrund aus dem Erdaltertum aufliegen. Die Decke aus Ergußgesteinen stammt vorwiegend aus der Oberkreide und dem Tertiär. Gegen Ende des Tertiärs, im Oberpliozän, klang hier die vulkanische

Das Kaçkar-Gebirge ist faunistisch und floristisch ein Ausläufer des Kaukasus.

Tätigkeit ab. An den Vulkanismus erinnern heute noch einige heiße Quellen in Ayder (Ayder Ilıca), die für Heilzwecke genutzt werden. Teilweise treten Einschlüsse aus Granit auf, westlich der Linie Of–Bayburt nur sehr vereinzelt, östlich dagegen vorherrschend und maßgeblich am Aufbau der Hochgebirge beteiligt.
Alle über 2500 m liegenden Gebirgsabschnitte weisen Spuren einer Vergletscherung auf (Trogtäler, Moränen). Heute sind größere Gletscher nur in den höchsten Gebirgsabschnitten zu finden. Die Schneegrenze liegt bei 3400–3500 m. In den Hochlagen gibt es zahlreiche kleine Seen, die auf keiner Karte verzeichnet sind. Die Zahl der Karseen und Schmelzwassertümpel soll über 100 betragen.
Der Çoruh-Graben ist Teil einer ausgedehnten Störungszone, die fast ganz Nordanatolien durchzieht. Er ist hauptsächlich mit vulkanischen Andesiten und eozänen Flyschen ausgekleidet. Mit mehreren hundert Meter hohen, steilen Felswänden wirkt das Tal sehr eindrucksvoll. Auch das Tal des Altıparmak Çayı (Barhal Suyu) zwischen Yusufeli und Sarıgöl bietet interessante Landschaftseindrücke.
Im Kaçkar-Gebirge treffen zwei grundverschiedene Klimatypen zusammen: Die Nordabdachung des Gebirges steht unter dem Einfluß eines extrem feuchten ozeanischen Klimas, während die Südabdachung kontinentales, sommertrockenes Landklima aufweist. An den Nordhängen stauen sich im Sommer zwischen 1700 m und 2000 m feuchtigkeitsgeladene Wolken und bringen den tiefer gelegenen Gebieten ausgiebige Regen, während die höheren Bereiche ebenso wie die Gebiete auf der Südseite des Gebirges ohne Niederschläge bleiben. Während an der

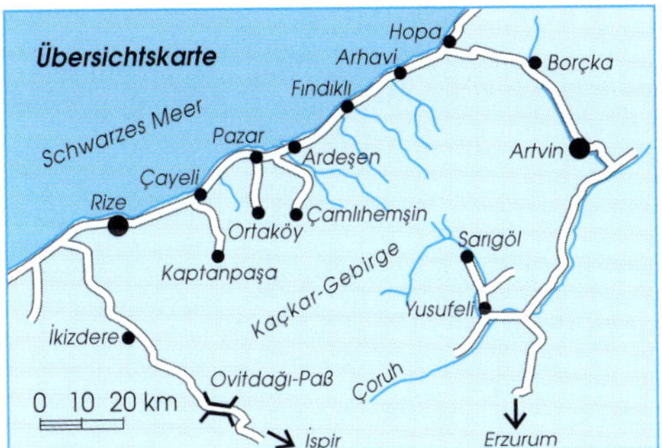

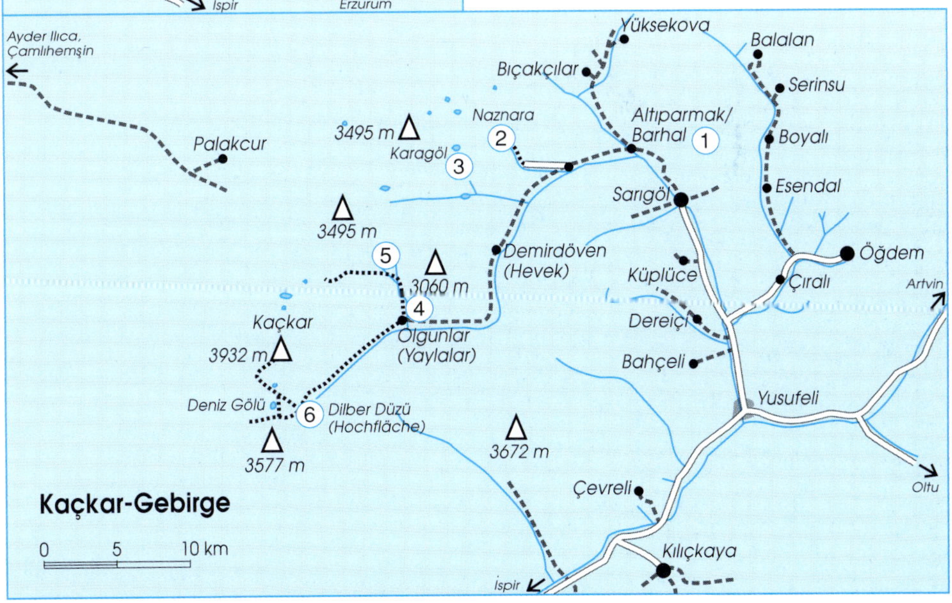

◁ Das Kaçkar-Gebirge, hier südlich Yusufeli, ist ein weitgehend intakter Großraum.

Küste in Rize der jährliche Niederschlag 2510 mm beträgt, sind es im Çoruh-Tal nur 350–450 mm. Die meisten Bäche und Flüsse verfügen das ganze Jahr über eine beträchtliche Wasserführung, welche im Frühjahr auf ein Vielfaches ansteigt. Oft haben sie wildbachartigen Charakter.

Pflanzen und Tiere

Floristisch und faunistisch ist das Kaçkar-Gebirge ein Ausläufer des Kaukasus. Viele Arten trifft man in der Türkei nur hier an.
Bis zur Baumgrenze findet man ausgedehnte Wälder aus Nordmannstanne, Orientfichte und Orientbuche. Weit verbreitet und häufig ist der Rhododendron, von dem es verschiedene Arten mit verschiedenen Blütenfarben gibt: Die Pontische Alpenrose mit purpurvioletten Blüten und gelbgrünem Fleck tritt meist als Unterwuchs in Wäldern aus Orientbuche auf. Die Gelbe Alpenrose ist mehr in Kiefernwäldern zu finden. Die weißblühende Kaukasische Alpenrose bildet an der Waldgrenze oft ausgedehnte Bestände.
Die Talböden weisen eine reiche Vegetation mit herrlichen Blumenwiesen auf. Entsprechend reich ist hier das Insektenleben, darunter z. B. der Apollofalter.
In den Hochlagen lebt die Kaukasusgemse. Der Braunbär hat noch einen relativ guten Bestand. Dennoch wird man ihn kaum zu Gesicht bekommen, höchstens einmal eine Losung oder Spur finden. In den Geröllfeldern oberhalb der Baumgrenze lebt das Kaspische Königshuhn. Am besten kann man es entdecken, wenn man auf seinen flötenden, aufwärts gezogenen Pfiff achtet, der stets mehrmals in unterschiedlicher Länge wiederholt wird. Knapp oberhalb der Baumgrenze, im Bereich des Alpenrosengestrüpps, lebt das Kaukasische Birkhuhn. Wegen seines kleinen Verbreitungsgebietes und seiner Seltenheit hat dieses schwarze Birkhuhn bisher kaum ein Ornithologe zu Gesicht bekommen.
Sonst enthält die Hochgebirgsvogelwelt mit Ohrenlerche, Alpenbraunelle, Mauerläufer und Rotstirngirlitz herausragende Besonderheiten. Der Hausrotschwanz ist durch eine rotbäuchige Unterart vertreten. Der Karmin-

Alpenrosen sind für alle Gebirge in der Schwarzmeerregion typisch.

Braunbärspuren kann man im Kaçkar-Gebirge gelegentlich entdecken.

gimpel ist in tieferen Lagen eine nicht seltene Erscheinung. In der ausgedehnten Gebirgslandschaft hat der Bartgeier (S. 40) sein Revier.

Im Gebiet unterwegs

Guter Ausgangspunkt ist die Streusiedlung Barhal, die heute **Altıparmak** ① heißt. Sie liegt auf der südlichen Gebirgsseite und ist von Yusufeli aus über Sarıgöl mit Minibussen (Dolmuş) zu erreichen (32 km).
Eine etwa 6-stündige Wanderung (einfacher Weg) führt von dort aus zum **Karagöl** ③, einem kleinen Karsee auf etwa 2600 m Höhe. Dazu wandert man zuerst entlang dem Bach, der durch Altıparmak fließt, stromaufwärts und gelangt so durch die Dörfer Kumru und Naznara ② und weiter zur Siedlung Amaneskit. Hier geht es entlang eines Bewässerungskanals zu einem Wasserfall, von dem aus es nur noch eine halbe Stunde zum See ist.
Von Barhal/Altıparmak aus führt eine Schotterpiste entlang des Flusses bis zur Siedlung **Olgunlar** (2050 m) ④. Von hier leichte Wanderung in das von Nordwest einmündende Tal ⑤. Das Talende, von dem aus man einen Blick auf die »Rückseite« des Kaçkar-Massivs hat, ist nach etwa 3 Stunden erreicht.
Von Olgunlar aus im Bachtal nach Südwest gelangt man in etwa 3,5 Stunden zur Hochfläche **Dilber Düzü** (ca. 2950 m) ⑥. Wenn man von hier aus zuerst nach Südwest läuft und kurz vor Erreichen eines rötlichen Staubfelds rechts abbiegt, erreicht man den Karsee **Deniz Gölü** (3250 m). Von hier aus nach Norden kann in 2,5 Stunden der 3932 m hohe Gipfel des **Kaçkars** erreicht werden.
Von Olgunlar aus ist also der Deniz Gölü in einer Tageswanderung zu erreichen. Für den Kaçkar-Gipfel ist aber eine Zwischenübernachtung notwendig. Empfehlenswert zum Aufschlagen eines Zeltes ist die Dilber-Hochfläche.

Praktische Tips

Unterkunft/Verpflegung

Die Kaçkar-Berge sind für Leute geeignet, die Freude an ausgedehnten Trekking-Touren haben. Will man im Hotel übernachten, lassen sich die meisten Gebiete nicht erreichen. Mehrere Hotels nur in **Ayder** (Heilquellen!), das über Çamlıhemşin erreicht wird.
In Altıparmak und Sarıgöl sehr einfache Restaurants.

Klima/Reisezeit

Ab Mitte Juni ist der Schnee soweit abgeschmolzen, daß man Zugang zu den alpinen Regionen hat. Die Nordseite des Gebirges ist bis etwa 2000 m, manchmal bis 2800 m, oft von dichten Nebelfeldern eingehüllt, die sich jedoch gegen Mittag auflösen. In großer Höhe und auf der Südseite des Gebirges treten solche Probleme nicht auf, doch muß man wie in allen Hochgebirgen mit Witterungsumschwüngen rechnen.

Blick in die Umgebung

Die westlichen Ausläufer des Kaçkar-Massivs lassen sich über die Paßstraße zwischen İspir und der Schwarzmeerstadt Rize, dem Zentrum des Teeanbaus (s. S. 193), erreichen.
Gute Beobachtungsmöglichkeiten an den Hängen östlich des Dorfes Sivrikaya, das ein paar Kilometer nördlich der Paßhöhe (Ovitdağı Geçidi, 2600 m) liegt.

31 Borçka

Durchbruchstal des Çoruh; imposanter Greifvogelzug im Herbst; Regenwälder; Teeplantagen.

Der Çoruh-Fluß trennt das inneranatolische Hochland vom nordostanatolischen Küstengebirge. Zwischen Artvin und Batum durchbricht er die Gebirgskette und fließt nach Norden dem Schwarzen Meer zu. Das Durchbruchstal wird umrahmt von den Ausläufern des Kaçkar-Massivs (s. S. 184) und den Gipfeln des praktisch unerschlossenen Karçal-Gebirges (3415 m). Obwohl die Talflanken steil sind, wurden verschiedene Ortschaften angelegt, darunter auch die Bezirkshauptstadt Artvin (15 000 Einwohner), die am Eingang zur Schlucht neben einem jäh abfallenden Burgfelsen liegt und innerhalb der Stadtgrenzen einen Höhenunterschied von mehreren hundert Metern hat.
Die Steilhänge sind mehr oder weniger dicht bewaldet, doch wird jede Hangverflachung bis in große Höhe zur Anlage kleiner Felder ausgenutzt. Getreide, darunter auch Mais, und in den Talböden etwas Reis, Tee (s. S. 193), Weintrauben, Obst, Oliven und Haselnüsse sind die Hauptfrüchte. Vereinzelt trifft man sogar auf Mandarinenbäume.
Die kleinen Seitentäler sind landschaftlich sehr reizvoll; lediglich das Tal von Göktaş ist wegen der Kupferminen stark umweltgeschädigt (Luft- und Wasserverschmutzung). Die Mündung des Çoruh liegt auf sowjetischem Territorium unweit der Hafenstadt Batumi, der Hauptstadt der Adscharischen Republik der UdSSR (Georgien). Am Küstenstreifen herrscht feucht-heißes Klima, das auch im Sommer Niederschläge bringt. Es ist damit die einzige Region der Türkei, in der es keine sommerliche Trockenperiode gibt. Diese Klimasituation hat subtropische Feuchtwälder hervorgebracht und ermöglicht die Kultivierung von Mandarinen und Tee.

Pflanzen und Tiere

In den Tieflagen nahe dem Schwarzen Meer kommen zahlreiche Pflanzenarten vor, die sonst nur aus dem Mittelmeergebiet bekannt sind. Östlicher Erdbeerbaum (S. 79), Zedernwacholder, Griechischer Wacholder, Buchsbaum, Feige, Ölbaum (S. 80) und Zistrosen sind solche Arten. Dazu treten Schwarzerle, Orientbuche, Pontische Eiche und Nordmannstanne als eigentliche Elemente einer Schwarzmeerflora.
Zur Herbstzugzeit bildet der Greifvogelzug ein imposantes Ereignis. Das Durchbruchstal des Çoruh und die Küste dienen dazu als Leitlinie. In einer einzigen Zugperiode wurden bis zu 380 000 Greifvögel ermittelt. Das Gros stellt dabei die östliche, rotbraune Unterart unseres Mäusebussards, der Falkenbussard. An zweiter Stelle der Häufigkeitsskala rangiert der Wespenbussard, gefolgt von Schwarzmilan und Sperber. Doch kann man mit fast allen europäischen Greifvogelarten rechnen, wie z. B. Seeadler, Schlangenadler, alle Weihenarten, Rotfußfalke, Kurzfangsperber, Schell-, Schrei-, Kaiser- und Zwergadler. Der Zug der Wespenbussarde erreicht bereits Ende August seinen Höhepunkt. Im September sind die Mehrzahl der Durchzügler Falkenbussarde und Sperber. Anfang Oktober ist ein beachtlicher Zug von Step-

Wespenbussarde bei Borçka.

Die östliche Schwarzmeerküste ist sehr regenreich. Hier das Küstenbergland bei Ardeşen.

penadlern zu vermerken. Im Gegensatz zum Bosporus (s. S. 20) gibt es in der Borçka-Region keinen erwähnenswerten Storchenzug.
Zugstarke und zugschwache Tage wechseln sich stets ab. Gelegentlich kommt es zu sog. Massenzugtagen. Der bisherige Höhepunkt war der 28. 9. 1976, als an diesem einzigen Tag 137 000 durchziehende Greifvögel gezählt wurden.
Die Einheimischen nutzen die durchziehenden Greifvögel für die Beizjagd auf Wachteln. Mit Kleinvögeln, meist Neuntötern, locken sie Sperber an, die sie mit Netzen fangen und später oft zum Wachtelfang abrichten. Die Sperberhaltung und Sperberbeize ist weit verbreitet (Statussymbol!), oft sind sogar an den Teehäusern Stangen angebracht, auf denen die mitgebrachten Sperber »geparkt« werden, solange ihr Besitzer einkehrt. Leider ist die Verlustquote der Sperber in der Gefangenschaft sehr hoch, so daß ständig neue Vögel gefangen werden. Sehr schlimm ist auch, daß zur Ernährung der Sperber oft andere Greifvögel benutzt werden, die während der Zugzeit geschossen werden.
Neben Greifvögeln hat diese Ecke der Nordosttürkei einige weitere Besonderheiten: Der unserem Zilpzalp sehr ähnliche Lorenzlaubsänger brütet hier; ebenso der Wacholderlaubsänger. In den Wäldern ist der Weißrückenspecht zu Hause. An der Küste kommen Kormoran (S. 51) und Krähenscharbe vor, verschiedene Reiherarten ziehen parallel zur

◁ Der Çoruh durchbricht das Gebirge in einer tiefen Schlucht.

Die Herbstzeitlose ist eine der wenigen Blumen, die im Oktober noch blühen.

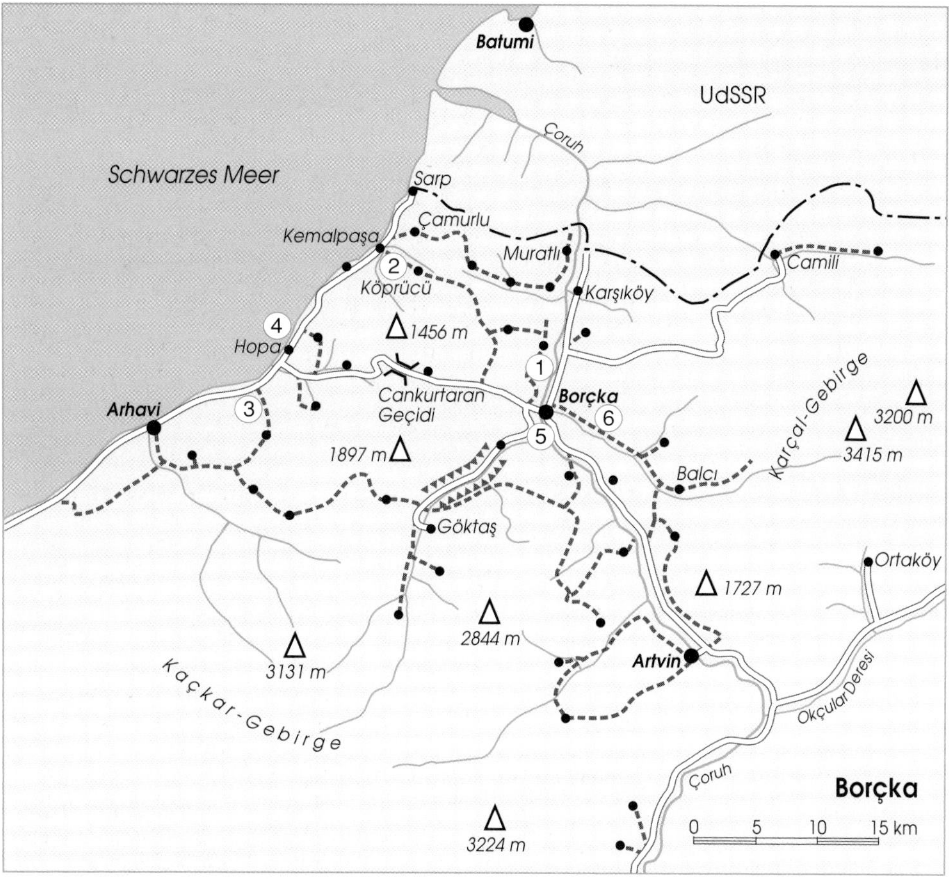

Küste und rasten oft an Mündungen von Bächen und Flüssen. Ortolan und Schafstelzen ziehen gelegentlich in Massen durch. In höheren Lagen sind Bartgeier (S. 40), Gänsegeier und Steinadler noch relativ häufig.

Im Gebiet unterwegs

Je nach Witterung können die besten Punkte zur Beobachtung des Greifvogelzugs rasch wechseln. Man sollte daher flexibel sein. Als günstiger Beobachtungsstandort hat sich der Südosthang des **Çoruh-Tales** gezeigt. Dazu überquert man im Ort Borçka eine Brücke über einen dortigen Çoruh-Zufluß. Nach einer kurzen Wegstrecke teilt sich der Weg. Die linke Schotterstraße führt, vorbei an einigen Wassermühlen, auf einen Bergrücken ① (3–5 km). Die Straße auf der Ostseite des Çoruh durchquert landschaftlich reizvolle Gebiete. Da sie aber stark befahren ist und man kaum über das Niveau des Flusses hinausgelangt, ist sie für Zugbeobachtungen weniger geeignet, mit Ausnahme eines Hügels gleich östlich Borçka ⑥.
Ein guter Beobachtungsstandort ist ein Hügel südwestlich Borçka ⑤. Dazu wählt man die Straße nach Göktaş, verläßt sie aber schon an der ersten Abfahrt nach Süden wieder. Nachdem man eine Brücke überquert hat, windet sich eine Schotterstraße in Serpentinen den Hügel hoch.

Gute Beobachtungspunkte liegen auch direkt an der Küste, wobei prinzipiell der gesamte Küstenstreifen von Arhavi bis zur sowjetischen Grenze in Frage kommt. Besonders günstig: Hügel 3 km südlich Kemalpaşa ② (man kann von hier aus die Hochhäuser von Batumi erkennen!) oder Hügel zwischen Arhavi und Hopa ③.
Für Wasservogelbeobachtungen hat sich neben kleineren Bacheinmündungen in das Meer das Hafenbecken von **Hopa** als günstiger Beobachtungsort erwiesen ④. Zur Zugzeit dort auch oft rastende Kleinvögel.

Die östliche Schwarzmeerküste ist ein wichtiges Teeanbaugebiet.

Praktische Tips

Anreise

Die nächsten Flughäfen liegen in Erzurum bzw. Trabzon, von denen aus Verbindungen nach Ankara und Istanbul bestehen.

Unterkunft

Gute Hotels in **Artvin** (Karahan Oteli, İnönü Cad. 16, Tel. 1800); Mittelklassehotels in **Arhavi** (Hotel Azur) und **Hopa** (Cihan Oteli, Ortahopa Cad. 7, Tel. 1897).

Klima/Reisezeit

Man muß ganzjährig – bei milden Temperaturen – mit Regenfällen rechnen und eine entsprechende Ausrüstung bereithalten. Im Sommer meist schwül.

ACHTUNG: Die unmittelbare Nähe zur sowjetischen Grenze sollte, zumal mit optischer Ausrüstung, gemieden werden.

Der Tee

Der Teestrauch *(Camellia sinensis)* wurde um die Jahrhundertwende aus China nach Transkaukasien eingeführt, von wo aus er in den 30er Jahren an die türkische Schwarzmeerküste gelangte. Das wintermilde Klima der östlichen Schwarzmeerregion mit ausreichend Feuchtigkeit bei hohen Temperaturen war entscheidend für die erfolgreiche Kultivierung. Sie wird entlang der Küste bis in eine Höhe von etwa 500 m durchgeführt. Das Zentrum des Teeanbaus ist Rize (Marke »Rize Çayı«). In der Türkei werden jährlich ca. 150000 t Tee produziert, der größtenteils auf dem Binnenmarkt abgesetzt wird. Die Türkei zählt damit weltweit zu den 10 größten Teeproduzenten.
Tee (»Çay«) ist das eigentliche türkische Nationalgetränk und hat den sog. türkischen Mokka schon seit Jahrzehnten überholt. Selbst als sich die radioaktiven Wolken von Tschernobyl an der Schwarzmeerküste in den Steigungsregen entluden und den Tee radioaktiv stark belasteten, war in der Türkei kaum ein verminderter Verbrauch zu spüren.
Der Anbau der Teepflanze unterliegt staatlicher Kontrolle, die Familienbetriebe fördert, Pflege, Düngung und Pflücktechnik vorschreibt und dafür den Absatz garantiert. Rund 200000 solcher Kleinbetriebe gibt es in der Türkei. In den Städten und Kleinstädten gibt es eine große Zahl sog. »Teefabriken«, in denen die Trocknung, Fermentation, Röstung und Verpackung vorgenommen wird.

Nebenreiseziele

N 1 Terkoz Gölü

Der Terkoz- (oder Durusu-)See ist eine ehemalige Schwarzmeerlagune nordöstlich des Bosporus. Heute steht sie mit dem Meer nurmehr über einen engen Kanal in Verbindung. Der Salzgehalt ist so weit abgesunken, daß der See sogar einen wichtigen Teil im Netz der Trinkwasserversorgung der Metropole Istanbul darstellt.
Zwischen dem Meer und dem See liegen ausgedehnte Wanderdünen, die sich allmählich zum See hin vorschieben. Man hat errechnet, daß sich so das Volumen des Sees alljährlich um 80 000 m^3 verringert. Deshalb versucht man, die Dünen durch Bepflanzung zum Halt zu bringen. Auf der Südseite des Sees schließen sich Buschland mit eingestreuten Wiesen und landwirtschaftlichen Nutzflächen an. Einige Schilfgürtel am Ufer des Sees tragen zur Reichhaltigkeit des Tierlebens ein.
Der Terkoz Gölü liegt im Einzugsbereich der Route des Vogelzuges entlang des Bosporus. Daher passieren jährlich im Frühjahr und im Herbst große Mengen an Störchen und Greifvögeln das Gebiet, und viele verweilen auch hier, um sich neue Energievorräte anzulegen. In den Schilfrändern an den Ufern brüten Zwergdommel, gelegentlich wohl auch die Rohrdommel. Auch Nacht-, Rallen- und Purpurreiher nisten hier. Der Fischadler kommt regelmäßig vor; in manchen Jahren brütet er. In den ausgedehnten Dünen kann man den Triel (S. 48) antreffen.
Der See ist über verschiedene Straßen von Istanbul aus zu erreichen. Von der Hauptstraße, die über Durusu zu dem am Meer gelegenen Ort Terkoz führt, zweigen mehrere Wege ab, die ans Seeufer heranführen.

Der Yedigöller-Nationalpark gewinnt einen besonderen Reiz, wenn sich im Herbst das Laub verfärbt.

Der Abant Gölü ist ein beliebtes Ausflugsziel für die Bevölkerung von Ankara.

Von Terkoz aus führt eine allerdings schlechte Straße nach Ormanlı durch die Dünenlandschaft zwischen dem See und dem Schwarzen Meer. Für Übernachtungsmöglichkeiten sei auf das reiche und vielfältige Angebot in der Metropole Istanbul verwiesen.

N 2 Büyük Çekmece

Westlich des Bosporus liegen am Marmarameer zwei Lagunen: Die Büyük oder Große Çekmece und die Küçük oder Kleine Çekmece. Während die kleine Çekmece, ganz am Rande der Millionenstadt Istanbul gelegen, weitgehend bebaut ist, ist die Große Çekmece für Naturfreunde (noch) eine hochinteressante Beobachtungsstelle in unmittelbarer Stadtnähe.
Der Salzgehalt des Wassers ist gering. So konnten sich auf der Nord- und Westseite des Sees Schilffelder bilden. Der Ausfluß des Sees ins Marmarameer wird von einer alten aus römischer Zeit stammenden Brücke überspannt. Daneben ist eine moderne Brücke errichtet. Die Umgebung des Sees wird von landwirtschaftlichen Nutzflächen, einigen Ortschaften und Industrieansiedlungen bestimmt.
Zu den Zugzeiten rasten hier oft viele Weißstörche, deren Zugroute über den Bosporus führt. Greifvögel überqueren auf dem Zug den See und verweilen hier auch oft zur Nahrungssuche. Besonders Rotfußfalken kann man regelmäßig antreffen. Am Ausfluß des Sees halten sich oft große Trupps von Möwen auf. Neben Lach- und Weißkopfmöwen sind häufig Schwarzkopfmöwen und Zwergmöwen in größeren Mengen darunter. Auch Fluß- und Brandseeschwalben kann man hier antreffen. Der See stellt außerhalb der Brutzeit ein wichtiges Rastgebiet für Taucher, Enten und Gänse dar.
Entlang der Küste des Marmarameeres liegen zahlreiche Hotels und Campingplätze. Sonst muß man auf das reiche Angebot an Möglichkeiten in Istanbul ausweichen.

N 3 Abant Gölü

Der Abant-See im nordwestanatolischen Bergland ist durch eine Talverschüttung entstanden und von ausgedehnten Waldungen umgeben (s. Foto S. 195). Von der Provinzhauptstadt Bolu ist er lediglich 39 km entfernt und über eine gute Asphaltstraße erreichbar. Da sich einige Hotels (z. B. Turban Abant Oteli, Tel. 1 55 73) am See befinden, wird er auch gerne als Ausflugsziel von Wochenendgästen aus Istanbul oder Ankara benutzt.
Die Vegetation des Sees erschöpft sich in einigen Binsen am Ufer. Zwergtaucher und Rostgänse (S. 29) brüten hier. Im See kommt eine endemische Unterart der Regenbogenforelle vor, die nach ihm benannt wurde: *Salmo trutta abanticus*. Die Waldlandschaft ist reich an Greifvögeln. Zwergadler, Schlangenadler, Adlerbussard (S. 161), Baumfalke und andere Arten leben hier. Auch Grünspecht, Buntspecht und sogar der Schwarzspecht sind in den Wäldern zu Hause. Selbst Sommergoldhähnchen und Fichtenkreuzschnabel kann man entdecken. Gar nicht selten in der Umgebung des Sees ist der Karmingimpel.
Um den See führt eine Straße herum. Auf der Westseite zweigt ein Weg ab, der die Hänge bis über die Baumgrenze hinaufführt. Er endet in 1298 m Höhe an einem Fernsehturm. Der abwechslungsreiche Weg führt durch die Wälder, über Almwiesen (türk.: »yayla«) und kommt an einer Almsiedlung, die aus Holzhäusern besteht, vorbei. Oberhalb der Baumgrenze ist die Vegetation sehr spärlich. Ohrenlerche, Hänfling und Steinschmätzer sind hier typische Vogelarten.

N 4 Yeniçağa Gölü

Im nordanatolischen Bergland, direkt an der Straße Istanbul–Ankara, liegt der 1800 ha große Yeniçağa-See. Er ist ein Süßwassersee, der im Osten und Westen von kräftigen Zuflüssen gespeist wird. Das Seeufer ist etwas mit Schilf bestanden; dahinter schließen sich Feuchtwiesen an. An manchen Stellen dieser versumpften Wiesen wachsen sogar Teichrosen.
Der größte Teil des Beckens, in dem auch das Städtchen Yeniçağa liegt, wird als Weideland oder zum Anbau von Weizen, Sonnenblumen und Raps genutzt. Auch die Hügel der Umgebung sind größtenteils von landwirtschaftlichen Nutzflächen bedeckt. Da die Landwirtschaft hier jedoch extensiv betrieben wird und zahlreiche Hecken, Büsche und Bäume zwischen den Feldern stehen, bieten sich hier günstige Plätze zur Vogelbeobachtung.
Im See gibt es Seefrösche (S. 157) und Europäische Sumpfschildkröten, in den nährstoffreichen Sümpfen leben die Posthornschnecke, Sumpfschnecke und Leberegelschnecke. In den Zuflüssen kommt die Flußkrabbe vor. Rostgans, Wasserralle, Haubentaucher und Zwergdommel brüten am See, Karmingimpel in dessen Umgebung. Der See und seine Umgebung sind auch ein wichtiges Rastgebiet für Greifvögel, denn viele Arten kommen hier auf dem Weg vom bzw. zum Bosporus durch und rasten hier. 25 verschiedene Greifvogelarten wurden schon beobachtet.
Der Yeniçağa-See ist über die Straße Istanbul–Ankara gut zu erreichen. Die nächsten Übernachtungsmöglichkeiten gibt es 36 km westlich in der Provinzhauptstadt Bolu.

N 5 Yedigöller-Nationalpark

Im Bolu-Dağı-Massiv in der westlichen Schwarzmeerregion liegen 7 Seen, die durch Erdrutsche entstanden. Erdmassen haben Täler verstopft, so daß kleine Fließgewässer aufgestaut wurden. Es handelt sich also hier um eine Art natürlicher Stauseen, die in zwei Stufen angeordnet sind. Auf der unteren Stufe (780 m über dem Meeresspiegel) liegt der größte See, der Büyük Göl, mit einer Fläche von 22,5 ha und 15 m Tiefe. Dazu kommen zwei weitere Seen. Auf einem 100 m höhe-

Das Delta des Kleinen Mäander ist ein beliebtes Ziel von Naturfreunden.

ren Niveau liegt u. a. der Nazlı Göl mit 16,6 ha. 3 der 7 Seen trocknen im Sommer aus.

Diese Seen sind in ein riesiges Waldgebiet aus ursprünglichen Mischwäldern eingebettet, die nicht bewirtschaftet werden und daher oft urwaldähnliche Formen annehmen. In Tieflagen bestehen die Wälder in erster Linie aus Orientbuche, Zerreiche, Schwarzkiefer, Gewöhnliche Föhre, Kilikischer Tanne und Hainbuche. Weiden, Ahorn und Erlen wachsen entlang der Bäche und Rinnsale. In höheren Lagen werden die von Buchen dominierten Wälder von der Gewöhnlichen Föhre und Kilikischen Tanne zunehmend ersetzt. Die Buschvegetation besteht größtenteils aus Rhododendron, Hasel, Brombeere und Seidelbast.

Die kleinasiatische Unterart des Rotwildes, der Maralhirsch, war ursprünglich in diesen Wäldern weit verbreitet, ist aber durch Überjagung fast ausgestorben. Im Zentrum des Parks dient ein 26 ha großes Gehege der Nachzucht und späteren Wiederausbürgerung. In die Seen und Bäche wurden Forellen eingesetzt, die hier ursprünglich nicht vorkamen und die das natürliche Faunenbild erheblich stören.

Bereits 1965 wurde das Siebenseengebiet, so die deutsche Übersetzung des türkischen Namens, als Nationalpark ausgewiesen (2019 ha). Es ist wenig erschlossen. Anfahrt entweder über Bolu (36 km auf nicht asphaltiertem, aber befestigtem Weg) oder über Yeniçağa–Mengen. Im Park Picknickplätze, Cafés, Campingmöglichkeiten und einfache Blockhütten vorhanden. Hotels fehlen in der Umgebung völlig, von einigen Raststätten auf der Straße Istanbul–Ankara abgesehen. Die eindrucksvollste Jahreszeit ist der Herbst, wenn sich das Laub verfärbt und die Mischwälder in eine unvergleichliche Farbenpracht taucht (s. Foto S. 194).

N 6 Çamaltı-Saline

Die Metropole İzmir liegt am Ende einer Meeresbucht, an deren Ausgang der Gediz-Fluß mündet. Ähnlich anderen türkischen Flüssen führt er eine große Schwebstofffracht mit sich, die er an seiner Mündung ablagert. İzmir droht also das gleiche Schicksal, das Ephesus, Milet oder Priene schon in der Antike ereilt hat. Um die völlige Abschnürung zu vermeiden, wurde bereits 1886/87 ein Ka-

nal gebaut, durch den der Fluß 20 km weiter nördlich ins Meer mündet. Die Gefahr ist also zunächst gebannt.
Im Schwemmland zwischen alter und neuer Flußmündung liegt ein hochinteressantes Lagunensystem, und die staatliche Monopolverwaltung hat ein System von Becken angelegt, um aus dem Meer Salz zu gewinnen. Dieser Feuchtgebietskomplex ist ein Dorado für viele Vogelarten. Von der Bevölkerung praktisch unbemerkt brüten vor den Toren der Stadt Flamingo (S. 96) und Krauskopfpelikan (S. 53), ziehen Seidenreiher (S. 51) ihre Jungen groß und liegt einer der wenigen türkischen Brutplätze der Raubseeschwalbe. Zu den Zugzeiten und im Winter rasten hier Tausende von Wasservögeln.
Da das Gelände sehr weitläufig ist, läßt es sich ohne PKW fast nicht erreichen. Anfahrt über Çiğli am Nordrand İzmirs, vorbei am ehemaligen Flughafen.

N 7 Delta des Kleinen Mäander

Ephesus, die berühmte griechische Stadt und Hauptstadt der römischen Provinz Asia, lag einst an einer Meeresbucht, wurde aber durch Flußablagerungen allmählich vom Meer abgeschnitten, so daß es schließlich in die Bedeutungslosigkeit versank und aufgegeben wurde. Verantwortlich für diesen Vorgang war der Kleine Mäander, in der Antike »Kaystros« genannt; die Türken nennen ihn heute »Küçük Menderes«. An seiner Mündung gibt es ausgedehnte Sumpfgebiete (s. Foto S. 197).
Am Nordrand der Schwemmebene liegen die Seen Alaman Gölü, Gebekirse Gölü und Akgöl sowie mehrere kleinere Tümpel. Die Küste wird in den letzten Jahren immer mehr erschlossen, so daß zu dem ursprünglich einzigen Campingplatz inzwischen schon mehrere Hotels gekommen und weitere geplant

Am Südufer des Burdur-Sees gibt es ausgedehnte Sumpfwiesen.

Das »Tote Meer« (Ölü Deniz) bei Fethiye besticht durch seine landschaftliche Schönheit.

sind. In der Ebene ist Baumwolle im Bewässerungsfeldbau die wichtigste Frucht.
Die Sümpfe und Feuchtwiesen sind für Reiher ein wichtiges Rast- und Brutgebiet. Zwergdommeln, Rallen-, Seiden- und Purpurreiher trifft man hier regelmäßig an. Zur Zugzeit im April/Mai kann man häufig auch größeren Trupps von Braunen Sichlern begegnen. Wasserralle, Beutelmeise und Seidensänger lassen sich hier ebenso beobachten wie Watvögel, von denen Spornkiebitz (S. 139) und Brachschwalbe (S. 103) auch brüten. In den Tümpeln und Gräben lebt die Kaspische Wasserschildkröte (S. 181), aus der Ufervegetation hört man oft Laubfrösche (S. 44) rufen.
Die Ruinenstätte von Ephesus birgt auch für Naturfreunde Interessantes: Felsenkleiber, Blaumerle, Blauracke (S. 74) und Steinkauz (S. 59) nisten hier; Hardun (s. S. 132), Smaragdeidechse und Kopfbindenzwergnatter (S. 172) kommen vor.
Das Delta ist von Selçuk aus über die Straße, die an Ephesus vorbeiführt (alte Allee!), gut zu erreichen. Sie endet bei Pamucak am Meer (eine Abzweigung geht weiter nach Kuşadası). Eine neue Straße durchquert die Schwemmebene auch in Nord-Süd-Richtung. In Selçuk zahlreiche Hotels, Pensionen usw., in Pamucak auch ein Campingplatz.

N 8 Bucht von Güllük

An der Ägäisküste stellt die Bucht von Güllük einen noch wenig erschlossenen Raum dar. Durch die Auffüllungen des Değirmen-Baches (Sarıçay) entstand ein großes Feuchtgebiet, dem in der Türkei wegen seiner reichen Tierwelt eine große Bedeutung zukommt. Das Kerngebiet ist wegen fehlender Wege weitgehend störungsfrei; die Besucher haben aber andererseits am Rande ausreichend Beobachtungsmöglichkeiten.
Am lohnendsten ist eine Wanderung entlang dem kanalisierten Değirmen-Bach, ausgehend vom Dorf Koru südlich Milas. Von einem Damm aus hat man Einblick in die mit

Tamarisken und Schilf bestandenen Ufer. Die Beutelmeise ist hier ein nicht seltener Bewohner; mit großer Aufmerksamkeit und viel Glück kann man sogar ihre in den Tamarisken hängenden Kugelnester entdecken. An den Steilwänden brüten Bienenfresser (S. 116). Aus der verfilzten Ufervegetation dringt im Frühjahr der laute Gesang des Seidensängers, wenngleich man den Vogel selbst nur selten zu Gesicht bekommt. Nördlich des Dammweges schließen sich Salzwiesen an. Der Queller, der sich im Herbst rot färbt und der Landschaft ein eindrucksvolles Gepräge verleiht, ist hier eine Charakterart. Als Besonderheit kann man im Frühjahr und Sommer den Spornkiebitz (S. 139) entdecken, der hier nistet.

Einen guten Überblick über das Feuchtgebiet von Güllük hat man von der Straße, die von Milas über Euromos nach Iasos (Kıyıkışlacık) führt. Der Höhenweg kommt durch einen Kiefernwald, der wieder interessante Beobachtungen zuläßt (Orchideen im zeitigen Frühjahr!).

Unterkunft in Milas oder Güllük bzw. in der 58 km entfernten Touristenstadt Bodrum.

N 9 Datça-Halbinsel

Südlich der Linie Bodrum–Gökova ragt die Datça- oder Reşadiye-Halbinsel weit ins Meer hinaus. Sie stellt die Gipfelregion eines ins Meer abgetauchten Gebirgszuges dar und bildet eine Übergangszone zwischen Ägäis und Mittelmeer-Region. Die Halbinsel ist stark zerklüftet; an der engsten Stelle mißt sie nur 2 km. Es gibt zahlreiche ruhige Buchten; viele kleine Inselchen liegen vor der Küste. Die Halbinsel ist von mediterraner Macchie bedeckt, in der erst Anfang der 80er Jahre ein ursprüngliches Vorkommen der Kretischen Dattelpalme entdeckt wurde. Zuvor hatte man angenommen, diese Palmenart sei auf ein paar wenige Standorte auf Kreta beschränkt. Inzwischen weiß man aber, daß es auch auf der Datça-Halbinsel beachtliche Bestände gibt. An den Palmenstandorten findet sich reichlich Macchien-Unterwuchs: Steineiche, Baumheide (S. 121) und Östlicher Erdbeerbaum (S. 79) sind hier typische Arten. Der Amberbaum (s. S. 83) hat an feuchten Stellen der Halbinsel ein kleines Reliktareal.

Bei Akçapınar zwischen Muğla und Marmaris sollte man auf eine alte Allee aus außergewöhnlich wüchsigen Eukalyptusbäumen *(Eucalyptus globulus)* achten.

Die Datça-Halbinsel ist von der bekannten Touristenstadt Marmaris aus gut erreichbar. Die größten Bestände der Kretischen Dattelpalme sind in der Bucht von Hisarönü zu finden, gut 20 km westlich von Marmaris. Gerade in den tieferen Teilen trockener Bachbetten kann man sie entdecken. Eine komplette touristische Infrastruktur findet sich in Marmaris und in Datça. Dazu gibt es eine Reihe weiterer Campingplätze, Restaurants usw. entlang der Hauptstraße.

N 10 Ölü Deniz

»Ölü Deniz« heißt »Totes Meer«. Es wird nicht wie sein Namensvetter in Palästina wegen eines lebensfeindlich hohen Salzgehaltes so genannt, sondern wegen der absoluten Bewegungslosigkeit seines Wassers: Es gibt keine Meeresströmungen und durch die windgeschützte Lage kommt es auch nicht zu einer oberflächlichen Durchmischung des Wassers.

Es handelt sich eigentlich um eine Lagune, die im Entstehen ist. Durch Strandversetzung ist eine Nehrung (Lido) entstanden, deren Außenseite von einem Strand gesäumt wird (s. Foto S. 199); das Innere besteht aus Dünen, während die der Meeresbucht zugewandte Seite Anlandungen feinen Schlicks zeigt. Kiefernwälder reichen bis nahe an die Wasserkante und steigern den szenischen Wert des Gebietes erheblich.

Das »Ölü Deniz« ist ein beliebter Ausflugsort, an dem sich zahlreiche Strandeinrichtungen und Übernachtungsmöglichkeiten befinden. Häufig ist der Strand total überfüllt.

Die Karamık-Sümpfe sind fast vollständig von Vegetation bedeckt; hier Wasserhahnenfuß.

N 11 Burdur Gölü

Der Burdur-See liegt im Zentrum der südwestanatolischen Seenplatte (s. Foto S. 198). Im Gegensatz zu seinen Nachbarseen besitzt er aber keine Abflüsse, weder oberirdische, noch unterirdische karstischen Ursprungs. Während des Neogens lag der Seespiegel bedeutend höher als heute und erreichte im Pleistozän sein Maximum. Die verschiedenen Wasserstandshöhen kann man heute noch an den in mehreren Terrassen abgelagerten Sedimenten erkennen. Auch anhand der Lage der prähistorischen Siedlungen läßt sich die Uferlinie der damaligen Zeit nachvollziehen.
Wegen des fehlenden Abflusses ist der See salzig. Eine spezialisierte Tierwelt ist das Ergebnis. So lebt hier eine kleine Fischart, die endemisch ist und nach dem See benannt wurde: *Aphanius burduricus*. Die Männchen dieser auffällig gefärbten Art sind quergestreift. Die Art ist im See nicht selten. Eine andere Besonderheit des Burdur-Sees ist das Vorkommen der Weißkopfruderente (S. 95). Im Winterhalbjahr versammeln sich fast 10000 Vögel; das entspricht über 90% der Weltpopulation dieser bedrohten Art. Die Tierwelt ist insgesamt reich, mit vielen Insekten und einer artenreichen Brutvogelwelt. Auffällig sind die zahlreichen Weißstörche, die in einem von einem Erdbeben zerstörten Dorf am Südufer des Sees nisten.
Das Gebiet um die Stadt Burdur ist traditionell ein Erholungsgebiet für Einheimische. Daher gibt es verschiedene Hotels, ein Casino und Badeanstalten. Vogelkundlich ist das Südwestufer am ergiebigsten. Sehr reizvoll ist es, den See ganz zu umrunden (am Nordwestufer nur eine Schotterstraße!).

Der Eber Gölü besteht zum größten Teil aus einem nahezu undurchdringlichen Dickicht aus Schilf.

N 12 Salda Gölü

Der Westtaurus ist äußerst reich an verschiedenen Karstformen. Westlich Burdur findet sich eine Reihe von Poljen, in denen sich das abgeschwemmte Verwitterungsmaterial sammelt. Es sind tektonische Einbruchsbecken, die durch Lösung des Kalkes erweitert werden. In einigen dieser Poljen entstanden Seen, wovon der größte der 4100 ha große Salda-See ist. Mit einer Tiefe von 185 m ist er zugleich der tiefste See der Türkei.
Durch die enorme Tiefe wirkt der Seegrund tiefblau. Da sich an seinen Ufern verschiedene Ablagerungen (angeschwemmtes Verwitterungsmaterial!) befinden, darunter fast weißer Lehm, ist der See farblich äußerst vielseitig. Zu den verschiedenen Blautönen tritt das Grün der Kiefernwälder, die den See umgeben. So entsteht ein landschaftlich äußerst attraktiver Ort. Die Kiefernwälder um den See sind zudem ein gutes Wandergebiet, in dem man auch vogelkundliche Besonderheiten wie Schlangenadler oder Türkenkleiber (S. 40) entdecken kann.
Entlang der Straße am Südufer des Sees gibt es einige Picknick- und Erholungseinrichtungen.

N 13 Karamık-Sümpfe

Die Karamık-Sümpfe (s. Foto S. 201) liegen am Nordrand des Taurusgebirges im Hochland Anatoliens. Mit einer Größe von 4100 ha und einer Meereshöhe von 1008 m stellen sie einen der größten Süßwassersümpfe der Türkei dar. Sie sind fast ganz von Schilf und Rohrkolben bedeckt. Die wenigen offenen Wasserstellen werden von Teichrosen besiedelt. An die Sümpfe schließen sich Feuchtwiesen an, dann erst folgen landwirtschaftliche Nutzflächen. Mit Ausnahme der Nordseite werden die Karamık-Sümpfe ganz von Bergen eingefaßt. Besonders eindrucksvoll ist die Kulisse auf der Südostseite, da die Berge hier unvermittelt von den Sümpfen steil aufsteigen. Es handelt sich um einen Ausläufer des Sultan-Gebirges, das hier 1995 m erreicht. Einige Quellen entspringen am Fuß dieser Berge und speisen die Sümpfe. Die Karamık-Sümpfe sind voll von Seefröschen (S. 157) – eine wichtige Nahrungsgrundlage für die vielen Störche und Reiher. Wegen der zahlreichen Blutegel sei abgeraten, weit in die Sümpfe vorzudringen. Rostgänse (S. 29) brüten in den Bergen und führen ihre Jungen in die Sümpfe herab. Hier

Das Westufer des Beyşehir-Sees wird vom Taurusgebirge (Hintergrund), das Ostufer von sanften Hängen gebildet.

nistet auch eine kleine Wildpopulation des Höckerschwans. Die Vögel sind allerdings extrem scheu. Unter den zahlreichen Enten sind besonders Moor- und Weißkopfruderente (S. 95) bemerkenswert. Durch die Nähe des Gebirges sind die Sümpfe ein wichtiges Jagdgebiet für Greifvögel.
Die Karamık-Sümpfe lassen sich auf einer Asphalt- bzw. Schotterstraße ganz umrunden. Die Anfahrt erfolgt zweckmäßigerweise über die Straße Afyon–Akşehir. Die nächsten Hotels befinden sich in Afyon.

N 14 Eber und Akşehir Gölü

In einer Furche zwischen dem Taurusgebirge und dem Vortaurusbergland liegt westlich Konya ein größerer, abflußloser Bereich. Er birgt das Becken des Akşehir Gölü (990 m) und des Eber Gölü (995 m). Beide Seen stehen über einen (natürlichen?) Kanal in Verbindung und bei hohem Wasserstand entwässert der Eber-See in den Akşehir-See.

Der Eber Gölü ist vollständig von Schilf bedeckt, nur an wenigen Stellen gibt es kleine offene Wasserflächen (Foto oben links). Der Akşehir Gölü hat einen 1–2 km breiten Schilfgürtel. Es handelt sich also um zwei eng miteinander verbundene, nährstoffreiche Seen.
Um die Siedlungen auf der Südwestseite der Seen liegen oasenhafte Gemüsegärten und Obstbaumkulturen. Dahinter ragt die mäch-

Bei İvriz entspringt eine mächtige Karstquelle, Voraussetzung für eine oasenhafte Gartenlandschaft.

tige Kulisse des Sultan-Gebirges (Sultan Dağları) hoch. Kräftige Bäche und Flüsse kommen von den Bergen in die Ebene und speisen die Seen. Wenn jedoch im Frühjahr die Schneeschmelze vorbei ist, trocknen diese Zuflüsse rasch aus und hinterlassen breite Bachbetten mit kiesigem Grund.
Während die beiden Seen und ihre Sumpfzonen ein nahezu idealer Lebensraum für viele Amphibien-, Reptilien- und Wasservogelarten sind, sind die Hänge des Sultan-Gebirges ein lohnendes Ziel wegen ihrer Kleinvogelwelt. Bemerkenswert sind auch einige große Saatkrähenkolonien, die sich in Alleen (z. B. zwischen Çay und Bolvadin) und kleinen Baumanpflanzungen finden.
Einfache Übernachtungsmöglichkeiten gibt es in Akşehir, ansonsten sei auf Afyon und Konya verwiesen.

N 15 Beyşehir Gölü

Der Beyşehir-See ist mit 65 600 ha der größte Süßwassersee der Türkei. Zahlreiche Inseln und Inselchen und von Wäldern bedeckte Gebirgszüge am Nord- und Westufer verleihen dem Gebiet einen hohen landschaftlichen Reiz (s. Foto S. 203). Im Süden tragen Schilfbestände am Einlauf eines Baches zur zoologischen Reichhaltigkeit des Sees bei. Zwergscharbe (S. 104), Seidenreiher (S. 51) und Flußseeschwalben lassen sich hier beobachten. Das Nordufer des Sees ist als Nationalpark geschützt. Es ist aber schwer zugänglich und außer einigen Picknicktischen finden sich keine Einrichtungen. In einem gigantischen Projekt wird das Wasser des Beyşehir-Sees bereits seit dem letzten Jahrhundert zum Suğla-See und weiter in die Ebene von Konya geleitet, wo es zur Bewässerung genutzt wird. Das Kanalsystem endet letztlich am Tuz Gölü.

N 16 Beynamer Forst

Am Nordrand des inneranatolischen Hochlandes, im Süden Ankaras, liegen Reste des ursprünglichen Waldgebietes: 18 km südlich Gölbaşı an der Straße nach Kırşehir gelegen, ist der Forst als degradierter Rest eines ehemals größeren geschlossenen Waldgebietes anzusehen. Dieses Relikt dokumentiert, daß

Die Schlangenburg liegt auf einem isolierten Berg im Schwemmland des Ceyhan.

die ursprüngliche Waldgrenze bis hierher reichte und die eigentliche Steppe erst weiter südlich begann. Der Untergrund des Gebirgszuges wird von sedimentären und magmatischen Reihen gebildet.
Die wichtigsten Pflanzen sind die Schwarzkiefer und die Flaumeiche. Die Kiefern sind häufig von der Kletterpflanze *Lonicera etrusca* überzogen. Insgesamt wurden in diesem Reliktwald 419 Pflanzenarten in 241 Gattungen festgestellt. Der Wald beginnt erst bei einer Höhe von 1280 m. Schlangenadler, Trauermeise und Türkenkleiber (S. 40) sind hier typische Vogelarten.
Ein Forstweg führt vom Dorf Beynam bis in die Gipfelregion (der höchste Punkt liegt 1521 m hoch). Verschiedene Hotels gibt es am Mogan Gölü (Gölbaşı) bzw. natürlich in Ankara.

N 17 İvriz (Aydınkent)

Bei İvriz, neuerdings in Aydınkent umbenannt, am Nordrand des Taurusgebirges entspringt eine Karstquelle, die so mächtig ist, daß sich darum eine oasenartige Landschaft bilden konnte. Aus einer Felsnische tritt eiskaltes Wasser aus, das mit einigen weiteren unterirdischen Zuflüssen vereinigt den İvriz-Bach ergibt (s. Foto S. 203). Dieser, aufgespalten in viele kleine und kleinste Bewässerungskanäle, bewirkt eine oasenartige Landschaft in der sonst trockenen Grenze zwischen der inneranatolischen Steppenregion und den kahlen Hängen des Taurus. Das eiskalte Wasser wird zur Forellenzucht benutzt. Gleich unterhalb des Ortes hat man erst Mitte der 80er Jahre ein Staubecken errichtet, um die Fläche des bewässerten Landes ausweiten zu können.
Unter Historikern ist İvriz wegen eines Felsreliefs aus hethitischer Zeit bekannt, das aus der 2. Hälfte des 8. Jh. v. Chr. stammt und sich direkt über der Quelle befindet. Es zeigt König Warpalawas mit dem Wetter- und Vegetationsgott Tarku, dem wohl die Fruchtbarkeit spendende Quelle verdankt wird.
In den Gartenanlagen kann man im Unterwuchs an Wegesrändern die Phrygische Ragwurz finden (Blütezeit: Mai). Die Obstbaumkulturen mit eingestreuten alten Nußbäumen sind der Lebensraum von Wiedehopf (S. 110), Pirol, Nachtigall, Seidensänger und Blaßspötter. Mit viel Glück kann man sogar den Häherkuckuck sehen. Im Bachbett kommt der Flußuferläufer und die Wasseramsel vor, in der Ufervegetation die Beutelmeise. In manchen Juninächten läßt sich das eindrucksvolle Massenschwärmen der maikäferartigen *Anoxia villosa* beobachten.
Auch das Gebirge oberhalb der Karstquelle ist ein lohnendes Beobachtungsgebiet. Ein schmaler Trampelpfad führt zu einem weiteren hethitischen Felsrelief, zu dem Einheimische den Weg zeigen können. In einem mit wenigen Büschen bestandenen trockenen Tal kommt der Weißkehlsänger (S. 89) vor, an den Hängen der Grauortolan. Bei einer Wanderung wird man auch viele Gebirgsarten, darunter Felsenschwalbe und Steinsperling, entdecken können.
Für Hinweise zur Unterbringung und auf weitere lohnende Beobachtungsgebiete in der Umgebung vgl. Ereğli-Sümpfe (Hauptreiseziel Nr. 15).

N 18 Erciyas-Vulkan

Mit 3917 m ist der Erciyas eine der höchsten Erhebungen in ganz Anatolien. Schon in einer Entfernung von über 100 km kann man ihn an seiner fast immer schneebedeckten Kuppe erkennen (s. Foto S. 207). Er ist ein Vulkan, der noch im 1. Jh. n. Chr. tätig war. Der Geograph Strabo (63 v. Chr. bis 20 n. Chr.) schilderte die Umgebung der Stadt Caesarea, dem heutigen Kayseri, am Fuße des Berges als »mit Feuer erfüllte und mit Feuergruben bedeckte Ebenen«, wo nachts aus dem Boden Flammen brechen würden.
Ein Ur-Erciyas war schon im Neogen vor 26 Mio. Jahren aktiv. Von diesem Vulkan, der heute noch etwas östlich des Erciyas in

Form des Koç Dağı zu sehen ist, wurde der Erciyas-Vulkan abgespalten. Im Westen hat der Erciyas die Tufflandschaft Kappadokiens (s. S. 111) geformt.
Die Hochmatten des Erciyas dienen als Almweide zahlreicher Hirten, die den Sommer in Nomadenzelten aus schwarzem Ziegenhaar verbringen. Meist sind es uralte, schon seit Jahrhunderten bestehende Weiderechte. Die Almwiesen sind hoffnungslos überweidet und die natürliche Vegetation ist vollständig zerstört. Überwiegend findet man jetzt in den niederen Lagen dornpolsterreiches Zwerggesträuch mit verschiedenen *Astragalus*-Arten (charakteristisch sind *A. plumosus* und *A. angustifolius*). Im Kontaktbereich zur alpinen Stufe finden sich verstärkt Arten wie *Acantholimon androsaceum, Draba cappadocica* und *Minuartia aizoides*. Die Sommerweiden sind charakterisiert durch *Nardus stricta*, die alpine Stufe z. B. durch *Festuca violacea* oder *Veronica gentianoides*. Insgesamt erbrachten Bestandsaufnahmen am Erciyas etwa 320 Pflanzenarten.

Zahlreiche alpine Vogelarten kommen am Erciyas vor. Steinadler, Steinsperling und Ohrenlerche sind typische Vertreter. Die Steinbraunelle hat hier eines ihrer westlichsten Brutvorkommen, ist aber selten.
Der Erciyas ist von Kayseri aus, das am Fuße des Berges liegt, gut erreichbar. Eine Straße führt bis zu der auf 2800 m gelegenen Teke Yaylası (»yayla« = Sommerweide, Hochalm). Die Straße führt weiter nach Develi am Rande der Sultanssümpfe (s. S. 104).

N 19 Lagunen von Yumurtalık

Die Lagunen von Yumurtalık (Foto links) liegen am östlichen Ende der Çukurova, der großen südtürkischen Tiefebene. Sie stellen ein komplexes System aus Meeresbuchten,

Die Lagunen von Yumurtalık liegen an der Grenze zum subtropischen Klimabereich.

Südlich des Erciyas-Vulkans, dem höchsten Berg Westanatoliens, breiten sich die Sultanssümpfe aus.

Flachwasserzonen, brackigen Lagunen und Flußaltläufen dar. Hinter den Feuchtgebieten streicht eine sanfte Hügelkette von Nordost nach Südwest. Sie besteht hauptsächlich aus Serpentin und paläozoischen Schiefern.
Auf alten Dünen und auf Inseln bei Deveciuşağı kann man einen Wald aus Aleppokiefer sehen, von der es in der Türkei nur drei Standorte gibt. Ein meist krummer Stamm und eine mehr oder weniger kugelige Krone sind typisch. Im Unterwuchs eine Kermeseichen-Macchie mit Tenebrinthe, Breitblättrigem Lorbeerliguster, Styraxbaum, Myrte, Baumheide (S. 121) und Stechwinde. Im Frühjahr (März bis Mai) blüht hier, neben anderen Orchideen, der Pflugschar-Zungenstendel. Die Vogelwelt ist sehr ähnlich der mittleren Çukurova (s. S. 154).

Der Çamlık Dalyanı, an dem sich der Aleppokiefernwald befindet, ist ein idealer Ausgangspunkt für Exkursionen an die Bucht von Yumurtalık und an den sog. Ömer Gölü, der sich rückwärtig anschließt. Besonders eindrucksvoll sind die Lagunen zur Zugzeit, wenn sie einen wichtigen Rastplatz für Wat- und Wasservögel bilden.
Nur sehr einfache Übernachtungsmöglichkeiten in Yumurtalık. Touristische Hotels erst in Adana (79 km). Von Yumurtalık aus führt eine Schotterstraße nach Deveciuşağı und weiter zum Çamlık Dalyanı, wo sich fast ständig Fischer aufhalten und wo sich ein einfaches Fischerlokal befindet.

N 20 Schlangenburg

Östlich von Adana, nahe der Hauptstraße nach Gaziantep, liegt mitten in der Ebene ein isolierter Berg, der in der Schwemmlandebene fast deplaziert wirkt. Der Ceyhan-Fluß schlängelt sich um seinen Fuß. In byzantinischer Zeit hat man diese hervorragende Lage zur Überwachung der vorbeiführenden Straßen ausgenutzt und hat auf dem Hügel eine Burg gebaut. Von dort hat man einen wunderbaren Überblick über die Mäander des Ceyhan. Obwohl er innerhalb von Hochwasserdämmen verläuft, reichen diese manchmal nicht aus und überfluten weite Teile der Ebene, aus der die Schlangenburg wie eine Insel herausragt (s. Foto S. 204).
Der Hügel liegt im Bereich der Zugroute von Großvögeln, die das Mittelmeer östlich umfliegen. Oft kann man Hunderte von Weißstörchen in der Thermik kreisen sehen oder Greifvögel, darunter Schlangenadler, Schreiadler, Bussarde und Weihen.
In der Burg befindet sich eine kleine Kolonie des Hausseglers. Diese in der Türkei sonst nur im Südosten beheimatete Art hat hier ein vorgeschobenes, isoliertes Brutareal. Mit etwas Aufmerksamkeit wird es gelingen, diese kleinen Segler mit weißem Bürzel und abgeschnitten wirkendem Schwanz unter anderen Seglern und Schwalben entdecken zu können. An den sonnigen Hängen lebt die Goldmabuye, eine Skink-Art, und das Hardun

Das Munzur-Gebirge ist ein weitgehend unerschlossener Nationalpark am oberen Euphrat. Südlich wird er vom Munzur Suyu begrenzt. Dieser Bach wird wie hier bei Ovacık von zahlreichen Hangquellen gespeist, die besonders zur Zeit der Schneeschmelze sehr kräftig sein können.

Auf dem Gipfel des Nemrut Dağı, der zum Königreich Kommagene gehörte, befinden sich monumentale Götter- und Tierköpfe. Nicht zuletzt durch mäßige Beweidung in dieser abgelegenen Gegend bietet der Berg zahlreichen seltenen Pflanzen und Tieren ein Rückzugsgebiet.

(s. S. 132). Die niederen Pflanzen sind in der trockenen Jahreszeit von zahlreichen Schnecken übersät. Sie überdauern hier in einer Trockenstarre mit reduziertem Stoffwechsel die Zeit bis zu den nächsten Regenfällen.

Die Schlangenburg ist von der Straße Adana – Ceyhan aus über eine Schotterstraße zu erreichen, die den Hügel etwa zur Hälfte hochführt. Bis zur Burg selbst gelangt man über einen Trampelpfad.

Die Schlangenburg liegt etwa 40 km östlich Adana, wo ein breites Spektrum an Unterbringungsmöglichkeiten vorhanden ist.

N 21 Amanus-Graben

Im Gegensatz zu allen Gebirgszügen Anatoliens, die mehr oder weniger deutlich in Ost-West-Richtung streichen, verläuft das Amanus-Gebirge in Nord-Süd-Richtung. Zwei Gebirgsketten laufen parallel zueinander, getrennt durch einen Grabenbruch. Es ist dies die nördliche Fortsetzung des Jordan-Grabens – und damit dem ostafrikanischen Grabenbruch zugehörig. Die Senke ist mit Schwemmaterial aufgefüllt. Einige Flachwasserseen sind eingestreut. Zu beiden Seiten des Grabens ragen die Gebirgszüge, die Ost-

Bei Ceylanpınar an der syrischen Grenze werden Kropfgazellen für die Wiederausbürgerung nachgezüchtet.

und die Westkette des Amanus, hoch. Dieses Gebirge steht den sommerlichen Artesien-Winden wie den winterlichen, regenbringenden Westwinden frontal entgegen. Das bedeutet namentlich im Sommer, daß sich in Höhen ab etwa 900–1000 m eine Art von »Wolkenwaldstufe« entwickeln kann. Die Kiefernwälder werden hier in starkem Maße von Eichen und Hainbuchen durchsetzt und zeigen eine dichte Bodenvegetation. Oberhalb von 1800 m trifft man hier sogar die Orientbuche an, ein völlig isoliertes Vorkommen in der Südtürkei. Für viele Tierarten bildet der Graben eine Ost-West-Barriere.
Am besten läßt sich der Grabenbruch entlang der Straße Adana–Gaziantep beobachten. Vom Westen kommend, kann man zuerst fast von Meereshöhe die durch zahlreiche Steigungsregen gekennzeichnete Westkette durchfahren. Dann hat man einen wunderbaren Ausblick auf den Grabenbruch. In der Ostkette kann man an der spärlichen Vegetation sofort die geringeren Niederschläge ablesen.

In der Ostkette empfiehlt sich eine Wanderung bei den Dörfern Yeşilce und Işıklı: Hier gibt es ornithologische Kostbarkeiten wie Rostbürzelsteinschmätzer, Klippenkleiber, Dornspötter und Türkenammer. Für Klippenkleiber und Rostbürzelsteinschmätzer ist dies der westlichste Punkt ihrer Verbreitung: Bereits in der Westkette des Gebirgszuges kommen diese Arten nicht mehr vor.
Im Amanus-Gebirge selbst gibt es keine Übernachtungsmöglichkeiten, so daß man auf die Städte Adana, Gaziantep oder auch auf das etwas nördlich gelegene Kahraman Maraş ausweichen muß. Seitenwege sind im Amanus-Gebirge spärlich und in schlechtem Zustand, so daß oft von der Hauptstraße aus beobachtet werden muß.

N 22 Belen-Paß

Der Belen- oder Topbağazı-Paß ist der Hauptübergang über die Westkette des Amanus-Gebirges. Auf der Innenseite des Gebirges liegt ein breites, fruchtbares Schwemmland, das dem Grabenbruchsystem zuzurechnen ist. Die Außenseite wird vom Golf von İskenderun gebildet. Die südlichen zwei Drittel des Gebirgszuges reichen selten über 1400 m und der Belen-Paß stellt mit 500 m die niedrigste Stelle dar. Die Hauptstraße İskenderun–Antakya führt über den Paß. Seine Breite ist schwer zu definieren, liegt aber am höchsten Punkt, bei dem Dorf Belen, bei etwa 10 km. Es ist ein Gelände mit landwirtschaftlichen Nutzflächen, mediterraner Macchie und Bäumen.
Der Paß ist ein bedeutender Konzentrationspunkt des Vogelzuges. Greifvögel und Störche passieren hier alljährlich zweimal die Gebirgskette, die sich ihrem Zugweg entgegenstellt. Man hat in einer Zugperiode bis zu 103 000 Weißstörche und 28 600 Greifvögel gezählt. Wespenbussarde stellen das Gros der Greife, doch sind praktisch alle ziehenden Arten darunter. Regelmäßig tauchen Rosapelikane auf, die den Paß ebenfalls überqueren. Bis zu 7300 Vögel wurden ermittelt.

Es ist unmöglich, einen Punkt zu finden, von dem man das ganze Zuggeschehen überblikken kann. Als relativ gut hat sich ein Punkt auf der Paßhöhe erwiesen, etwas westlich, gleich oberhalb der Ortschaft Belen. Doch gibt es einige weitere Stellen, die auch sehr ergiebig sein können.
Wegen Übernachtungsmöglichkeiten ist man auf die Städte Antakya und İskenderun angewiesen.

N 23 Munzur-Nationalpark

Das Munzur-Gebirge ist eine wilde, wenig berührte Landschaft am oberen Euphrat. Obwohl die etwa 100 km lange Gebirgskette etwa 20 Dreitausender aufweisen kann, sind die Gipfel relativ leicht zu erreichen, da die Talsohlen schon auf 1500–2000 m liegen. Das Gebiet ist wasserreich: In höheren Lagen liegen zahlreiche kleine Karseen, an den Hängen stößt man immer wieder auf Quellen (vgl. Foto S. 208) und an den Bächen bilden sich kleine Wasserfälle. Das Gebirge besteht aus vulkanischem und sedimentärem Gestein. Tiefe Täler sind für die Landschaft charakteristisch. Die Hügel und Hänge sind von Eichenwäldern bedeckt, in den Talsohlen wachsen Nußbäume, Erlen, Eschen, Ahorn und Platanen. Höhere Lagen sind meist ohne Baum- und Strauchbewuchs; hier liegen oft die Weidegebiete (»yayla«) der halbnomadisierenden Bevölkerung. Gänsegeier, Steinadler, Bezoarziege und Gemse sind hier noch zu Hause. Im Munzur- und im Mercan-Bach gibt es zahlreiche Forellen.
Obwohl der Munzur-Nationalpark bereits seit 1971 besteht, gibt es keine Einrichtungen für Besucher. Lediglich einige Angestellte der Park- und Forstverwaltung in Ovacık stehen für Auskünfte und für Hilfe bei der Suche nach Campplätzen und Wanderwegen zur Verfügung. Für Wandertouren sollte man nicht vor Mitte Juni kommen, da sonst in den Hochlagen noch Schnee liegt. Die ersten Wintereinbrüche treten u. U. schon Ende September/Anfang Oktober auf. Für eine Durchwanderung des ganzen Gebirges von Ovacık am Munzur-Bach nach Kemah oder Alp am Euphrat sollte man mindestens eine Übernachtung im Gebirge (Zelt) einplanen.

N 24 Nemrut Dağı

Der Berg Nemrut in der Provinz Adıyaman ist bekannt wegen monumentaler Denkmäler auf seinem Gipfel, gewaltige Köpfe von Göttern und Königen auf 2150 m über dem Meeresspiegel (s. Foto S. 209). Die Felslandschaft in der Abgeschiedenheit über dem Euphrat ist dünn besiedelt. Da es keine ständigen Nomadenlager auf dem Berg gibt, ist die Vegetation keiner kontinuierlichen Überweidung ausgesetzt. Eine artenreiche Flora prägt daher den Berg.
Die Gipfelregion des Nemrut kann mit einigen ornithologischen Besonderheiten aufwarten: Wo einige Büsche stehen, kommt die Türkenammer vor, und zwar die in der Türkei endemische Nominatform mit dunklem Unterkörper. Hier brütet auch der Weißkehlsänger (S. 89), der im Frühjahr seinen Gesang oft in einem pieperartigen »Fallschirm-Singflug« vorträgt. An den steinigen Hängen tritt neben dem Steinschmätzer und dem Mittelsteinschmätzer auch der Rostbürzelsteinschmätzer auf. Es ist dies einer der wenigen bekannten Brutplätze der Nominatform, bei der die Männchen eine dunkle Kehle besitzen. Andere interessante Arten sind Rotflügelgimpel (S. 124), Schneefink, Ohrenlerche, Brachpieper usw.
Der Nemrut zählt zu den wenigen Bergen der Türkei, auf den eine Straße bis in die Gipfelregion führt. Ausgangspunkt für Exkursionen ist die Kleinstadt Kahta, etwa 40 km vom Gipfel entfernt mit Hotels und Campingplätzen. Einige Hotels entstehen neuerdings auch an den Hängen des Nemrut selbst. Von

Das Inselchen Ahtamar ist nicht nur ein Mekka für Kunsthistoriker; Naturfreunde finden hier Armeniermöwen und Nachtreiher. ▷

Kahta aus werden Touren in die Gipfelregion mit Kleinbussen angeboten, darunter auch nächtliche Fahrten, um den Sonnenaufgang am Berggipfel erleben zu können.
Herrliche Landschaftseindrücke lassen sich beim historischen Arsamelin (Eski Kahta) gewinnen, wo der Kahta Çayı, ein Zufluß zum Euphrat, durch eine Felslandschaft bricht.
Ein Besuch dieser Gegend läßt sich mit der Exkursion auf dem Nemrut verbinden, indem man die östliche Anfahrtsstraße (ca. 15 km Umweg) wählt. Durch den Bau des Atatürk-Staudammes ist die Landschaft direkt am Euphrat großen Veränderungen unterworfen und wird bald unter den Fluten verschwunden sein.

N 25 Ceylanpınar

Ceylanpınar liegt am Rande der syrischen Wüste, an der Grenze zum Staate Syrien.
Der Ort wird vom Flusse Habur, auf syrischer Seite Al Khabour genannt, durchflossen, der im Sommer weitgehend austrocknet. In der fast völlig ebenen Landschaft liegt das 168 000 ha große Staatsgut Ceylanpınar, in dem vor allem Weizen angebaut wird. Dies hat die hier ursprüngliche Steppenlandschaft mehr und mehr zurückgedrängt und auf kleine Restflächen schrumpfen lassen.
Die Kropfgazelle (S. 210) war hier am Rande zur Wüste ursprünglich weit verbreitet und häufig. Heute ist der Bestand auf eine kleine Restpopulation zurückgegangen. Jedoch hat man in Ceylanpınar (»ceylan« heißt Gazelle!) die Möglichkeit, Gazellen in ausgedehnten Gehegen noch zu Gesicht zu bekommen. Diese aussterbende Art soll hier für die Ausbürgerung nachgezüchtet werden.
Der Erfolg solcher Projekte ist aber stets fraglich, wenn gleichzeitig die natürlichen Lebensräume weitgehend vernichtet werden.
Die Reste der Steppe sind für Raritäten wie Sand- und Spießflughuhn, Persisches Wüstenhuhn und Großtrappe ein wichtiges Rückzugsgebiet. Allerdings wird die Landschaft in den nächsten Jahren durch das »Südost-Anatolien-Projekt«, einem gigantischen Bewässerungsvorhaben, weitere Umgestaltungen erfahren – mit einem ungewissen Ausgang für die Tier- und Pflanzenwelt.
Die Bäume (Akazien usw.) um die Gutshofanlagen und die Ortschaft sind ein wichtiges Rastgebiet für Kleinvögel auf dem Zug. Die Grünanlagen üben in der öden, weiten Agrarsteppe eine hohe Attraktivität auf viele ziehende Arten aus.
Im Ort Ceylanpınar gibt es nur sehr einfache Unterbringungsmöglichkeiten; man ist daher auf die Hotels in Urfa (Şanlı Urfa) angewiesen.

Das Ostufer des Erçek-Sees (am linken Bildrand) wird von einer weiten Ebene umschlossen.

N 26 Ahtamar-Insel

Im ostanatolischen Van-See gibt es einige kleine Inseln. Am leichtesten erreichbar ist jene von Ahtamar, das 3 km vom Südufer entfernt nahe dem Ort Gevaş liegt. Es ist berühmt durch eine architektonisch beeindruckende Klosterkirche mit zahlreichen Reliefdarstellungen.
Von der Insel hat man einen herrlichen Blick auf den Van-See und die mächtige Gebirgskulisse. Der blaue und blaugrüne Van-See mit den selbst im Sommer oft schneebedeckten Bergen im Hintergrund bietet beeindrukkende Motive (s. Foto S. 212/213).
Auf der Insel gibt es eine große Kolonie der Armeniermöwe, eine unserer Silbermöwe ähnliche Art. In dem niederen Buschwerk (es gibt auf der Insel nur einen kleinen Baumbestand) brüten auch Nachtreiher. Auf dem Festland westlich der Bootsanlegestelle liegt ein kleiner Strandsee, an dem man von der Straße aus Rothalstaucher, Weißkopfruderente (S. 95) und viele andere Wasservögel beobachten kann.
Die Bootsanlegestelle liegt direkt an der Straße Van–Tatvan. Hier befindet sich auch eine Gaststätte. Die nächsten Hotels sind in Van und Tatvan. An den Sommerwochenenden herrscht reger Ausflugsverkehr und die Boote verkehren in kurzen Abständen.

N 27 Van-Sümpfe

Zwischen der modernen Stadt Van und dem Van-See liegt der Burgfelsen von Van, zu dessen Füßen sich ein Feuchtgebiet ausbreitet. Der steil emporragende Burgfelsen wirkt im Schwemmland fast etwas deplaziert. Man hat von dort aus eine herrliche Aussicht auf den See mit der beeindruckenden Kulisse der ostanatolischen Berge.
Über dem Fels kreisen im Sommer meist Alpensegler (S. 23). Rötelfalken (S. 102) nisten in den Felsspalten und auch der Uhu legt dort seinen Horst an. Schmutzgeier (S. 59) tauchen immer wieder auf.
Die Feuchtgebiete am Fuße des Burgfelsens sind aus einem Strandsee (Lagune) hervorgegangen, wie sich an dem Strandwall leicht erkennen läßt. Zur Zugzeit finden sich hier zahlreiche Vogelarten ein. Zwergdommel, Weißkopfruderente (S. 95) und Stelzenläufer (S. 104) brüten. Der seltene Feldrohrsänger hat hier ein isoliertes Brutvorkommen.
Das Gebiet ist von Van aus leicht erreichbar (von der Stadt aus verkehren Dolmuş). Der Flughafen von Van grenzt südlich an die Feuchtgebiete. In der Stadt gibt es zahlreiche Hotels aller Kategorien.

N 28 Hoşap-Başkale

Der Weg von Van in die Nachbarprovinz Hakkari führt durch eine landschaftlich äußerst reizvolle Gebirgslandschaft (s. Foto S. 217). Man kommt zuerst durch das Tal des Güzelsu, eines Gebirgsbaches, der nördlich Gevaş in den Van-See mündet. Nach Überquerung des Güzeldere-Passes (Çuh-Paß) gelangt man südlich Başkale ins Tal des Zap, der dem Irak zufließt. Die mächtigen Berge des Hakkari-Gebirges, die hier 3500 bis 3600 m erreichen, bilden eine imposante Kulisse für die Talböden. *Iris paradoxa,* eine weiße Irisart, Weißkehlsänger (S. 89), Steinortolan und Blaukehlchen sind Beispiele einer faszinierenden, eigenartigen Pflanzen- und Tierwelt.
Zur Übernachtung ist man auf Hotels in Van angewiesen.

N 29 Erçek-See

Der 98 km^2 große Erçek-See liegt östlich des Van-Sees, auf halbem Weg zur iranischen Grenze. Seine Entstehung ähnelt der des Van-Sees sehr: Auch sein Abfluß wurde durch Lavamassen verstopft, so daß er heute einen abflußlosen Salzsee darstellt (vgl. Foto links).
Der Erçek-See hat ein reiches Vogelleben. Am faszinierendsten sind wohl die zahlrei-

Der Van-See hat zahlreiche kleine Lagunen, wie hier der Liman Gölü.

chen Rost- (S. 29) und Brandgänse (S. 96), die im Sommer anzutreffen sind. Im Juli/August sammeln sich wohl alle Vögel aus dem gesamten Van-Seegebiet, um hier zu nächtigen. Allabendlich kann man Tausende von Vögeln beider Arten einfallen sehen. Flamingos (S. 96) trifft man regelmäßig an, oft sind auch gerade erst flügge Junge darunter. Es handelt sich offenbar um Brutvögel des nahen Urmia-Sees auf iranischer Seite, die hierher ausweichen. Große Ansammlungen von Schwarzhalstauchern, Limikolen und verschiedenen Steinschmätzer- und Lerchenarten sind weitere Attraktionen des Gebietes. 177 Vogelarten wurden bisher am See festgestellt. An den Hängen um den Erçek-See kann man gelegentlich auf die Kaukasische Agame stoßen.
Der Erçek-See liegt an der mittlerweile asphaltierten Straße von Van nach Özalp an der iranischen Grenze. Die besten Beobachtungsgebiete liegen am seichten Ostufer. Übernachtungsmöglichkeiten in reicher Auswahl gibt es in Van.

N 30 Ararat

Der sagenumwobene Ararat ist mit 5122 m der höchste Berg der Türkei. Hier soll Noah nach der Sintflut mit seiner Arche gelandet sein und das neue Menschengeschlecht begründet haben. So übt der Berg nicht nur für Bergsteiger eine eigenartige Faszination aus. Er ist aus dem Großen und dem Kleinen Ararat (Türk. »Büyük« und »Küçük Ağrı Dağı«) zusammengesetzt. Der »Kleine« hat aber immer noch 3896 m. Mächtig ragen die beiden

Die Burg Hoşap liegt am Aufgang zum Paß in die Hochgebirgslandschaft des Hakkari. ▷

Kegel aus der umgebenden Ebene. Der Gipfel ist von einer ewigen Schneekuppe bedeckt und man muß etwas Glück haben, den Berg ohne Wolken zu erleben, die ihn oft verhüllen (s. Foto S. 220/221).
Zu Füßen des Ararat breiten sich weite Sümpfe aus, die ein reiches Vogelleben beherbergen. Hier liegt z. B. einer der wenigen türkischen Brutplätze der Zitronenstelze. Die Trockensteppen an den Hängen im unteren Bereich des Berges sind der Aufenthaltsort von Sandflughühnern und des Sonnenguckers, einer bis zu 12 cm langen eigenartigen Agamenart mit einrollbarem Schwanz.
Die Besteigung des Gipfels erfordert einige bergsteigerische Erfahrung. Da der Ararat im Grenzgebiet zum Iran liegt, ist eine Spezialbewilligung nötig, die nur Gruppen erteilt wird. Eine rechtzeitige Organisation, möglichst über einen Spezialveranstalter, ist anzuraten. Die Touren werden von Doğubayazıt aus durchgeführt. Am Berg liegen zwei Basislager, eines auf 2800, das andere auf 4200 m Höhe.
Hotels und Gaststätten gibt es im nahen Doğubayazıt.

N 31 Tortum-See

Der Tortum-See im nordostanatolischen Bergland entstand durch einen Bergrutsch: Der Tortum-Fluß, der nördlich Erzurum entspringt und dem Schwarzen Meer entgegenfließt, wurde abgeschnitten und somit aufgestaut. Am unteren Ende des heute etwa 8 km langen Sees stürzt der Tortum-Fluß mehrere zehn Meter tief über einen Felsriegel hinab. Der großartige Wasserfall wird hydroelektrisch für das Stromverbundsystem des Erzurum-Gebietes genutzt.
Da es sich beim Tortum-See um ein ertrunkenes Flußtal handelt, stürzen die felsigen Talseiten unvermittelt in den See. Nur mit Schwierigkeiten war es möglich, überhaupt eine Straße in die Felshänge zu bauen. Der See ist nährstoffarm. In ihm lebt der Kleinasiatische Frosch. Die kahlen, durch die Erosion stark in Mitleidenschaft gezogenen Hänge haben eine artenarme, doch interessante Tierwelt. So gibt es hier Bezoarziegen und Bartgeier (S. 40).
Die nächsten Hotels sind in Artvin oder Erzurum.

Reiseplanung

Vor der Reise

Die Türkei unterhält in der Bundesrepublik Deutschland, in Österreich und in der Schweiz Fremdenverkehrs-Informationsbüros. Dort sind kostenlos Prospekte, Karten, Anschriften usw. erhältlich.

▷ Frankfurt: Türkisches Fremdenverkehrs- und Informationsamt, Baseler Str. 37, 6000 Frankfurt a. M., Tel. 069/233081 oder 233082;
▷ München: Karlsplatz 3/1, 8000 München 2, Tel. 089/594902 oder 594317;
▷ Wien: Singerstr. 2/VIII, 1010 Wien, Tel. 0222/5122128 oder 5122129;
▷ Zürich: Talstr. 74, 8001 Zürich, Tel. 01/2210810.

Für spezielle Probleme stehen auch die türkische Botschaft und die türkischen Konsulate zur Verfügung:

▷ Botschaft der Türkischen Republik, Utestr. 47, 5300 Bonn-Bad Godesberg, Tel. 0228/346052.

Konsulate befinden sich in Berlin, Düsseldorf, Essen, Frankfurt, Hamburg, Hannover, Karlsruhe, Hürth bei Köln, Mainz, München, Münster und Nürnberg.

▷ Botschaft der Türkischen Republik, Prinz-Eugen-Str. 40, 1040 Wien, Tel. 0222/5057338 oder 5055559.

Konsulate befinden sich in Bregenz und Salzburg.

▷ Botschaft der Türkischen Republik, Lombachweg 33, 3006 Bern, Tel. 031/431691.

Konsulate befinden sich in Genf und Zürich.

Einreise
Für Reisende aus der Bundesrepublik Deutschland, Österreich und der Schweiz reicht der Personalausweis aus; bei der Einreise mit dem PKW wird allerdings ein Reisepaß verlangt, da die Autonummer in den Paß eingetragen wird. Ist man nicht selber Besitzer des Wagens, sollte man eine notariell beglaubigte Bestätigung des Wagenbesitzers bereithalten, aus der hervorgeht, daß er zu der Fahrt seine Zustimmung gegeben hat. Für Kinder unter 16 Jahren genügt ein Kinderausweis oder eine Eintragung im Paß der Eltern.
Die Aufenthaltsdauer ist auf 3 Monate beschränkt. Wenn man glaubhaft machen kann, daß ein längerer Aufenthalt rein touristisch ist und daß man keiner Beschäftigung nachgeht, ist eine Verlängerung problemlos möglich.

Gesundheit
Für die Türkei sind keine Impfungen vorgeschrieben. Für Reisen nach Ostanatolien sei eine Impfung mit Gamma-Globulin, die die Abwehrkräfte u. a. gegen Hepatitis stärkt, empfohlen. Bei Reisen in den Sommermonaten in die Südtürkei (Gegend südlich Adana) und die Südosttürkei ist eine Malaria-Prophylaxe angeraten. Für die Reiseapotheke seien besonders Sonnenschutzmittel, Mittel gegen Insektenstiche und gegen Durchfallerkrankungen empfohlen.
Apotheken gibt es in der Türkei in jeder Kleinstadt in ausreichender Zahl. Meist sind Medikamente erhältlich, die auch bei uns im Handel sind (in Verpackungen mit türkischer Aufschrift). In der Regel werden von türkischen Apothekern und Ärzten relativ starke Mittel empfohlen, so z. B. schon bei relativ harmlosen Durchfall- oder Erkältungskrankheiten Antibiotika. Es besteht keine Rezeptpflicht in der Türkei. Manche Medikamente, die bei uns verboten wurden, sind in der Türkei noch im Handel.
In vielen Dörfern gibt es Gesundheitsstationen (»Sağlık Ocağı«), in denen meist ein Arzt und mehrere Schwestern arbeiten. Hier wird kostenlos Erste Hilfe geleistet.
Es besteht ein Krankenscheinabkommen zwischen der Türkei und der Bundesrepublik

Deutschland, Österreich und der Schweiz. Die meisten Krankenversicherungen stellen Auslandskrankenscheine aus. Damit wird man in den Krankenhäusern der »Sosyal Sigortalar Kurumu« kostenlos versorgt. Sonst muß man für ärztliche Betreuung bar bezahlen und bekommt den Betrag von seiner Krankenkasse rückerstattet. Nähere Details bitte bei Ihrer Krankenkasse erfragen.

Devisen

Es gilt die türkische Lira (TL). Der Wechselkurs ist in der Türkei viel günstiger als in Europa. Da die Inflationsrate unheimlich hoch ist (1989 lag sie bei etwa 80%), wird auch die türkische Lira ständig abgewertet, so daß die Wechselkurse sehr starken Schwankungen unterworfen sind. Bargeld kann bei (fast) allen Banken gewechselt werden. Auch Eurocheques und US-Travellercheques werden weitgehend akzeptiert. Mit Kreditkarten treten häufig Schwierigkeiten auf, selbst in Geschäften, die an ihrem Eingang die Aufkleber verschiedenster Kreditkarten haben.

Zollbestimmungen

Es gelten die international üblichen Zollbestimmungen. Wertvolle Gegenstände werden bei der Einreise in den Reisepaß eingetragen. Bei der Ausreise wird dann überprüft, ob der Gegenstand auch wieder ausgeführt wird. Die Ausfuhr von Antiquitäten jeder Art ist verboten. Sammeln Sie also auch im Gelände keine antiken Gegenstände, da dies die sofortige Ausweisung zur Folge hat.
Die Ausfuhr von Teppichen ist problemlos möglich. Für die Einfuhr in die Bundesrepublik Deutschland muß man bei Teppichen bis DM 1000,– mit Zollgebühren von 5–10% rechnen, darüber steigen sie progressiv an. Bei sehr wertvollen Teppichen werden Kaufquittungen oft nicht anerkannt.

Auf dem Berge Ararat (türk.: Ağrı Dağı), hier der Blick von Westen, soll Noah mit seiner Arche gelandet sein.

Reisezeit

Die Türkei, die etwa dreimal so groß ist wie die Bundesrepublik Deutschland, erstreckt sich über verschiedene Klimazonen. Die wichtigsten Klimatypen sind Mittelmeerklima mit heißen, trockenen Sommern, Schwarzmeerklima mit warmen, regenreichen Sommern, und Kontinentalklima mit heißen, trockenen Sommern und kalten Wintern (vgl. die einleitenden Kapitel). Somit sind ganzjährig Reisen möglich.

Anreise

Mit dem Flugzeug: Regelmäßige Flugverbindungen von Frankfurt, Zürich und Wien nach Istanbul, Ankara, İzmir und Antalya. Dazu kommen zahlreiche Einzelflüge, meist der Charterfluggesellschaften. Reguläre Linienflüge mit Lufthansa oder Turkish Airlines kosten über DM 2000,– für das Hin- und Rückticket, doch gibt es zahlreiche Sondertarife. Für Campingflüge zahlt man zwischen DM 800,– und 900,–. Intensives Erkundigen in Reisebüros und bei Veranstaltern nach Sondertarifen zahlt sich immer aus.

Die Flugzeit beträgt von Frankfurt nach Istanbul gut 3 Stunden, von Frankfurt nach Ankara 4,5 Stunden.

Mit der Bahn: Der legendäre »Orientexpress« verkehrt heute nur noch auf Sonderreisen. Den normalen Eisenbahnverkehr stellt heute der »Istanbul Express«, der zwischen München über Salzburg, Zagreb, Belgrad, Sofia nach Istanbul verkehrt, her. Auch von Wien, Zürich und Venedig gibt es direkte Verbindungen oder zumindest Kurswagen.

Die Dauer der Fahrt ab München beträgt etwa 40 Stunden, wobei man 2 Nächte im Zug verbringt. Mit Verspätungen ist zu rechnen.

Mit dem Bus: Ab München verkehren Busse der Deutschen Touring GmbH und von Bosfor Turizm nach Istanbul. Bei einem Teil der Reisen wird in Jugoslawien in einem Hotel übernachtet; manche Reisen non-stop.

Mit dem Schiff: Gerade für den Autotouristen ist die An- bzw. Rückreise per Schiff eine zwar nicht billige, aber überlegenswerte Variante, da die in den Ferienzeiten vollen Straßen Jugoslawiens umgangen werden.

- ▷ Turkish Maritime Lines: Von Ende Mai bis Ende September einmal wöchentlich von Venedig nach İzmir. Dauer: Etwa 2,5 Tage (3 Nächte).
- ▷ British Ferries: Von Anfang Mai bis Ende Oktober einmal wöchentlich von Venedig nach Istanbul. Dauer: 2,5 Tage (3 Nächte).
- ▷ Mediterranean Sun Lines Ferry: Von Mitte Juni bis Anfang September einmal wöchentlich von Ancona nach Bodrum. Dauer: 4 Tage (4 Nächte).

Mit dem Auto: Von München zum jugoslawischen Autoput. Dann entweder über Griechenland oder über Bulgarien. Der Weg über Bulgarien ist zwar kürzer, dafür benötigt man aber (Frühjahr 1990) ein Transitvisum (vor Reiseantritt besorgen, da an der Grenze sehr teuer!). Siehe auch Abschnitt »Einreise«.

Reisen im Land

Flugzeug

In der Türkei gibt es in den Städten Istanbul, İzmir, Dalaman, Antalya, Konya, Ankara, Kayseri, Adana, Sivas Malatya, Gaziantep, Trabzon, Diyarbakır, Erzurum und Van Flughäfen. Der gesamte Flugverkehr wird über Istanbul oder Ankara abgewickelt, so daß es keine direkten Verbindungen zwischen den kleineren Provinzflughäfen untereinander gibt. Die kleineren Flughäfen werden meist ein- bis zweimal pro Woche angeflogen. Neben der staatlichen Fluggesellschaft Turkish Airlines (Türk Hava Yolları = THY) verkehren auf den Hauptrouten auch Maschinen kleinerer Unternehmen (z. B. Istanbul Airlines).

Bahn

Das türkische Bahnsystem wurde in der Zeit vor dem Ersten Weltkrieg vom Deutschen Reich im Rahmen des »Bagdadbahn-Projektes« installiert. Seitdem wurden keine wesentlichen Verbesserungen durchgeführt und

dementsprechend ist das ganze System veraltet. Dies hat andererseits auch einen gewissen Reiz, zumal wenn man genügend Zeit und Ruhe (z. B. bei den oft vielstündigen Verspätungen) mitbringt. Die Eisenbahnschienen führen oft in Gebiete, die durch Straßen kaum erschlossen sind. Die Fahrten sind sehr billig. Für 500 km zahlt man etwa DM 8,–.
Eine Ausnahme ist die Strecke Istanbul–Ankara, auf der der »Blaue Zug« (Mavi Tren), eine Art Intercity, verkehrt. Fahrtdauer etwa 8 Stunden; Preis ca. DM 15,–. Es verkehren auch Nachtzüge (Schlafwagen vorhanden).

Schiff

Von Istanbul aus regelmäßige Fährverbindungen zu fast allen Schwarzmeerstädten, nach Bandırma im Marmarameer und nach İzmir. Die Schiffe laufen meist von Karaköy oder Eminönü (auf der europäischen Seite Istanbuls) oder von Kabataş bzw. Kartal aus. Fahrpreise z. B. Istanbul–İzmir ca. DM 35,– und Istanbul–Trabzon DM 40,– (im Pullman-Sessel). Kabinen kosten ein Mehrfaches.

Bus

Der Bus ist **das** Verkehrsmittel der Türkei. Es gibt zahlreiche Busgesellschaften, die das ganze Land mit einem engen Netz aus Buslinien überzogen haben. Die Qualität der türkischen Reisebusse entspricht europäischen Standards; sie sind in aller Regel sauber und bequem. Gerade im Osten können aber schon einmal älteren Modelle zum Einsatz gelangen.
Jede Stadt hat einen Busbahnhof, der meist außerhalb des Zentrums, manchmal sogar außerhalb der Stadt liegt. Die einzelnen Gesellschaften haben dort ihre Büros und unterhalten Marktschreier, die die Tickets lautstark anpreisen. Es ist oft nicht ganz leicht, in dem manchmal unübersichtlichen Gequirle sofort die passende Gesellschaft ausfindig zu machen, die zur richtigen Zeit das richtige Ziel ansteuert. Da die Fahrkarten gleichzeitig auch Platzkarten sind, wird eine Überbelegung in der Regel vermieden.
Die Preise für Busfahrten sind sehr günstig (ca. DM 2,– bis 3,– für 100 km). Ein Fahrtbegleiter kümmert sich in allen Bussen um das Wohl der Fahrgäste und reicht z. B. auch kostenloses Trinkwasser. Auf längeren Strekken werden alle 3–4 Stunden Pausen eingelegt. Man bekommt an den Rasthäusern am Straßenrand, den »modernen Karawansereien«, auch etwas zu essen und trinken. Manche Gesellschaften nehmen auch auf freier Strecke Fahrgäste auf, wenn sie noch freie Plätze haben.

Dolmuş

»Dolmuş« heißt auf Deutsch so viel wie »voll« oder »voll besetzt« und bedeutet, daß der Fahrer erst losfährt, wenn keine freien Plätze mehr vorhanden sind. Die ins Deutsche übertragene Bezeichnung »Sammeltaxi« ist etwas irreführend. Anders als ein Taxi fahren die Dolmuş nämlich auf festgelegten Routen, von denen sie nicht abweichen. Dolmuş ist das übliche Verkehrsmittel innerhalb der Städte und von den Kleinstädten in die Dörfer hinaus. Meist handelt es sich um Kleinbusse, in manchen Städten kommen aber auch immer noch aus den 50er Jahren stammende amerikanische Wagen zum Einsatz.
Bei einem Dolmuş kann man auf der festgelegten Route aus- und einsteigen wo man will. Sie halten überall. Die Preise sind festgelegt und oft neben dem Fahrersitz auf einem Zettel aufgelistet.

Taxi

In fast allen Städten der Türkei verfügen die Taxis mittlerweile über ein Taxameter, das den von den Behörden festgelegten Preis anzeigt. Für längere Fahrten außerhalb der Ortschaften bleibt es dem Verhandlungsgeschick des Fahrgastes überlassen, einen Preis festzulegen. Es empfiehlt sich aber auf alle Fälle, sich darüber vor Fahrtantritt einig zu werden.

Mietwagen

In der Türkei sind Mietwagen nur an einigen

touristisch voll erschlossenen Orten erhältlich: In den Küstenstädten Samsun, Istanbul, İzmir, Kuşadası, Bodrum, Marmaris, Mersin und Adana sowie in Ankara. Es handelt sich um Filialen der Firmen interRent, Avis, Hertz und europcar, dazu gibt es in Antalya einige kleinere Firmen. Die Leihgebühren entsprechen voll dem europäischen Niveau. Es werden fast ausschließlich Wagen der Firmen Fiat und Renault angeboten, die in der Türkei in Lizenz produziert werden.

Privatauto

Autofahren ist in der Türkei risikoreich. Gerade in den Großstädten herrschen oft chaotische Verkehrsverhältnisse, bei denen Geschick und eine laute Hupe wichtiger sind als Verkehrsvorschriften. Außerhalb der Ortschaften trifft man in der Dämmerung oder sogar in der Nacht manchmal unbeleuchtete Fahrzeuge an. Besonders Traktoren haben fast nie Schlußlichter und biegen aus Feldwegen oft ohne zu schauen in die Hauptstraßen ein. Besonders in der Dämmerung, in der viele Traktoren von den Feldern in die Dörfer zurückkehren, sind daher gefährliche Stunden. Auch Fußgänger bewegen sich oft sorglos auf der Fahrbahn.

Bei Pannen und Unfällen ist es eine verbreitete Unsitte, liegengebliebene Fahrzeuge mit großen Steinen, die die Funktion eines Warndreiecks übernehmen sollen, abzusichern. Wenn das Fahrzeug später entfernt wird, bleiben die Steine auf der Fahrbahn oft liegen – und bilden eine enorme Gefahr für alle vorbeikommenden Fahrzeuge.

Reparaturwerkstätten gibt es in allen Städten (auch Kleinstädten). Für die in der Türkei gängigen Marken VW, Renault, Mercedes, Fiat, Ford und für japanische Marken lassen sich meist unschwer Ersatzteile und erfahrene Monteure finden. Bei anderen Marken kann es u. U. lange dauern, bis die notwendigen Ersatzteile (meist aus Istanbul) herangeschafft werden.

Das Netz aus Tankstellen ist in der Nähe von Siedlungen recht dicht, doch sollte man sich bei Touren ins Gebirge oder in sonstige abgeschiedene Gegenden vorsehen. Die Preise für Diesel liegen bei DM 0,40–0,50, für Benzin bei 0,60–0,70 und für Super bei 0,70–0,80 (Stand: 1990). Mit raschen Preisänderungen muß jedoch hier immer gerechnet werden. Bleifreies Benzin ist in der Türkei derzeit nur an wenigen Orten erhältlich.

Fahrräder

Derzeit sind in der Türkei keine Stellen bekannt, an denen man Fahrräder mieten könnte. Die meisten Fluggesellschaften transportieren mitgebrachte Fahrräder kostenlos innerhalb der 20-kg-Freigepäcksgrenze, wenn sie verpackt sind. Wer beabsichtigt, mit dem Fahrrad die Türkei zu bereisen, sollte sich die Routen genau im voraus überlegen, da die Hauptverkehrsstraßen sehr gefährlich sind. Da Radtouren in der Türkei noch sehr ungewöhnlich sind, muß man sich auch darauf einstellen, daß fast jeder LKW-Fahrer, sobald er dicht aufgefahren ist, mit einem lauten Hupen, das einen zu Tode erschreckt, grüßt.

Trampen

Autostop ist in der Türkei nicht üblich, es sei denn auf Straßen, auf denen keine öffentlichen Verkehrsmittel verkehren. Wird man mitgenommen, so verlangt der Fahrer u. U. denselben Preis, den auch der Bus gekostet hätte.

Sonstiges

Unterkunft

Das Netz aus Hotels, Pensionen, Campingplätzen usw. ist in den küstennahen Bereichen sehr eng. In manchen Teilen Zentral- oder Ostanatoliens fehlen Unterkünfte jedoch ganz. Sehr einfache Hotels, die meist von Bauern genutzt werden, die zum Markt in die Stadt kommen, gibt es jedoch selbst in allen Kleinstädten. Man läßt sich diese Zimmer besser zeigen, bevor man sich einmietet. Die Bettwäsche wird hier erst gewechselt, wenn sie schmutzig ist, nicht nach jedem Gast. Bei der Beschreibung der Hauptreiseziele wurde auf diese Unterkünfte nicht hingewiesen, da sie den Vorstellungen der Mehrzahl der Reisenden nicht entspricht.

Camping
Das Netz aus Campingplätzen ist nur an der Küste eng. »Wildes Campen« ist zwar nicht verboten, man sollte sein Zelt aber am besten bei einem Haus aufschlagen. In Ostanatolien ist die Nähe der Gendarmeriestation unbedingt ratsam.

Kleidung
Mit Ausnahme der Badeorte sollten Frauen in der Türkei nicht zu viele Blößen zeigen. Die Tradition verlangt auch, daß Männer gerade in Ostanatolien keine kurzen Hosen tragen.

Telefon
Es ist mittlerweile möglich, von vielen Orten aus Direktgespräche auch nach Europa zu führen. Allerdings sind öffentliche Fernsprecher oft defekt. Handvermittelte Gespräche dauern meist sehr lange und sind teuer.
Für Telefonzellen sind sog. »Jeton« (Telefonmünzen) notwendig, die in den Postämtern verkauft werden. Für Auslandsgespräche nach Abnehmen des Hörers erst Jetons einwerfen und warten, bis das rote Licht erlöscht ist. Dann »9« wählen und wieder warten, bis ein unterschiedlicher Signalton (tiefer) kommt. Dann nochmals eine »9« wählen, anschließend direkt die Code-Nummer des Landes, die Vorwahl ohne »0« sowie die Rufnummer. Es ist oft schwierig, eine Verbindung zu bekommen und man muß den Vorgang oft wiederholen. Ländervorwahlen: BRD 49, Österreich 43, Schweiz 41.

Fotografie
Um Schwierigkeiten zu vermeiden, sollte man nichts fotografieren, was zu militärischen Anlagen (einschließlich Grenzanlagen) gehören könnte. Bei Personenfotografie sollte man – wie überall – unbedingt vorher um Erlaubnis fragen und sich auch die Adresse geben lassen, um später einen Abzug des Bildes schicken zu können. Filme sind in der Türkei etwas teurer bei einer kleineren Auswahl und der größeren Gefahr, Filme mit abgelaufenem Verfallsdatum zu bekommen. Man sollte daher am besten die Filme von zu Hause mitbringen.

Hygiene
Leitungswasser ist in der Türkei überall trinkbar, wenngleich es manchmal stark nach Chlor schmeckt und riecht. Öffentliche Toiletten finden sich häufig nahe Moscheen (Hocktoiletten à la Turca). Sie entsprechen oft nicht mitteleuropäischen Hygienevorstellungen. Toilettenpapier ist grundsätzlich nicht vorhanden.

Gifttiere
Skorpione (S. 89) sind über die ganze Türkei verbreitet und halten sich tagsüber meist unter Steinen versteckt. Die meisten der über ein Dutzend Arten sind relativ harmlos, d. h. ihre Giftigkeit ist etwa so wie die von Bienen und Wespen. Wirklich gefährlich ist nur der dunkle Dickschwanzskorpion, dessen Verbreitung auf Südostanatolien beschränkt ist. Durch seinen Stich soll es schon Todesfälle gegeben haben.
Walzenspinnen (S. 177) sehen weit bedrohlicher aus, als sie in Wirklichkeit sind. Sie haben keine Giftdrüsen, doch kann der Biß mit ihren kräftigen Kiefern Wunden zufügen, die empfindliche Infektionsherde darstellen. Die Verbreitung der Walzenspinnen erstreckt sich zwar über die ganze Türkei, doch sind sie im Osten deutlich häufiger als im Westen
Von den über 30 Schlangenarten der Türkei sind weniger als ein Viertel giftig, und diese Arten sind meist relativ selten. Da eine sichere Unterscheidung giftig oder ungiftig im Falle eines Schlangenbisses meist nicht möglich ist, sind aber dennoch grundsätzlich Erste-Hilfe-Maßnahmen (Abbinden des Körperteils und Ausbluten lassen) und die Konsultation eines Arztes empfohlen.
Normalerweise harmlose Insektenstiche können bei Kindern und Allergikern u. U. gefähr-

liche Situationen hervorrufen. Dies gilt natürlich auch für Skorpionsstiche der Mehrzahl der harmlosen Arten. Bei Komplikationen sollte man daher in jedem Fall den nächsten Arzt bzw. die nächste Gesundheitsstation (»Sağlık Ocağı«) aufsuchen.

Öffnungszeiten
Es gibt kein Ladenschlußzeitengesetz. Daher schließen die meisten größeren Läden am frühen Abend, wenn die Kunden ausbleiben. Kleinere Krämerläden dagegen haben oft bis tief in die Nacht hinein geöffnet. Eine »Siesta« wie in vielen anderen Mittelmeerländern gibt es nicht. Banken und Behörden haben samstags und sonntags geschlossen. Der Freitag als islamischer Feiertag wird zwar für den Moscheebesuch benutzt, hat aber sonst keinen Einfluß auf das Geschäftsleben.

Zeit
In der Türkei gilt die osteuropäische Zeit. Sie müssen also bei der Einreise Ihre Uhr um eine Stunde vor-, bei der Ausreise um eine Stunde zurückstellen. Es gilt wie in Mitteleuropa die Sommerzeit, so daß die Zeitdifferenz von einer Stunde das ganze Jahr über erhalten bleibt.

Diplomatische Vertretungen
Bundesrepublik Deutschland: Atatürk Bulvarı 114, Ankara, Tel. 26 54 65 oder 26 54 66 (Konsulate in İzmir: Atatürk Cad. 260, Alsancak/İzmir, Tel. 13 49 16 oder 13 23 02, und Istanbul: Inönü Cad. 16/18, Ayazpaşa/İstanbul, Tel. 45 07 05 oder 45 07 06).

Österreich: Atatürk Bulvarı 189, Ankara, Tel. 34 21 72 oder 34 21 73 (Konsulate in İzmir: Gazi Osmanpaşa 26, Tel. 13 61 23, und Istanbul: Silahhane Cad. 59/4, Teşvikiye/Istanbul, Tel. 1 40 54 72 oder 1 46 37 69).

Schweiz: Atatürk Bulvarı 247, Ankara, Tel. 1 67 55 55 (Konsulat in Istanbul: Hüşrev Gerede Cad. 75/3, Teşvikiye/Istanbul, Tel. 1 59 11 15).

Wissenschaftliche Forschung
Jegliche wissenschaftliche Forschung ist in der Türkei von einer Genehmigung abhängig. Sie kann bei der Botschaft der Türkischen Republik in Bonn beantragt werden. Der Genehmigungsweg ist langwierig.

ACHTUNG: Das Sammeln von Insekten, von Belegstücken beim Botanisieren usw. fällt unter dieses Gesetz. Bei Verstößen ist mit der Ausweisung zu rechnen.

Artenschutz
Es gelten ähnliche Bestimmungen des Artenschutzes wie bei uns. Fotografieren am Nest bedrohter Vogelarten ist ebenso verboten wie sonstige Beunruhigung der Tierwelt. Illegale Exporte von Tier- und Pflanzenarten werden streng bestraft.

Anhang

Landkarten, Wanderkarten

Die Türkeikarten 1:800000 (2 Blätter), erschienen im RV Reise- und Verkehrsverlag, sind die derzeit genauesten Straßenkarten der Türkei, auf denen auch viele Nebenwege verzeichnet sind.
Andere Straßenkarten sind bei Ravenstein Verlag (1:600000), Kümmerly und Frey (1:1100000) und Hallwag (1:3000000) erschienen. Eine Straßenkarte (1:1700000) wird kostenlos von den türkischen Fremdenverkehrsbüros verteilt.
Wanderkarten oder sonstige Spezialkarten gibt es nicht oder sind äußerst schwierig erhältlich. Topographische Karten sind in der Türkei aus militärischen Gründen verboten. Der Mangel an guten, genauen Karten ist ein wesentliches Handicap für Naturfreunde und Wanderer in der Türkei.

Literaturempfehlungen

Askew, R. R. (1988): The Dragonflies of Europe. – Colchester.

Ayaşligil, Y. (1987): Der Köprülü Kanyon Nationalpark. Seine Vegetation und ihre Beeinflussung durch den Menschen. – Landschaftsökologie Weihenstephan, Heft 5. Freising.

Baumann, H. & S. Künkele (1988): Die Orchideen Europas. – Stuttgart.

Birds of Turkey. Heft 1 (1983): Erçek Gölü, Heft 2 (1984): Seyfe Gölü; Heft 3 (1984): Kızılcahamam; Heft 4 (1985): Kızılırmak Deltası; Heft 5 (1987): Kulu Gölü; Heft 6 (1987): Yeniçağa Gölü; Heft 7 (1988): Acıgöl; Heft 8 (1989): Köyceğiz-Dalyan.

Davis, P. H. (1965–84): Flora of Turkey. Bd. I–VIII. – Edinburgh.

Dubin, M. & A. Lucas (1989): Wanderhandbuch Türkei. – Bremen.

Engelmann, W.-E., J. Fritzsche, R. Günther & F. J. Obst (1985): Lurche und Kriechtiere Europas. – Leipzig u. Radebeul.

Erol, O. (1983): Die naturräumliche Gliederung der Türkei. – Beihefte zum Tübinger Atlas des Vorderen Orients (Reihe A, Naturwissenschaften, Nr. 13). Wiesbaden.

Higgins, L. G. & N. D. Riley (1978): Die Tagfalter Europas und Nordwestafrikas. – Hamburg und Berlin.

Hollom, P. A. D., R. F. Porter, S. Christensen & J. Willis (1988): Birds of the Middle East and North Africa. – Carlton.

Hütteroth, W.-D. (1982): Türkei. – Wissenschaftliche Länderkunden Bd. 21. Darmstadt.

Kasparek, M. (1985): Die Sultanssümpfe. Naturgeschichte eines Vogelparadieses in Anatolien. – Heidelberg.

Kasparek, M. (1988): Der Bafasee. Natur und Geschichte in der türkischen Ägäis. – Heidelberg.

Kumerloeve, H. (1975): Die Säugetiere (Mammalia) der Türkei. – Veröffentlichungen der Zoologischen Staatssammlung München, Bd. 18: 69–158.

Louis, H. (1939): Das natürliche Pflanzenkleid Anatoliens. – Geographische Abhandlungen, 3. Reihe, Heft 12.

Mayer, H. & H. Aksoy (1986): Wälder der Türkei. – Stuttgart u. New York.

Riedl, R. (1983): Fauna und Flora des Mittelmeeres. – Hamburg u. Berlin.

Sezik, E. (1984): Orkidelerimiz. Türkiye'nin Orkideleri. – Istanbul.

Wörterbuch
Deutsch – Latein

Aal / Anguilla anguilla
Adlerbussard / Buteo rufinus
Adlerfarn / Pteridium aquilinum
Affenknabenkraut / Orchis simia
Affodil / Asphodelus aestivus = A. microcarpus
Afrikanische Weichschildkröte / Trionyx triunguis
Ägäischer Nacktfinger / Cyrtodactylus kotschyi
Agame, Kaukasische / Agama caucasia
Agave / Agave americana
Ägyptischer Flughund / Rousettus aegyptiacus
Ahorn / Acer sp.
Ahorn, Immergrüner (Kreta-Ahorn) / Acer sempervirens
Akazie / Acacia sp.
Aleppokiefer / Pinus halepensis
Alpenbraunelle / Prunella collaris
Alpendohle / Pyrrhocorax graculus
Alpenkrähe / Pyrrhocorax pyrrhocorax
Alpenrose / Rhododendron
Alpenrose, Gelbe / Rhododendron luteum
Alpenrose, Kaukasische / Rhododendron caucasium
Alpenrose, Pontische / Rhododendron ponticum
Alpensegler / Apus melba
Alpenstrandläufer / Calidris alpina
Alpenveilchen, Neapolitanisches / Cyclamen hederifolium
Amberbaum / Liquidambar orientalis
Amsel / Turdus merula
Anatolisches Knabenkraut / Orchis anatolica
Antep Fıstıgı / Pistacia vera
Apfelbaum / Malus domestica
Apollofalter / Parnassius apollo
Aprikosenbaum / Prunus armeniaca
Armeniermöwe / Larus armenicus
Aronstab / Arum sp.
Aspe, Zitterpappel / Populus tremula
Austernfischer / Haematopus ostralegus

Bartgeier / Gypaetus barbatus
Bartmeise / Panurus biarmicus
Baumfalke / Falco subbuteo
Baumheide / Erica arborea
Baumwolle / Gossypium sp.
Beifuß / Artemisia
Bergfrosch, Kleinasiatischer / Rana macrocnemis
Berghänfling / Carduelis flavirostris
Bergkalanderlerche / Melanocorypha bimaculata
Beutelmeise / Remiz pendulinus
Bezoarziege / Capra aegagrus
Biber / Castor fiber
Bienenfresser / Merops apiaster
Bienenragwurz / Ophrys apifera
Binse / Scirpus sp.
Binsenjungfer, Südliche / Lestes barbarus
Birke / Betula sp.
Birnbaum / Pyrus communis
Bläßgans / Anser albifrons
Bläßhuhn / Fulica atra
Blaßspötter / Hippolais pallida
Blasenstrauch / Colutea arborescens
Blattfingergecko / Phyllodactylus elisae
Blaue Schwimmkrabbe / Callinectes sapidus
Blauflügel-Prachtlibelle / Caleopteryx virgo
Blaukehlchen / Luscinia svecica
Blaumeise / Parus caeruleus
Blaumerle / Monticola solitarius
Blaupfeil, Großer / Orthetrum cancellatum
Blaupfeil, Südlicher / Orthetrum brunneum
Blauracke / Coracias garrulus
Blauwangenbienenfresser / Merops superciliosus
Blutegel, Medizinischer / Hirudo medicinalis
Blutspecht / Dendrocopus syriacus

Bornmüller-Tanne / Abies bornmülleriana
Brachpieper / Anthus campestris
Brachschwalbe (Rotflügelbrachschwalbe) / Glareola pratincola
Brandgans / Tadorna tadorna
Brandkraut / Phlomis armeniaca
Brandseeschwalbe / Sterna sandviciensis
Braunbär / Ursus arctos
Brauner Sichler (Sichler) / Plegadis falcinellus
Braunliest / Halcyon smyrnensis
Breitblättrige Sumpfwurz / Epipactis latifolia
Breitblättriger Lorbeerliguster / Phillyrea latifolia
Bremsenragwurz / Ophrys oestifera
Brennessel / Urtica sp.
Brombeere / Rubus sp.
Brutische Kiefer / Pinus brutia
Buchsbaum / Buxus sempervirens
Buntspecht / Dendrocopus major
Busenragwurz / Ophrys mammosa

Ceylan (s. Kropfgazelle)
Chamäleon, Europäisches / Chamaeleo chamaeleon
Chukarhuhn / Alectoris chukar
Cistensänger / Cisticola juncidis

Damwild / Cervus dama
Dattelpalme, Kretische / Phoenix theophrasti
Dickschwanzskorpion / Androctonus crassicauda
Dohle / Corvus monedula
Dornspötter / Hippolais languida
Drehwurz (Herbst-Drehwurz) / Spiranthes spiralis
Dreikantmuschel (Wandermuschel) / Dreissena polymorpha
Drosselrohrsänger / Acrocephalus arundinaceus
Dünnschnabelmöwe / Larus genei

Eberesche / Sorbus sp.
Echtgazelle / Gazella gazella
Edelkastanie / Castanea sativa
Edelraute / Artemisia sp.
Efeu / Hedera helix
Ehrenpreis / Veronica sp.
Eiche / Quercus sp.
Eiche, Pontische / Quercus pontica
Eichelhäher / Garrulus glandarius
Eidechse, Kappadokische / Lacerta cappadocica
Eidechse, Örtzensche / Lacerta oertzeni
Eleonorenfalke / Falco eleonorae
Erdbeerbaum, Westlicher / Arbutus unedo
Erdbeerbaum, Östlicher / Arbutus andrachne
Erdbeerbaumfalter / Charaxes jasius
Erdnuß / Arachis hypogaea
Erle / Alnus sp.
Esche / Fraxinus sp.
Espe (Zitterpappel) / Populus tremula
Eukalyptus / Eucalyptus
Euphrat-Weichschildkröte / Rafetus (Trionyx) euphraticus
Europäische Schlangenaugeneidechse / Ophisops elegans
Europäische Sumpfschildkröte / Emys orbicularis
Europäischer Laubfrosch / Hyla arborea
Europäisches Chamäleon / Chamaeleo chamaeleon

Färberginster / Genistra tinctoria
Falkenbussard / Buteo buteo vulpinus
Fasan / Phasianus colchicus
Federgras / Stipa sp.
Feige / Ficus carica
Feigenkaktus / Opuntia ficus-indica
Feldrohrsänger / Acrocephalus agricola
Felsenhörnchen / Sciurus anomalus
Felsenkleiber / Sitta neumayer
Felsenschwalbe / Ptyonoprogne rupestris
Felsensteinschmätzer / Oenanthe finschii
Felsentaube / Columba livia
Feuerfalter / Lycaena sp.
Fichtenkreuzschnabel / Loxia curvirostra
Fischadler / Pandion haliaetus
Fischotter / Lutra lutra

Flamingo (Rosaflamingo) / Phoenicopterus ruber
Flaumeiche / Quercus pubescens
Fliegenschnäpper / Ficedula sp.
Flockenblume / Centaurea sp.
Flohkrebs / Gammarus sp.
Flughuhn / Pterocles sp.
Flughund, Ägyptischer / Rousettus aegyptiacus
Flußeukalyptus / Eucalyptus camaldulensis
Flußkrabbe / Potamon sp.
Flußregenpfeifer / Charadrius dubius
Flußseeschwalbe / Sterna hirundo
Flußuferläufer / Actitis hypoleuca
Föhre / Pinus sylvestris
Forelle / Salmo trutta
Frankolin (Halsbandfrankolin) / Francolinus francolinus
Frosch, Kleinasiatischer / Rana macrocnemis
Fuchs (Rotfuchs) / Vulpes vulpes

Gänsefußgewächse / Chenopodiaceae
Gänsegeier / Gyps fulvus
Gazelle / Gazella sp.
Gebänderte Prachtlibelle / Caleopteryx splendens
Gebirgsstelze / Motacilla cinerea
Gefleckte Waldwurz / Neotinea maculata
Gelbe Alpenrose / Rhododendron luteum
Gelbe Ragwurz / Ophrys lutea
Gelbkehlsperling / Petronia xanthocollis
Gemeine Ochsenzunge / Anchusa officinalis
Gemeiner Queller (Queller) / Salicornia europaea
Gemeines Chamäleon (Chamäleon) / Chamaeleo chamaeleon
Gemse (Kaukasusgemse) / Rupicapra rupicapra
Gerste / Hordeum vulgare
Gewöhnliche Föhre, Föhre / Pinus sylvestris
Gezähnter Moosfarn / Selaginella denticulata
Gimpel / Pyrrhula pyrrhula
Ginster / Genistra sp.
Gipskraut / Gypsophila sp.
Girlitz / Serinus serinus
Goldmabuye / Mabuya aurata
Gottesanbeterin / Mantodea
Granatapfel / Punica granatum
Grapefruit / Citrus paradisi
Grasmücke / Sylvia sp.
Graubülbül / Pycnonotus barbatus
Graufischer / Ceryle rudis
Graugans / Anser anser
Grauortolan / Emberiza caesia
Graureiher / Ardea cinerea
Griechischer Wacholder / Juniperus excelsa
Große Königslibelle / Anax imperator
Große Rohrdommel / Botaurus stellaris
Großer Blaupfeil / Orthetrum cancellatum
Großtrappe / Otis tarda
Grünspecht / Picus viridis

Habichtsadler / Hieraaetus fasciatus
Habicht / Accipiter gentilis
Häherkuckuck / Clamator glandarius
Hahnenfuß / Ranunculus sp.
Hainbuche / Carpinus betulus
Halbringschnäpper / Ficedula semitorquata
Halsbanddohle (Dohle) / Corvus monedula
Halsbandfrankolin (Frankolin) / Francolinus francolinus
Hänfling (Bluthänfling) / Carduelis cannabina
Hängebirke / Betula pendula
Hardun / Agama stellio
Hasel / Corylus avellana
Haubenlerche / Galerida cristata
Haubentaucher / Podiceps cristatus
Hauhechel / Ononis sp.
Hausrotschwanz / Phoenicurus ochruros
Haussegler / Apus affinis
Haussperling / Passer domesticus
Haustaube / Columba livia domestica
Hecht / Esox lucius
Heckensänger / Cercotrichas galactotes
Heidelerche / Lullula arborea
Herbst-Drehwurz (Drehwurz) / Spiranthes spiralis
Herbstzeitlose / Colchicum sp.
Herzmuschel, Gewöhnliche (Herzmuschel) / Cerastoderma edule
Höckerschwam / Cygnus olor
Hopfen, Wilder / Humulus lupulus
Hyäne (Streifenhyäne) / Hyaena hyaena

Immergrüner Ahorn / Acer sempervirens
Iris, Kaukasische / Iris caucasica
Isabellsteinschmätzer / Oenanthe isabellina
Italienisches Knabenkraut / Orchis italica

Johannisbrotbaum / Ceratonia siliqua
Judasbaum / Cercis siliquastum

Kaiseradler / Aquila heliaca
Kalanderlerche / Melanocorypha calandra
Kapernstrauch / Capparis ovata
Kappadokische Eidechse / Lacerta cappadocica
Kappenammer / Emberiza melanocephala
Karettschildkröte, Unechte / Caretta caretta
Karmingimpel / Carpodacus erythrinus
Karpfen / Cyprinus carpio
Kaspische Wasserschildkröte / Mauremys caspica
Kaspisches Königshuhn / Tetraogallus caspius
Kastanie (Edelkastanie, Eßkastanie) / Castanea sativa
Kasuarine / Casuarina sp.
Kaukasische Agame / Agama caucasia
Kaukasische Alpenrose / Rhododendron caucasium
Kaukasische Iris / Iris caucasica
Kaukasisches Knabenkraut / Orchis caucasica
Kaukasusbirkhuhn / Lyurus mlokosiewiczi
Kaukasusgemse (Gemse) / Rupicapra rupicapra
Kermeseiche / Quercus coccifera
Kernbeißer / Coccothraustes coccothraustes
Kiebitz / Vanellus vanellus
Kiefer / Pinus sp.
Kiefer, Brutische / Punus brutia
Kiefer, Gemeine (s. Föhre)
Kilikische Tanne / Abies cilicia
Kirsche / Prunus avium
Klee / Trifolium sp.
Kleinasiatischer Bergfrosch / Rana macrocnemis
Kleinasiatischer Laubfrosch / Hyla savignyi
Kleinasiatischer Leopard (Leopard) / Panthera pardus tulliana
Kleine Schlammschnecke / Galba truncatula
Kleinspecht / Dendrocopus minor
Klippenkleiber / Sitta tephronota
Knäkente / Anas querquedula
Knabenkraut, Anatolisches / Orchis anatolica
Knabenkraut, Italienisches / Orchis italica
Knabenkraut, Kaukasisches / Orchis caucasica
Knabenkraut, Lockerblütiges / Orchis laxiflora
Knabenkraut, Persisches / Orchis umbrosa
Königshuhn, Kaspisches / Tetraogallus caspius
Königskerze / Verbascum sp.
Königslibelle, Große / Anax imperator
Kohlmeise / Parus major
Kolbenente / Netta rufina
Kolkrabe / Corvus corax
Kopfbindenzwergnatter / Eirenis modestus
Köpfchenblütler / Compositae
Kopfweide / Salix sp.
Korallenmöwe / Larus audouinii
Kormoran / Phalacrocorax carbo
Krähenscharbe / Phalacrocorax aristotelis
Kranich / Grus grus
Krauskopfpelikan / Pelecanus crispus
Kreta-Ahorn (Immergrüner Ahorn) / Acer sempervirens
Kretische Dattelpalme / Phoenix theophrasti
Krickente / Anas crecca
Krim-Schwarzkiefer (Krimkiefer) / Pinus nigra ssp. pallasiana
Kronenschnecke / Melanopsis praemorsa

Kropfgazelle / Gazella subgutturosa
Kugelmuschel / Sphaerium sp.
Kurzfangsperber / Accipiter brevipes
Kurzzehenlerche / Calandrella brachydactyla
Kuyruksüren (Manguste) / Herpestes ichneumon

Lachmöwe / Larus ridibundus
Lachseeschwalbe / Gelochelidon nilotica
Landschildkröte, Maurische / Testudo graeca
Laubfrosch (Europäischer Laubfrosch) / Hyla arborea
Laubfrosch, Kleinasiatischer / Hyla savignyi
Laubsänger / Phylloscopus sp.
Leberegelschnecke / Lymnaea (Galba) truncatula
Lein / Linum sp.
Leopard (Kleinasiatischer Leopard) / Panthera pardus tulliana
Libanonzeder / Cedrus libani
Lippenblütler / Labiatae
Löffelente / Anas clypeata
Löffler / Platalea leucorodia
Löwe / Panthera leo
Lockerblütiges Knabenkraut / Orchis laxiflora
Lorbeer / Laurus nobilis
Lorbeerliguster, Breitblättriger / Phillyrea latifolia
Lorenzlaubsänger / Phylloscopus lorenzii
Luchs / Lynx lynx
Luzerne / Medicago sativa

Maikäfer, Türkischer (Walker) / Polyphylla fullo
Mais / Zea mays
Malermuschel / Unio pictorum
Mandarinenbaum / Citrus reticulata
Mandel / Prunus amygdalus
Manguste / Herpestes ichneumon
Maralhirsch / Cervus elaphus maral
Marmelente / Marmaronetta angustirostris
Märzenbecher / Amaryllidaceae
Maskengrasmücke / Sylvia rueppelli
Maskenwürger / Lanius nubicus
Mauerläufer / Tichodroma muraria
Maulbeere / Morus sp.
Maurische Landschildkröte / Testudo graeca
Mäusebussard / Buteo buteo
Mäusedorn / Rutus aculeatus
Mauswiesel / Mustela nivalis
Mavi Yengeç (Blaue Schwimmkrabbe) / Callinectes sapidus
Medizinischer Blutegel / Hirudo medicinalis
Meeräsche / Mugil sp.
Meeresschildkröte / Cheloniidae
Meeresschneckenklee / Medicago marina
Meerstrandknöterich / Polygonum maritimum
Meerzwiebel / Urginea maritima
Mehlschwalbe / Delichon urbica
Melone / Cucumis melo
Mimose / Mimosaceae
Misteldrossel / Turdus viscivorus
Mittelmeersteinschmätzer / Oenanthe hispanica
Mittelspecht / Dendrocopus medius
Mönchsgeier / Aegypius monachus
Moabsperling / Passer moabiticus
Mohn / Papaver sp.
Mond-Azurjungfer / Coenagrion lunulatum
Moorente / Aythya nyroca
Moosfarn, Gezähnter / Selaginella denticulata
Myrte / Myrtus communis

Nachtigall / Luscinia megarhynchos
Nachtreiher / Nycticorax nycticorax
Nachtschwalbe (Ziegenmelker) / Caprimulgus europaeus
Narzisse / Narcissus sp.
Neapolitanisches Alpenveilchen / Cyclamen hederifolium
Neuntöter / Lanius collurio
Nordmannstanne / Abies nordmanniana
Nußbaum (Walnußbaum) / Juglans regia

Ochsenzunge, Gemeine / Anchusa officinalis
Ölbaum (Olive) / Olea europaea var. sylvestris
Örtzensche Eidechse / Lacerta oertzeni
Östlicher Erdbeerbaum / Arbutus andrachne
Ohrenlerche / Eremophila alpestris
Oleander / Nerium oleander
Olive (s. Ölbaum)
Olivenspötter / Hippolais olivetorum
Orangenbaum / Citrus sinensis
Orientalische Platane (Platane) / Platanus orientalis
Orientbuche / Fagus orientalis
Orientfichte / Picea orientalis
Orpheusgrasmücke / Sylvia hortensis
Ortolan / Emberiza hortulana

Palme / Palmae
Palmtaube / Streptopelia senegalensis
Pampelmuse / Citrus maxima
Pappel / Populus sp.
Persisches Knabenkraut / Orchis umbrosa
Persisches Wüstenhuhn / Ammoperdix griseogularis
Pfeifente / Anas penelope
Pfirsichbaum / Prunus persica
Pflaumenbaum / Prunus domestica
Pflugschar-Zungenstendel / Serapias vomeracea
Phrygische Ragwurz / Ophrys phrygia
Pillendreher / Scarabeidae
Pinie / Pinus pinea
Pirol / Oriolus oriolus
Pistazie / Pistacia vera
Platane (Orientalische Platane) / Platanus orientalis
Pontische Alpenrose / Rhododendron ponticum
Pontische Eiche / Quercus pontica
Posthornschnecke / Planorbarius corneus
Prachtlibelle, Gebänderte / Caleopteryx splendens
Purpurhuhn / Porphyrio porphyrio
Purpurreiher / Ardea purpurea
Pyramiden-Knabenkraut / Anacamptis pyramidalis

Queller, Gemeiner Queller / Salicornia europaea
Quitte / Cydonia oblonga

Ragwurz, Gelbe / Ophrys lutea
Ragwurz, Phrygische / Ophrys phrygia
Rallenreiher / Ardeola ralloides
Raps / Brassica napus
Raubseeschwalbe / Hydroprogne caspia
Rauchschwalbe / Hirundo rustica
Rauhblattgewächse / Boraginaceae
Ravergiers Zornnatter / Coluber ravergieri
Regenbogenforelle / Salmo gairdneri
Reiherente / Aythya fuligula
Reis / Oryza sativa
Rinderwicke / Vicia faba
Ringdrossel / Turdus torquatus
Ringelnatter / Natrix natrix
Rötelfalke / Falco naumanni
Rötelschwalbe / Hirundo daurica
Robinie / Robinia pseudoacacia
Rohrammer / Emberiza schoeniclus
Rohrdommel, Große / Botaurus stellaris
Rohrkolben / Typha sp.
Rohrsänger / Acrocephalus sp.
Rohrweihe / Circus aeruginosus
Rosaflamingo (Flamingo) / Phoenicopterus ruber
Rosapelikan / Pelecanus onocrotalus
Rose / Rosa sp.
Rosenstar / Sturnus roseus
Rostbürzelsteinschmätzer / Oenanthe xanthoprymna
Rostgans / Tadorna ferruginea
Rotflügelbrachschwalbe (Brachschwalbe) / Glareola pratincola
Rotflügelgimpel / Rhodopechys sanguinea
Rotfuchs (Fuchs) / Vulpes vulpes
Rotfußfalke / Falco vespertinus
Rothalstaucher / Podiceps grisegena
Rotkopfwürger / Lanius senator
Rotschenkel / Tringa totanus

Rotschwanz / Phoenicurus sp.
Rotstirngirlitz / Serinus pusillus
Ruderente (Weißkopfruderente) / Oxyura leucocephala
Ruinenagame / Agame ruderata

Saatkrähe / Corvus frugilegus
Säbelschnäbler / Recurvirostra avosetta
Säger / Mergus sp.
Säulenzypresse / Cupressus sempervirens var. stricta (= var. horizontalis)
Salbei / Salvia sp.
Samtente / Melanitta fusca
Samtkopfgrasmücke / Sylvia melanocephala
Sandflughuhn / Pterocles orientalis
Schachtelhalm / Equisetum sp.
Schafgarbe / Achillea sp.
Schafstelze / Motacilla flava
Schakal / Canis aureus
Schelladler / Aquila clanga
Schellente / Bucephala clanga
Scheltopusik / Ophisaurus apodus
Schlammschnecke, Kleine / Galba truncatula
Schlangenadler / Circaetus gallicus
Schlangenaugeneidechse / Ophisops elegans
Schlanknatter / Coluber najadum
Schleiereule / Tyto alba
Schmetterlingsblütler / Papilionaceae (Fabaceae)
Schmutzgeier / Neophron percnopterus
Schnatterente / Anas strepera
Schneefink / Montifringilla nivalis
Schreiadler / Aquila pomarina
Schriftfarn / Ceterach officinarum (Asplenium ceterach)
Schwalbenschwanz / Papilio machaon
Schwanzmeise / Aegithalos caudatus
Schwarzerle / Alnus glutinosa
Schwarzhalstaucher / Podiceps nigricollis
Schwarzkehlchen / Saxicola torquata
Schwarzkiefer (Krim-Schwarzkiefer, Krimkiefer) / Pinus nigra ssp. pallasiana
Schwarzkopfmöwe / Larus melanocephalus
Schwarzmilan / Milvus migrans
Schwarzpappel / Populus nigra
Schwarzschnabelsturmtaucher / Puffinus puffinus
Schwarzspecht / Dryocopus martius
Schwarzstirnwürger / Lanius minor
Schwarzstorch / Ciconia nigra
Schwertlilie / Iris sp.
Schwimmkrabbe, Blaue / Callinectes sapidus
Seeadler / Haliaeetus albicilla
Seefrosch / Rana ridibunda
Seenadel / Syngnathus sp.
Seeregenpfeifer / Charadrius alexandrinus
Seerose / Nymphaea alba
Segelfalter / Iphiclides podalirius
Segge / Carex sp.
Seidelbast / Daphne sp.
Seidelbastgewächse / Thymelaeaceae
Seidenreiher / Egretta garzetta
Seidensänger / Cettia cetti
Sichelstrandläufer / Calidris ferruginea
Sichler (Brauner Sichler) / Plegadis falcinellus
Silbermöwe / Larus argentatus
Silberpappel / Populus alba
Silberreiher / Egretta alba
Skorpion / Scorpiones
Smaragdeidechse / Lacerta trilineata
Sommergoldhähnchen / Regulus ignicapillus
Sommerwurz / Orobanche sp.
Sonnenblume / Helianthus annuus
Sonnengucker / Phrynocephalus helioscopus
Sperber / Accipiter nisus
Spießente / Anas acuta
Spießflughuhn / Pterocles alchata
Spornkiebitz / Hoplopterus spinosus
Stachelschwein / Hystrix indica
Stechwinde / Smilax aspera
Steinadler / Aquila chrysaetos
Steinbraunelle / Prunella ocularis
Steineiche / Quercus ilex
Steinkauz / Athehe noctua
Steinkresse / Alyssum sp.
Steinortolan / Emberiza buchanani
Steinrötel / Monticola saxatilis
Steinschmätzer / Oenanthe oenanthe
Steinsperling / Petronia petronia
Stelzenläufer / Himantopus himantopus
Steppenluchs / Caracal caracal
Stieleiche / Quercus robur
Stinkstrauch / Anagyris foetida
Stockente / Anas platyrhynchos
Storaxbaum / Styrax officinalis
Strandbinse / Juncus maritimus
Stranddistel / Eryngium maritimum
Strandflieder / Limonium sp.
Strandläufer / Calidris sp.
Streifenhyäne (Hyäne) / Hyaena hyaena
Streifenohreule / Otus brucei
Streifenprinie / Prinia gracilis
Stummellerche / Calandrella rufescens
Südliche Binsenjungfer / Lestes barbarus
Südlicher Blaupfeil / Orthetrum brunneum
Süßgräser / Gramineae (Poaceae)
Sumpfknabenkraut / Orchis palustris
Sumpfkrebs / Astacus leptodactylus
Sumpfschildkröte, Europäische / Emys orbicularis
Sumpfschnecke / Galba palustris
Sumpfwurz, Breitblättrige / Epipactis latifolia

Tabakpflanze (Tabak) / Nicotiana sp.
Tafelente / Aythya ferina
Tamariske / Tamarix sp.
Tamariskengrasmücke / Sylvia mystacea
Tanne, Kilikische / Abies cilicia
Tannenmeise / Parus ater
Teepflanze / Camellia sinensis
Teichmuschel / Anodonta sp.
Teichrose / Nuphar lutea
Teichwasserläufer / Tringa stagnatilis
Tellerschnecke / Gyraulus sp.
Terebinthe / Pistacia terebinthus
Thymian / Thymus
Tiger / Panthera tigris
Trauermeise / Parus lugubris
Trauerseeschwalbe / Chlidonias niger
Triel / Burhinus oedicnemus
Tüpfelskink / Eumeces schneideri
Türkenammer / Emberiza cineracea
Türkenkleiber / Sitta krueperi
Tulpe / Tulipa sp.
Turmfalke / Falco tinnunculus

Uhu / Bubu bubo
Ulme / Ulmus sp.
Unechte Karettschildkröte / Caretta caretta

Van-See-Ukelei / Chalcalburnus tarichi
Venushaar / Adiantum capillus-veneris
Vogelwicke / Vicia cracca

Wacholder / Juniperus sp.
Wacholder, Griechischer / Juniperus excelsa
Wacholderlaubsänger / Phylloscopus niditus
Wachtel / Coturnix coturnix
Waldbaumläufer / Certhia familiaris
Waldohreule / Asio otus
Waldrapp / Geronticus eremita
Waldrebe / Clematis sp.
Waldwurz, Gefleckte / Neotinea maculata
Walker (Türkischer Maikäfer) / Polyphylla fullo
Walnußbaum, Nußbaum / Juglans regia

Walzenspinne / Solifugae
Wandermuschel (Dreikantmuschel) / Dreissena polymorpha
Wasseramsel / Cinclus cinclus
Wasserpieper / Anthus spinoletta
Wasserralle / Rallus aquaticus
Wasserschildkröte, Kaspische / Mauremys caspica
Wechselkröte / Bufo viridis
Weichschildkröte, Afrikanische / Trionyx triunguis
Weide / Salix sp.
Weidensperling / Passer hispaniolensis
Weihe / Circus sp.
Wein, Wilder / Vitis vinifera ssp. silvestris
Weinrebe (Kulturrebe) / Vitis vinifera ssp. vinifera
Weißbartgrasmücke / Sylvia cantillans
Weißbartseeschwalbe / Chlidonias hybrida
Weißdorn / Crataegus sp.
Weißflügelgimpel / Rhodospiza obsoleta
Weißflügelseeschwalbe / Chlidonias leucopterus
Weißkehlsänger / Irania gutturalis
Weißkopfmöwe / Larus cachinnans
Weißkopfruderente (Ruderente) / Oxyura leucocephala
Weißrückenspecht / Dendrocopus leucotos
Weißstorch / Ciconia ciconia
Weizen / Triticum aestivum
Wels / Silurus glanis
Wendehals / Jynx torquilla
Wespenbussard / Pernis apivorus
Westlicher Erdbeerbaum / Arbutus unedo
Wiedehopf / Upupa epops
Wildbirne / Pyrus achras
Wilder Hopfen / Humulus lupulus
Wilder Wein / Vitis vinifera ssp. silvestris
Wildkarpfen / Cyprinus carpio
Wildschwein / Sus scrofa
Wintergoldhähnchen / Regulus regulus
Wolf / Canis lupus
Wolfsmilch / Euphorbia sp.
Würfelnatter / Natrix tessellata
Würger / Lanius sp.
Wüstengimpel / Bucanetes githagineus
Wüstenhuhn, Persisches / Ammoperdix griseogularis
Wüstenregenpfeifer / Charadrius leschenaultii

Yelkovan / Puffinus puffinus yelkouan

Zander / Stizostedion lucioperca
Zaunammer / Emberiza cirlus
Zedernwacholder / Juniperus oxycedrus
Zerreiche / Quercus cerris
Ziegenmelker (Nachtschwalbe) / Caprimulgus europaeus
Ziesel / Spermophilus xanthoprymnus
Zippammer / Emberzia cia
Zistrose / Cistus sp.
Zitronenbaum (Zitrone) / Citrus limon
Zitronenstelze / Motacilla citreola
Zitrusfrüchte / Citrus sp.
Zitterpappel / Populus tremula
Zuckerrübe / Beta vulgaris var. altissima
Zwergadler / Hieraaetus pennatus
Zwergdommel / Ixobrychus minutus
Zwergmöwe / Larus minutus
Zwergohreule / Otus scops
Zwergscharbe / Phalacrocorax pygmaeus
Zwergstrandläufer / Calidris minuta
Zwergtaucher / Tachybaptus ruficollis
Zwergtrappe / Otis tetrax
Zwergwacholder / Juniperus communis var. nana
Zypresse / Cupressus sempervirens

Register

Fett gesetzte Seitenzahlen verweisen auf Fotos, schräg gedruckte auf kurze Abhandlungen (im Text blau unterlegt).

Tier- und Pflanzennamen

Aal 77
Acantholimon androsaceum 206
Adlerbussard 28, 101, 115, 124, **161**, 163, 177, 196
Adlerfarn 64
Aeluropus 96
Aeluropus litoralis 141
Affenknabenkraut 64, 77
Affodil 83, **84**, 140, 146
Afrikanische Weichschildkröte 16, 83, 84
Ägäischer Nacktfinger **73**
Agame, Kaukasische 181, 216
Agave 156
Ägypticher Flughund 15
Ahorn 197, 211
Ahorn, Immergrüner (Kreta-Ahorn) 64
Akazie 214
Aleppokiefer 207, 208
Alkanna 15
Alpenbraunelle 38, 187
Alpendohle 101, 163
Alpenkrähe 101, 163
Alpenrose *(Rhododendron)* 12, **187**, 197
–, Gelbe 187
–, Kaukasische 187
–, Pontische 187
Alpensegler 23, **23**, 215
Alpenstrandläufer 157
Alpenveilchen, Neapolitanisches 64
Alyssum trapeziforme 162
Amberbaum 81, *83*, 84, 200
Amsel 29, 177
Anatolisches Knabenkraut 59
Anemone (Windröschen) **78**, 146
– *coronaria* 76
– *pavonia* 76
Anodonta palustris 33
Anoxia villosa 205
Antep Fıstıgı (s. Pistazie)
Apfelbaum (Apfel) 87, 115
Aphanius burduricus 201
Apollofalter 38, 163, 187
Aprikosenbaum (Aprikose) 87, 115, 156
Armeniermöwe **183**, 215
Aronstab **89**
Artemisia 97, 106, 125
– *santonicum* 96
Arthrocnemum furticosum 140
– *glaucum* 140
Aspe (s. Zitterpappel)
Astragalus 15, 26, 115, 162, 175
– *angustifolius* 206
– *plumosus* 206
Austernfischer 70, 97

Bananenbaum (Banane) 146
Bartgeier 28, 38, **40**, 163, 188, 192, 218
Bartmeise 101, 107, 127
Baumfalke 196
Baumheide 12, *39*, **121**, **157**, 200, 207
Baumwolle 12, 18, 69, 135, 199
Beifuß (s. *Artemisia*)
Bergfrosch, Kleinasiatischer 16, 177, 218
Berghänfling 181
Bergkalanderlerche 125, 177
Beutelmeise 54, 72, 78, 82, 107, 152, 199, 200, 205
Bezoarziege 119, 121, *122*, 136, 211, 218
Biber 15
Bienenfresser 72, 108, 115, **116**, 167, 200
Bienenragwurz 64
Binse 31, 35, 96, 173
Binsenjungfer, Südliche 152
Birke 174, 177
Birnbaum 87
Blasenstrauch 12, 115
Bläßgans 97, 158
Bläßhuhn 76, 141
Blaßspötter 47, 87, 108, 115, 205
Blattfingergecko 168, 170
Blaue Schwimmkrabbe 142, *158*
Blauflügel-Prachtlibelle 180
Blaukehlchen 177, 180, 215
Blaumeise 120
Blaumerle 59, 68, 120, 143, 147, 199
Blaupfeil, Großer 177
Blaupfeil, Südlicher 152
Blauracke 70, **74**, 108, 115, 124, 199
Blauwangenbienenfresser 167, 170, **171**
Blutegel, Medizinischer 33, 202
Bluthänfling (s. Hänfling)
Blutspecht 47, 88, 108, 115
Boraginaceae 15
Bornmüller-Tanne 27, 37, *39*
Brachpieper 211
Brachschwalbe (Rotflügelbrachschwalbe) 70, **103**, 156, 199
Brandgans **96**, 141, 158, 216
Brandkraut 125
Brandseeschwalbe 195
Braunbär 27, 77, 187, **188**
Brauner Sichler (Sichler) 42, 47, 50, 70, 76, 101, 107, 108, 141, 199
Braunliest 84, 86, **152**
Breitblättrige Sumpfwurz 176
Breitblättriger Lorbeerliguster 207
Bremsenragwurz 64
Brennessel 50
Brombeere 46, 197
Bromus 96, 106
Brutische Kiefer 59, 63, 119, 130, 146, 162
Buchsbaum 189
Buntspecht 29, 34, 120, 196
Busenragwurz **66**, 77

Caretta caretta 128
Centaurea 15
– *aladaghensis* 162
Chamäleon, Europäisches **132**
Chukarhuhn 88, 124
Cistensänger 35, 86, 131
Citrus (Zitrusfrüchte) 18, 140, 147, 156
Compositae 14

Damwild **118**, 120
Dattelpalme, Kretische 200
Dohle 52, 73, 124
Dornspötter 210
Draba cappadocica 206
Drehwurz (s. Herbst-Drehwurz)
Dreikantmuschel (Wandermuschel) 76, **77**, 80
Drosselrohrsänger 88
Dünnschnabelmöwe 97, 107, **127**, 141
Eberesche 175
Echtgazelle 15
Edelkastanie 22, 37, *39*, **40**
Edelraute (s. *Artemisia*)
Efeu 64, 119
Ehrenpreis 162
Eiche *39*, 46, 96, 155, 176, 210, 211
Eiche, Pontische 189
Eichelhäher 120, 177
Eidechse, Kappadokische **116**, 177
Eidechse, Örtzensche 77
Eleonorenfalke 65, **67**
Empusa fasciata 77
Erdbeerbaum, Westlicher 12, **79**
Erdbeerbaum, Östlicher 12, 64, 119, 189, 200
Erdbeerbaumfalter 76
Erdnuß 140
Erle 32, 197, 211
Esche 32, 46, 211
Espe (s. Zitterpappel)
Eukalyptus 150, 152, 153, 155, 159, 200
Eucalyptus globulus 150, 200
Euphrat-Weichschildkröte 16, 169, **172**
Europäische Schlangenaugeneidechse (s. Schlangenaugeneidechse)
Europäische Sumpfschildkröte 32, 33, 70, 107, 108, 196
Europäischer Laubfrosch (s. Laubfrosch)
Europäisches Chamäleon (s. Chamäleon)

Fabaceae (s. Schmetterlingsblütler)
Färberginster 119
Falkenbussard 24, 189
Fasan *47*, 48
Federgras 106, **173**
Feige 87, 115, 156, 189
Feigenkaktus 156
Feldrohrsänger 16, 215
Felsenhörnchen 27, 33, 65, **149**
Felsenkleiber 59, 68, 83, 101, 120, 147, 168, 199
Felsenschwalbe 30, 115, 205
Felsensteinschmätzer **135**, 147
Felsentaube 114, 124
Festuca violacea 206
Feuerfalter 163
Fichtenkreuzschnabel 29, 196
Fischadler 194
Fischotter 47
Flamingo (Rosaflamingo) 70, 71, **96**, 97, 101, 107, 108, 127, 158, 198, 216
Flaumeiche 12, 27, 204
Fliegenschnäpper 141
Flockenblume 15, 162
Flohkrebs 177
Flughuhn 169, 170
Flughund, Ägyptischer 15
Flußeukalyptus 150, **153**
Flußkrabbe 8, 28, 64, 152, 196
Flußregenpfeifer 28, 115, 138
Flußseeschwalbe 195, 204
Flußuferläufer 115, 125, 205
Föhre 26, 197
Forelle 122, 197, 205, 211
Frankolin (s. Halsbandfrankolin)
Frosch, Kleinasiatischer (s. Bergfrosch, Kleinasiatischer)

Fuchs (Rotfuchs) 27, 83

Gänsefußgewächse 140
Gänsegeier 65, 91, **118**, 120, 163, 177, 178, 192, 211
Gazelle 156
Gebänderte Prachtlibelle 152
Gebirgsstelze 115, 163, 177
Gefleckte Waldwurz 77
Gelbe Alpenrose 187
Gelbe Ragwurz 77
Gelbkehlsperling 16
Gemeine Ochsenzunge 140
Gemeiner Queller (s. Queller)
Gemeines Chamäleon (s. Chamäleon)
Gemse (Kaukasusgemse) 187, 211
Genistra alba 59
Gerste 106
Gewelltblättrige Zistrose **137**
Gewöhnliche Föhre (s. Föhre)
Geyik (s. Maralhirsch)
Gezähnter Moosfarn 64
Gimpel 29
Ginster 59
Gipskraut 96
Girlitz 23
Goldmabuye 208
Gottesanbeterin **77**, 137
Gramineae 15
Granatapfel 12, 115, **145**, 156
Grapefruit 18
Grasmücke 141
Graubülbül 147, **157**
Graufischer 78, 84, 86, **86**, 167, 170
Graugans 34
Grauortolan 87, 147, 205
Graureiher 23, 28, 50, 71, 78, 130
Griechischer Wacholder 135, 162, 176, 189
Große Königslibelle 177
Große Rohrdommel 34, 194
Großer Blaupfeil 177
Großtrappe 44, 156, 214
Grünspecht 34, 47, 120, 196
Gypsophila eriocalyx 96

Habichtsadler **67**, 168
Habicht 37
Häherkuckuck 54, 205
Hahnenfuß 176
Hainbuche 27, 32, 197, 210
Halanthium 96
Halbringschnäpper 177
Halocnemum 96
Halocnemum strobilaceum 140
Halsbanddohle (s. Dohle)
Halsbandfrankolin (Frankolin) 141, 156
Hänfling (Bluthänfling) 196
Hängebirke 175
Hardun 59, 71, 77, 89, 115, 128, **132**, *132*, 199, 208
Hasel 19, *39*, 189, 197
Haubenlerche 47
Haubentaucher 43, 196
Hauhechel 162
Hausrotschwanz 187
Haussegler 167, 208
Haussperling 72, 152
Haustaube 114
Hecht 50
Heckensänger **87**, 152, 156
Heidelerche 76
Herbst-Drehwurz (Drehwurz) 80
Herbstzeitlose **191**
Herzmuschel, Gewöhnliche (Herzmuschel) 77
Höckerschwan 203
Hopfen, Wilder 46
Hyäne (s. Streifenhyäne)

Immergrüner Ahorn 64
Iris paradoxa 215
Iris sisyrinchium 140
Iris, Kaukasische **116**
Isabellsteinschmätzer 101, **127**
Italienisches Knabenkraut **66**, 77

Johannisbrotbaum 12, 64, 83, 119, 146, 147
Judasbaum 12, 64, 119, 146

Kaiseradler 24, 189
Kalanderlerche **115**
Kamel 31
Kapernstrauch **84**, 115
Kappadokische Eidechse **116**, 177
Kappenammer 86, 87, **160**
Karettschildkröte, Unechte 83, 85, **129**
Karmingimpel 29, 187, 196
Karpfen 31, 50, 76, 87
Kaspische Wasserschildkröte 33, 70, 83, **181**, 199
Kaspisches Königshuhn 162, 187
Kastanie (s. Edelkastanie)
Kasuarine 155
Kaukasische Agame 181, 216
Kaukasische Alpenrose 187
Kaukasische Iris **116**
Kaukasisches Knabenkraut 176
Kaukasusbirkhuhn 187
Kaukasusgemse (s. Gemse)
Kermeseiche 22, 59, 75, 87, 88, 146, 207
Kernbeißer 29
Kiebitz 180
Kiefer 149, 187, 200, 202, 210
Kiefer, Brutische 59, 63, 119, 130, 146, 162
Kiefer, Gemeine (s. Föhre)
Kilikische Tanne 135, 146, 162, 165, 197
Kirsche 27
Klee 31
Kleinasiatischer Bergfrosch 177, 218
Kleinasiatischer Laubfrosch 152
Kleinasiatischer Leopard (s. Leopard)
Kleine Schlammschnecke 29
Kleinspecht **33**, 34, 47, 120
Klippenkleiber 168, 210
Knäkente 180, 181
Knabenkraut, Anatolisches 59
Knabenkraut, Italienisches **66**, 77
Knabenkraut, Kaukasisches 176
Knabenkraut, Lockerblütiges 64
Knabenkraut, Persisches 176
Königshuhn, Kaspisches 162, 187
Königskerze 15
Königslibelle, Große 177
Kohlmeise 120
Kolbenente 108
Kolkrabe 38
Kopfbindenzwergnatter 83, **172**, 199
Köpfchenblütler 14
Kopfweide 52
Korallenmöwe 143
Kormoran 23, 47, 50, **51**, 78, 115, 191
Krähenscharbe 143, 191
Kranich 108, 141, **183**
Krauskopfpelikan 34, 47, 52, **53**, 70, 76, 100, 141, 198
Kreta-Ahorn (s. Immergrüner Ahorn)
Kretische Dattelpalme 200
Krickente 34, 70, 141, 158
Krim-Schwarzkiefer (s. Schwarzkiefer)
Kronenschnecke **153**
Kropfgazelle 15, **210**, 214
Kugelmuschel 29
Kurzfangsperber 189
Kurzzehenlerche 125
Kuyruksüren (s. Manguste)

Labiatae 15
Lacerta media 177
Lachmöwe 97, 195
Lachseeschwalbe **69**, 70, 97, 107, 127
Landschildkröte, Maurische **137**
Laubfrosch (Europäischer Laubfrosch) 16, 29, 33, **44**, 107, 199
Laubfrosch, Kleinasiatischer 16, 152
Laubsänger 141
Leberegelschnecke 196
Lein 176
Leopard (Kleinasiatischer Leopard) 15, *65*, 156
Libanonzeder 135, 162, **163**, *165*
Limonium oleifolium 140
Limonium serotium 140
Linum triflorum 177
Lippenblütler 15
Lockerblütiges Knabenkraut 64
Löffelente 141
Löffler 42, 47, 50, 76, 101, 141
Lonicera etrusca 205
Lorbeer 12, *39*, 64, 119
Lorbeerliguster, Breitblättriger 12, 119, 207
Lorenzlaubsänger 191
Löwe 15, 128
Luchs 15, 65
Luzerne 106

Maikäfer, Türkischer (s. Walker)
Mais 31, 135, 189
Malermuschel 33
Maltapflaume 146
Mandarinenbaum 189
Mandel 87, 89, 156
Manguste 15, 156
Maralhirsch 37, 38, 197
Marmelente 150
Märzenbecher 46
Maskengrasmücke 87, 147
Maskenwürger 47, 88
Mauerläufer 143, 187
Maulbeere 87, 156
Maurische Landschildkröte **137**
Mäusebussard 24, 189
Mäusedorn 146, **160**
Mauswiesel 42
Mavi Yengeç (s. Blaue Schwimmkrabbe)
Medizinischer Blutegel 33, 202
Meeräsche 77, 139, 158
Meeresschildkröte 83, 86, 128, **129**
Meeresschneckenklee 141
Meerknöterich 141
Meerzwiebel 83, **147**
Mehlschwalbe 30, 170
Melanopsis praemorsa 152
Melone 106
Mesobuthus gibbosus 101
Mimose 156

Minuartia aizoides 206
Misteldrossel 37
Mittelmeersteinschmätzer 147, 211
Mittelspecht 76, 120
Mönchsgeier 37
Moabsperling 167, 170, **171**
Mohn 18, **102, 170**
Mond-Azurjungfer 177
Moorente 47, 108, 180, 181, 203
Moosfarn, Gezähnter 64
Myrte 12, 140, 207

Nachtigall 47, 205
Nachtreiher 50, 82, 107, 194, 215
Nachtschwalbe (Ziegenmelker) 120, 125, 128
Nacktfinger, Ägäischer **73**
Nardus stricta 206
Narzisse **35, 120**
Neapolitanisches Alpenveilchen 64
Neuntöter 88, 191
Nordmannstanne 187, 189
Nußbaum (s. Walnußbaum)

Ochsenzunge, Gemeine 140
Ohrenlerche 38, 88, 115, 163, 177, 181, 187, 196, 207, 211
Ölbaum (Olive) 12, 18, *39*, 42, 74, 75, 76, 77, 78, **78**, *80*, 119, 189
Oleander 59, **60**, 64, 119, 140, 160
Olive (s. Ölbaum)
Olivenspötter 47, 91
Ononis sessilifolia 162
Orange 18, 146
Orientalische Platane (Platane) *39*, 44, 64, **68**, 91, 115, 119, 211
Orientbuche 37, *39*, 187, 189, 197, 210
Orientfichte 187
Orpheusgrasmücke 87
Ortolan 115, 192
Örtzensche Eidechse 77
Östlicher Erdbeerbaum 12, 64, 119, 189, 200

Palme 156
Palmtaube 23, **24**
Pampelmuse 146
Pappel 105, 167, 174, 177
Persisches Knabenkraut 176
Persisches Wüstenhuhn 214
Pfeifente 34, 70, 141, 158
Pferd 65
Pfirsichbaum (Pfirsich) 87
Pflaume 156
Pflugschar-Zungenstendel 77, 207
Phrygische Ragwurz 205
Phyllodactylus elisae 169
Pillendreher 47, **48**, 125, 126
Pinie 22, 77
Pirol 47, 115, 177, 205
Pistazie 18, 115, 167, 171
Platane (s. Orientalische Platane)
Pontische Alpenrose 187
Pontische Eiche 189
Posthornschnecke 29, 196
Potamon potamios 152
Potamon ibericum 8, 28
Prachtlibelle, Gebänderte 152
Prangos 175
Purpurhuhn 141, **143**, *143*, 150
Purpurreiher 42, 50, 101, 130, 141, 194, 199
Pyramiden-Knabenkraut 64

Queller (Gemeiner Queller) 69, 96, 200
Quercus infectoria 155, 176
Quercus pedunculiflora 176
Quercus pinnatiloba 176
Quitte 115

Ragwurz, Gelbe 77
Ragwurz, Phrygische 205
Rallenreiher 42, 47, 50, 88, 101, 107, **107**, 194, 199
Rana 16
Rana camerani 177
Ranunculus crateris 177
Raps 196
Raubseeschwalbe 70, 198
Rauchschwalbe 156
Rauhblattgewächse 15
Ravergiers Zornnatter 177
Regenbogenforelle 196
Reiherente 43
Reis 26, 30, 32, 52, 54, 140, 189
Rhododendron (s. Alpenrose)
Rinderwicke 106
Ringdrossel 177
Ringelnatter 42, 107
Rivetina baetica 137
Rötelfalke 73, 83, **102**, 108, 178, 215
Rötelschwalbe 156
Robinie 97, 155
Rohrammer 86
Rohrdommel, Große 34, 194
Rohrkolben 104, 202
Rohrsänger 107, 181
Rohrweihe 34, 141, 180
Rosaflamingo (s. Flamingo)
Rosapelikan 43, 52, 100, 107, 125, 141, **144**, 181, **183**, 210
Rose 87
Rosenstar **181**
Rostbürzelsteinschmätzer 210, 211
Rostgans 28, **29**, 47, 97, 101, 115, 124, 141, 158, 196, 202, 216
Rotflügelbrachschwalbe (s. Brachschwalbe)
Rotflügelgimpel **124**, 181, 211
Rotfuchs (s. Fuchs)
Rotfußfalke 189, 195
Rothalstaucher 107, 108, 215
Rotkopfwürger **61**, 88, 171
Rotschenkel 34, 157, 180
Rotschwanz 141
Rotstirngirlitz 38, 39, 147, 163, 177, 187
Ruderente (s. Weißkopfruderente)
Ruinenagame **98**

Säbelschnäbler 97, 107
Säger 34
Säulenzypresse 155
Saatkrähe 204
Salbei 125
Salmo trutta abanticus 196
Samtente **174**, 177
Samtkopfgrasmücke 23, 65, 143, 147
Sandflughuhn 101, 108, 127, 169, 214, 218
Schachtelhalm 81
Schafgarbe 180
Schafstelze 192
Schakal 47
Schelladler 23, 34, 189
Schellente 34
Scheltopusik 47, 83
Schlammschnecke, Kleine 29

Schlangenadler 24, 120, 163, 189, 196, 202, 205, 208
Schlangenaugeneidechse **60**, *77*, *177*
Schlanknatter 177
Schleiereule 71
Schmetterlingsblütler 15, 175
Schmutzgeier 24, 28, 30, **59**, 101, 108, 124, 147, 163, 168, 177, 178, 215
Schnatterente 108, 181
Schneefink 115, **175**, 163, 181, 211
Schreiadler 23, 37, 189, 208
Schriftfarn 64
Schwalbenschwanz **84**, 115
Schwanzmeise 47
Schwarzerle 189
Schwarzhalstaucher 97, 115, 216
Schwarzkehlchen 38, 177
Schwarzkiefer (Krim-Schwarzkiefer oder Krimkiefer) 26, 37, *39*, 63, 135, 146, 162, 197, 205
Schwarzkopfmöwe 70, 97, 195
Schwarzmilan 20, 23, 189
Schwarzpappel 119
Schwarzschnabelsturmtaucher 23, **25**, *25*
Schwarzspecht 37, 196
Schwarzstirnwürger 88, 108
Schwarzstorch 23, **28**, 115
Schwertlilie (s. auch Iris) 140
Schwimmkrabbe, Blaue 142, *158*
Seeadler 189
Seefrosch 42, 107, 115, **157**, 196, 202
Seenadel 33
Seeregenpfeifer 34, 97, 156
Seerose 42
Segelfalter **132**
Segge 131
Seidelbast 197
Seidelbastgewächse 140
Seidenreiher 34, 42, 47, 50, **51**, 73, 77, 88, 101, 107, 199, 204
Seidensänger 47, 78, 199, 200, 205
Sesam 140
Sichelstrandläufer 157
Sichler (Brauner Sichler) 42, 47, 50, 70, 76, 101, 107, 108, 141, 199
Silbermöwe **93**
Silberpappel 46
Silberreiher 71
Skorpion **89**, 101
Smaragdeidechse 177, 199
Sommergoldhähnchen 37, 196
Sommerwurz 180, **181**
Sonnenblume 31, 42, 106, 196
Sonnengucker 218
Sorbus tamamschjanae 175
Sorbus torminalis 175
Sorbus umbellata 175
Sperber 23, 189, 191
Spießente 43, 70, 141
Spießflughuhn 169, 214
Spornkiebitz 42, 70, 82, 107, **139**, 141, 156, 199, 200
Stachelschwein 15, 65, 77, 78, 149, 160
Stechwinde 46, 207
Steinadler 88, 120, 177, 192, 207, 211
Steinbraunelle 163, 177, 207
Steineiche 63, 200
Steinkauz **59**, 199
Steinkresse 162
Steinlinde, Gemeine (s. Breitblättriger Lorbeerliguster)
Steinortolan 215
Steinrötel 38, 115, 177

Steinschmätzer 196, 211
Steinsperling 115, 178, 205, 207
Stelzenläufer 34, 70, 97, **103**, 107, 115, 125, 215
Steppenluchs 15, 120
Stieleiche 22
Stinkstrauch 64
Stockente 34
Storaxbaum 64, 119, 207
Strandbinse 32, 96
Stranddistel 141
Strandflieder 140
Strandläufer 141
Streifenhyäne 15
Streifenohreule 16, 168, 170
Streifenprinie 141, **143**, 152, 156
Stummellerche 101, **110**
Südliche Binsenjungfer 152
Südlicher Blaupfeil 152
Sumpfknabenkraut **106**
Sumpfkrebs 31, 33, 35, 42, **44**, 50, 87
Sumpfschildkröte, Europäische 32, 33, 70, 107, 108, 196
Sumpfschnecke 196
Sumpfwurz, Breitblättrige 176
Süßgräser 15

Tabakpflanze (Tabak) 18, 31
Tafelente 43, 141, 158
Tamariske 32, 43, **44**, 119, 140, 160, 167, 199, 200
Tamariskengrasmücke 170, 171
Tanne, Kilikische 135, 146, 162, 165, 197
Tannenmeise 120, 130
Teepflanze 188, 189, **193**, *193*
Teichmuschel 33, 35
Teichrose 196, 202
Teichwasserläufer 83, 157
Tellerschnecke 29
Terebinthe 64, 119, 207
Theodoxus 76
Thymelaea hirsuta 140
Thymian 26
Tiger 15, 156
Tragant (s. *Astragalus*)
Trauermeise 76, 120, 147, 205
Trauerseeschwalbe 42, 180
Trespe (s. *Bromus*)
Triel 34, 47, **48**, 125, 141, 156, 194
Tüpfelskink **103**
Türkenammer 59, 210, 211
Türkenkleiber 29, 37, 38, **40**, 65, 120, 130, 131, 149, 202, 205

Tulpe **170**
Turmfalke 124, 147

Uhu 170, 215
Ulme *39*
Unechte Karettschildkröte 83, 85, **129**

Van-See-Ukelei 181, **183**
Venushaar 64
Verbascum 15
Veronica gentianoides 206
Veronica tauricola 162
Vogelwicke 26

Wacholder *39*, 162, 163
Wacholder, Griechischer 135, 176, 189
Wacholderlaubsänger 191
Wachtel 191
Waldbaumläufer 37
Waldohreule 170
Waldrapp 167, **169**, *169*
Waldrebe 46
Waldwurz, Gefleckte 77
Walker (Türkischer Maikäfer) 115
Walnußbaum (Nußbaum) *39*, 108, 115, 174, 205, 211
Walzenspinne **177**
Wandermuschel (s. Dreikantmuschel)
Wasseramsel 28, 115, 163, 177, 205
Wasserhahnenfuß **110**
Wasserpieper 38
Wasserralle 88, 196, 199
Wasserschildkröte, Kaspische 33, 70, 83, **181**, 199
Wechselkröte 29, **113**, 115, 177
Weichschildkröte, Afrikanische 16, 83, 84
Weide 197
Weidensperling 52, 54, 72, 152
Weihe 178, 189, 208
Wein, Wilder 46
Weinrebe (Weintraube) 115, 189
Weißbartgrasmücke 65
Weißbartseeschwalbe 42, 88
Weißdorn 27, 46
Weißflügelgimpel 171
Weißflügelseeschwalbe 180
Weißkehlsänger 88, **89**, 163, 171, 177, 181, 205, 211, 215
Weißkopfmöwe 195
Weißkopfruderente (Ruderente) 34, **95**, 97, 101, 107, 108, 158, 201, 203, 215
Weißrückenspecht 47, 138, 177, 191

Weißstorch **23, 28**, 35, **43**, 86, 125, 130, 181, 182, **183**, 195, 201, 208, 210
Weizen 96, 106, 115, 196, 214
Wels 50
Wendehals 34
Wespenbussard 23, 189, **189**, 210
Westlicher Erdbeerbaum 12, **79**
Wiedehopf 28, **110**, 107, 108, 115, 205
Wildbirne 27
Wilder Hopfen 46
Wilder Wein 46
Wildkarpfen 76
Wildschwein 27, 47, 65
Windröschen (s. *Anemone*)
Wintergoldhähnchen 29, 130
Wolf 27
Wolfsmilch 26
Würfelnatter 42, 107, **108**
Würger 141
Wüstengimpel 16, 177
Wüstenhuhn, Persisches 214
Wüstenregenpfeifer 97

Yelkovan (s. Schwarzschnabelsturmtaucher)

Zander 16, 87
Zaunammer 76
Zedernwacholder 59, 189
Zerreiche 197
Ziegenmelker (Nachtschwalbe) **131**
Ziesel 101, **101**, 177
Zippammer 29
Zistrose *39*, 146, 189
Zistrose, Gewelltblättrige **137**
Zitronenbaum (Zitrone) 18, 146
Zitronenstelze 16, 218
Zitrusfrüchte (s. *Citrus*)
Zitterpappel 27, *39*, 175
Zuckerrübe 106
Zwergadler 24, 28, **30**, 163, 178, 189, 196
Zwergdommel 42, 50, 88, 108, 141, 194, 196, 199, 215
Zwergmöwe 195
Zwergohreule 88, 107, 115
Zwergscharbe 42, 47, 50, 100, **104**, 106, 141, 204
Zwergstrandläufer 157
Zwergtaucher 76, 83, 196
Zwergtrappe 44, 156
Zwergwacholder 175
Zypresse 23, **24, 71**, 135, 137

Orts-, Sach- und Personenregister

Seitenzahlen mit dem Zusatz »ff.« bezeichnen den Beginn eines Hauptreiseziels.

Abant Gölü 196
Acıgöl-Vulkan (Kappadokien) 111
Acıtuz Gölü (Bolluk Gölü) 95
Adana 158
Adıyaman 211
Ağrı Dağı (Ararat) 216, 218
Ağyatan Gölü (Akyayan Gölü) 154, 155
Ahtamar-Insel (Van-See) 215
Ainsworth, William F. 169
Akgöl (Göksu-Delta) 139, 140, 141, 142
Akköy (Stausee) 116
Akşehir Gölü 203
Akseki 138
Akyatan Gölü 154, 155
Aladağlar (Taurus) 161 ff.
Alexander der Große 162
Alexander-Wasserfälle 153
Altwasser 140
Amanus 209, 210, 211
Andesit 185
Ankara 204
Antakya 210, 211
Antalya 83
Antiklinale 133
Apolyont-See 41 ff.
Appolonia 41
Aquädukt 22
Araplı-Paß 110
Ararat 10, 216, 218
Arhavi 193
Artesische Quellen 95
Artvin 189
Aspendos 138
Atatürk-Stausee 166, 214
Auwald 31, 45, 46, 47, 81
Avanos 114, 116
Ayder Ilıca 185
Aydınkent (Ivriz) 205
Aynaz-Sümpfe 150
Ayrancı-Stausee 101

Bafa-See 74 ff.
Bafra 31, 32
Bagdadbahn 162
Balık Gölü 31, 33, 35
Barak 171
Barhal 185, 188
Barla 87, 88
Başkale 215
Basalt 26, 112, 179, 181
Beizjagd 191
Belgrader Forst 22
Belon, Pierre 20
Bendimahi 179 ff.
Berdan (Tarsus-Fluß) 150
Beşkonak 157
Beşparmak Dağları (Latmos) 71
Bewasserung 155
Beynamer Forst 204, 205
Beyşehir Gölü 204
Bimsstein 112
Binbirkilise 127
Binnendünen 124
Birecik 166 ff.
Bitlis 173
Bitlis-Graben 179
Bitlis-Massiv 10, 13
Blei 162
Böğecik 101
Bolluk Gölü 95, 97
Bolu 196, 197

Borçka 189 ff.
Bosporus 10, 11, 20 ff.
Bozdurmuş Belen 89
Brandrodung 63
Braun, Fritz 22
Braunkohle 95
Büğrüm-Brücke 137
Büyük Çamlıca 24
Büyük Çekmece 25, 195
Büyük Menderes (s. Mäander, Großer)
Burdur Gölü 201

Caldera 173
Çaldıran 180
Çamaltı-Saline 197
Çamlıca-Hügel 22
Çamlık Dalyanı 208
Cañon 114, 118
Çatal Hüyük 16
Çavuşin 115
Çay 193
Çekmece (s. Büyük und Küçük Çekmece)
Çelebidağ 183
Cennet Cehennem 118, 145 ff.
Ceyhan 150, 154, 155, 160, 208
Ceylanpınar 214
Chasmophyten 136
Chrom 162
Cicero, Marcus Tullius 65
Çiğli 198
Çoruh 189, 192
Çoruh-Graben 184, 185
Çubuklu 110
Çuh-Paß 215
Çukurova 154 ff., 207, 208

Dalyan (Dalyan-Delta) 81 ff.
Dardanellen 10, 11
Datça-Halbinsel 200
Değirmen-Bach 199
Deliçay 183
Deltabildung 69, 139, 150
Demirkazık 161
Denzi Gölü (Kaçkar-Gebirge) 188
Denizli 59, 61
Derinkuyu 114, 116
Dicle 13
Didim (Didima, Didyma) 73, 74
Dil Gölü (Karina Gölü) 70
Dilber Düzü 188
Dilek Mağarası 146
Dilek Yarımadası (Samsundağı) 63
Dipsiz Gölü 163
Doğubayazıt 218
Doline 95, 97, 118, 135, 145, 147
Dolomit 133
Drei Grazien 145
Düden Gölü (Kulu Gölü) 95
Düden Gölü (Ereğli-Sümpfe) 100, 101
Düzlerçamı 118, 120, 122
Durusu Gölü (Terkoz oder Terkos Gölü) 194

Eber Gölü 203
Eğirdir Gölü 203 ff.
Eğridir (s. Eğirdir Gölü)
Einsturzdoline 95, 97, 145
Eiszeit (Pleistozän) 10, 20, 92, 99, 104, 118, 124, 150, 173, 201
Emli-Schlucht 162, 163
Ephesus 74, 198, 199

Erçek-See 215, 216
Erciyas-Vulkan 111, 205
Erdaltertum (Paläozoikum) 10, 62, 161
Erdbeben 180, 181
Erdfrühzeit 10
Erdmittelalter (Mesozoikum) 10, 62, 118, 133, 161
Ereğli-Sümpfe 99 ff.
Erosion 74, 178
Eşen-Fluß 128
Euphrat 13, 166 ff., 214
Explosionskrater 91, 123, 124

Faltengebirge 166
Feenkamine 112, 114
Fellows, Charles 128
Felsspaltenvegetation 136
Feuchtwälder 12, 189
Fırat 13
Fischerei 32, 33, 35, 42, 77, 139, 158
Flysch 95, 185
Fossilien 16, 26, 30

Garigue 12
Gaziantep 166
Gediz-Fluß 197
Gelemiş 130
Geosynklinale 161
Gips 92, 95
Glazialrelikt 177
Gletscher 10, 20, 36, 161, 185
Gneis 10
Göksu 140, 149
Göksu-Delta 139 ff.
Gölbaşı 205
Goldenes Horn 20, 21
Gölcük 91
Göldüzü 183
Göller Bölgesi 12
Gönen 55
Göreme 112, 115
Grabenbruch 209, 210
Granatapfelsee 114
Granit 185
Großer Mäander (s. Mäander, Großer)
Grotte 89, 122
Grotte, Blaue 128, 131
Grundgebirge 10
Gülek Boğazı (Kilikische Pforte) 161, 162
Güllük (Berg) 119
Güllük (Bucht) 199, 200
Güvem 26
Güver-Schlucht 118
Güzelsu 215

Habur 214
Hacılar 16
Haffküste 154
Hakkari 215
Halfeti 166, 171
Halit 92
Halophyten 95, 109
Halys (Kızılırmak) 31, 114
Hasan-Vulkan 111
Heilquellen 55, 114, 185, 188
Herakleia 75
Hierapolis 56
Himmel und Hölle (Cennet Cehennem) 145
Hisarönü 200
Holozän 99, 104
Hopa 193

Hoşap 215
Hotamış-Sümpfe 127
Hoyran Gölü 88, 89
Hüyük 101

Iasos 200
Ihlara 114, 115, 116
Insektizid 155
Ioniapolis (Bafa-See) 75
Iskenderun 210
Issız Han 43
Istanbul 20 ff., 194, 195
Istranca-Massiv (Istrandscha) 10, 11
İvriz 118, 205
İzmir 197
İztuzu (Dalyan-Delta) 86

Jungtertiär 92

Kaçkar-Gebirge 184 ff.
Kahta 211, 214
Kaldı Dağı (Aladağlar) 161, 162
Kalium 92
Kalkan 128
Kalksinter 56
Kalktuff 95
Kalzit 95
Kalziumhydrogenkarbonat 95
Kalziumsulfat 92
Kanlıdivane 145, 146
Kapıtaş Mağarası 128
Kappadokien 111 ff., 206
Kar 36, 161
Karaboğaz Gölü 31, 35
Karacadağ (Karaca-Berge) 99, 124
Karadağ 103, 127
Karagöl (Kızılcahamam) 30
Karagöl (Uludağ) 36
Karain (Höhle) 122
Karamık-Sümpfe 202
Karanfil Dağı (Taurusgebirge) 161
Karapınar 123, 126, 127
Karapınar Ovası 127
Karasu 166
Karataş 154, 155
Karatepe-Nationalpark 158
Karawanserei 43, 178
Karbonat 95
Karçal-Gebirge 189
Kargamiş 171
Karina Gölü (Dil Gölü) 70
Karine 70
Karre 135
Karsee 185
Karst 145
Karstquelle 135, 205
Karstschwinde 100
Karstsee 101
Kaunos (Dalyan-Delta) 82, 83, 84
Kaymaklı 114
Kayseri 205, 207
Kaystros (Kleiner Mäander) 198
Kemaliye 86
Kilikische Pforte 161, 163, 165
Kilyos 25
Kinneir, J. N. 155
Kırkgöz (Karstgrotte) 122
Kirmir-Bach 26, 30
Kırşehir-Massiv 10
Kışla 17
Kız Kalesi 145, 149
Kızılcahamam-Nationalpark 26 ff.
Kızılırmak-Delta 31 ff.
Kleiner Mäander 198
Königsgräber 82
Königsstraße 121
Köprülü-Kanyon-Nationalpark 133 ff.
Köyceğiz-See 81 ff.
Koç Dağı 206
Kocaçay-Delta 45 ff.
Korallenriff 161
Kosswig, Curt 51
Kotschy 155
Kovada-Nationalpark (Kovada Gölü) 91
Krater Gölü bei Karapınar 123, 126
Kratersee (allg.) 91, 173, 177, 178
Kreide 184
Küçük Çamlıca 24
Küçük Çekmece 25
Küçük Menderes (Kleiner Mäander) 198
Kühne, Dr. Georg 162
Kulu Gölü 95, 97
Kupfermine 189
Kuşadası 68, 199
Kuşcenneti (Manyas Gölü) 50 ff.

Lamas-Fluß 149
Latmischer Meerbusen 74
Latmos-Gebirge (Beşparmak Dağları) 74, 75, 77, 78
Lava 26, 112, 173, 179
Lehrwald 22
Letoon 128

Mäander-Delta 67, 68, 69 ff.
Mäander, Großer (Büyük Menderes) 69 ff., 74, 77, 78
Mäander, Kleiner (Küçük Menderes) 198
Mädchenburg 145
Macchie 12, 63, 64, 119, 146, 147, 200, 210
Madenşehri 127
Magma 112
Magnesia 69
Magnesium 92
Manavgat-Wasserfälle 138
Manyas Gölü 50 ff.
Marmarameer 11, 20, 195
Marmor 10, 62, 63, 74
Meeresspiegelschwankung 20
Meke Dağı 124, 127
Meketuzlası-Ringkrater 123 ff.
Menderes-Massiv 10
Menderes, Küçük 198
Mergel 133, 166
Mesopotamien 166
Mesozoikum (s. Erdmittelalter)
Milas 77, 83, 199
Milet 70
Miozän 123
Mogan Gölü 205
Moräne 185
Munzur-Nationalpark 211
Murat IV 93
Murat (Fluß) 166
Myus 75

Nagelfluh 133
Nar Gölü (Granatapfelsee) 114, 116
Narlıkuyu 145, 146
Nationalpark (allg.) 19
Natriumkarbonat 179
Natriumsulfat 95
Naturschutzgebiet (allg.) 19
Nemrut Dağı (bei Adıyaman) 211, 212
Nemrut-Vulkan (bei Tatvan) 173 ff.
Neogen 92, 95, 112
Nevşehir 111
Nilüfer-Fluß 45
Nisada 87
Noah 80, 216
Nomadentum 10, 17, 31, 154, 177, 206, 211

Ömer Gölü 208
Özalp 216
Özkonak 114
Obruk 95, 97, 145
Olba 149
Olimpos-Beydağları-Nationalpark 122
Oluk-Brücke 137, 138
Olymp (bythinischer Olymp) 36
Orthahisar 115
Ostpontisches Gebirge (Ostpontus) 184
Ova 11, 13, 17
Ovaçiftlik 104, 108
Ovacık 211
Ova Gölü 128, 130, 131

Paläozoikum (s. Erdaltertum)
Pamukkale 56 ff.
Paradeniz Gölü 139, 141, 143
Patara 128 ff.
Pekmez 18, 115
Peristoma-Tal (Ihlara-Tal) 114
Perm 10
Pestizide 169
Philippson 62
Phrygana 12, 64
Phyllit 10
Pietschmann, V. 174
Pinara 131
Pleistozän (s. Eiszeit)
Pliozän 111, 123, 184
Poimenion 145
Polje 118, 135, 202
Polonezköy 25
Ponore 100
Pontus (Pontisches Gebirge) 12, 13, 184
Präkambrium 10
Prinzeninseln 21
Pydnae 128

Quartär 123
Quarz 75

Ramapithecus 16
Ringkrater 123 ff.
Rize 187, 188, 193
Rosenöl 87
Rumkale 171, 172

Säulenbasalt 26, 30
Salda Gölü 202
Saline 92, 97, 98, 197
Salzboden 104, 109
Salzlagerstätten 92 ff.
Samos 62, 63
Samsundağı-Nationalpark 62 ff.
Sandstein 133
Sandsturm 172
Sandwüste 124
Sarıçay 199
Sarıgöl 185, 188
Schichttafel 166
Schiefer 10, 62, 74
Schilfinsel 104
Schlangenburg 208, 209
Schlucht 149, 163

Schlucht (Bendimahi-Schlucht) 181
Schlucht (Emli-Schlucht) 162, 163
Schlucht (Güver-Schlucht) 118
Schlucht (Köprü-Schlucht) 155
Schlucht (Teufelsschlucht) 182
Seengebiet, Südwestanatolisches 12
Selçuk 199
Seleucia 139
Selge 155
Serçin 77, 78
Şerefli Koçhisar 93, 97
Serpentin 207
Seyhan 150, 154, 155, 158
Seyhan-Staudamm 154, 160
Seyrani (Volksdichter) 114
Sicheldüne 124
Sidymae 131
Sieben Brüder (Kloster) 79
Sieben-Seen-Tal 161, 163
Şile 25
Silifke 139, 142, 143, 149
Sivapithecus 16
Sivrikaya 188
Söke 68, 77
Sodalı Göl 183
Soğanlı 115, 116
Soğuksu-Nationalpark (s. Kızılcahamam-Nationalpark)
Solfatare 174, 178, 179
Solonez 109
Solontschak 109
Sonderschutzgebiet (allg.) 19
Steinzeit 16
Steppe 11, 13, 40, 99
Strabo 58, 145, 205
Stylos-Kloster 79
Sülüngür Gölü 86
Suğla Gölü 204
Suleyman der Große 22
Sulfat 92
Sultan-Gebirge 202, 204
Sultanhanı (Karawanserei) 95
Sultaniye 81, 84, 86
Sultanssümpfe 104ff., 207

Tarsus (Fluß) 150, 154
Tarsus (Stadt) 150
Tarsus-Delta 150ff.
Taşkınpaşa 115
Taşucu 142, 143
Tatvan 173, 174, 177
Taubenhaltung 114
Tchihatcheff 58
Tendürek 179, 180
Terkoz Gölü 194
Termessos-Nationalpark 118ff.
Tersakan Gölü 95
Tertiär 10, 92, 118, 154, 161, 166, 184
Tethys 10, 118, 161
Thermalquellen 56, 81, 86, 114, 173
Tigris 13
Tlos 131
Töpferei 114
Topboğazı-Paß 210
Tortum-See 218
Trabzon 184
Travertin 56, 118
Trockenwälder 12
Trogtal 161, 185
Tropfsteinhöhle 58, 146, 147
Tuz Gölü 92ff., 204
Tuzla (Istanbul) 25
Tuzla (Sultanssümpfe) 108
Tuzla Gölü (Çukurova) 154, 155, 158
Typhon 145

Uçhisar 115
Uluabat-See (Apolyont Gölü) 41ff.
Uludağ 10, 11, 36ff.
Unterirdische Städte 113
Ura 149
Urfa 214
Ürgüp 111, 115
Uzuncaburç 149
Uzungöl (Kızılırmak-Delta) 31, 33, 35
UNESCO 114

Van-Sümpfe 215
Van-See 13, 171, 174, 175, 179, 180, 181, 215, 216
Vulkangestein 26

Wanderdüne 128, 194
Wasserfall 135, 138, 153, 181
Wasserschwinde 100, 101
Wehrkloster 78
Weigold, Hugo 65
Wintersport 36
Wolframabbau 38, 39
Wunschbaum 118
WWF (World Wide Fund for Nature) 65, 130, 169

Xanthos 128, 131

Yahyalı 110, 163
Yay Gölü 104, 105, 107, 108
Yayla 10, 17, 147, 196
Yedigöller 161
Yedigöller-Nationalpark 196
Yeniçağa Gölü 196
Yeşilada 87
Yürükler 31, 34, 35, 147
Yumurtalık 154, 158, 207, 208
Yusufeli 185, 188

Zap-Tal 215
Zelve 112, 115, 116
Zerberus 145
Zindan 89
Zink 162
Zwillingsinseln (İkizler Adası) 78

Bildnachweis

E. Bezzel: 2/3, 23o., 24u., 28u., 30, 32o., 40u.r., 43, 44o., 59u., 84o.l., 92/93, 99, 103o., 103u.l., 106u., 107o., 114, 124o., 127l., 131, 144, 148, 172o., 204, 212/213, 220/221
P. Čtyroký/Kasparek: 59o., 143u., 154
L. J. Dijksen/Kasparek: 32u., 33o., 35, 52, 81, 84u., 120, 127r., 157u., 178, 186, 191o., 191u., 206/207, 206
T. Gürpinar/Kasparek: 20, 39, 41, 45, 49, 51r., 53o., 62, 66o., 70, 71u., 133, 136, 140, 168, 174o., 194, 195, 197, 202, 203o., 208
R. Hackenberg/Kasparek: 183u.
A. Hafen/Kasparek: 66u.l., 66u.r., 87, 116M., 137u., 170o., 187
P. Handke/Kasparek: 103u.r.
S. Iskender: 17u.
R. Jürgens/Kasparek: 1, 36/37, 64, 68, 79o., 167, 182o., 182u., 183M., 201
A. u. M. Kasparek: 17M., 67o., 79u., 85u. (Strand), 89l., 89o.r., 91, 98u., 102u., 106o., 109, 113u., 116u., 121u., 128/129, 129o.l., 129o.r., 141, 150, 153u., 155, 156, 162, 166, 169, 170u.
E. Kiel: 17o., 175o., 190, 193
R. Kinzelbach/Kasparek: 85u. (Schildkröte), 88
N. Koch/Kasparek: 17u., 29u., 75, 77o., 78o., 78u., 132u.l., 143o., 149, 153o., 171u., 174u., 203u., 209
R. König: 44M., 60u., 147, 210
W. Layer: 24o., 48u., 51l., 56, 60o.l., 60o.r., 85o., 104l., 110M., 132o.r., 137o., 177, 181u., 216
A. Limbrunner: 23u., 29o., 40o.r., 61u., 67M., 73, 104r., 107u., 123, 125, 152, 153M., 157M., 161, 171o.l., 188
D. Möhn: 44u., 113o.
H. Partsch: 61o., 84o.r., 111, 117, 139, 160o., 175u., 179
M. Pforr: 48o., 67u., 69, 74, 77u., 93, 96u., 116o., 118l., 118r., 135
E. Pott: 33u., 95, 132o.l.
W. Schacht: 163
P. Schäfer: 21, 184, 199
H. Schwarthoff/Kasparek: 121o., 198, 214, 217
M. Siering/Kasparek: 57, 71o., 89u.r., 124u., 171o.r., 172u., 173, 181o., 183o., 189
G. Synatzschke: 53u., 86, 108, 110o., 160u.
K. Wothe: 25, 28o., 40l., 48M., 96o., 98o., 101, 102o., 110u., 115, 137M., 145, 157o.